中学校

こころを育てる授業ベスト22

諸富祥彦 編集

育てるカウンセリングを生かした
道徳・特活・総合・教科
の実践

図書文化

はじめに

　この本は，数ある「こころを育てる授業」や教育実践の中から，選び抜かれたベストな実践を紹介するものです。
　ここ数年，学校教育において，子どもたちの「こころを育てる」ためのさまざまな手法や工夫が急激に広まってきました。私の専門であるカウンセリングの分野でも，それまでの「治すカウンセリング」に対して，「育てるカウンセリング」という考えが國分康孝先生によって提唱されてきました。その目玉商品が，構成的グループエンカウンターです。
　他にも，ソーシャルスキルトレーニングやピアサポートをはじめとするさまざまなアプローチが学校現場に導入され，子どもたちのこころを育んできました。10年前に比べると，計り知れないほど大きな進歩だと思います。
　しかし，個々の実践をよく見ると，まだまだ場当たり的なものが少なくありません。「このエクササイズが面白そうだからやってみました」といった感じのものが少なくないのです。
　もちろんそれでも，やらないよりはやるほうがいいに決まっています。また実際，ある程度の効果はあがっていることでしょう。しかし，ほんとうに子どもたちの生き方に深く浸透していくような，すぐれた実践をおこなうには，もっと多くのものが要求されます。

　いい授業には
- 教師の思いや哲学が込められています。
- 子どもの実態が踏まえられています。
- 単発でなく，連続的な流れで子どもを育てています。
- 練りに練られた教材と指導案があります。
- 効果が実証され，それにもとづいて改良されています。

　このレベルの「こころを育てる」実践というものは，実はほとんどありません。
　先生方はあまりに忙しく，一つ一つの実践にそんなに時間やエネルギーをかけているわけにはいかないからです。そんな多くの先生方にとって，私が言うことはあまりに高い要求だ，と思われるでしょう。ごもっともです。
　たしかに，先生方はあまりにも忙しい。私も，したがって「ベストを目指すのではなく，少しでもできることをしていきましょう。無理は禁物です」といつも申し上げています。
　けれども，なかには，さきの条件を満たす「ベスト授業」「ベスト教育実践」を，時間をかけてじっくりつくりあげることができる先生方がいるのです。
　例えば全国の自治体がおこなっている内地留学（長期研修）制度によって，大学の研究室などにやってくる先生方です。

私が住んでいる千葉県は，この長期研修制度に全国でももっとも力をいれている自治体だと思います。毎年，かなり多くの先生方が，給与をもらいながら大学などで研修を積んでいます。1年をかけて「これでどうだ」という授業や教育実践を練り上げ，その効果を検証するのです。1つの単元に相当する授業を作り出すことだけに1年間を使うことができるのです。

　私が千葉大学にいた頃，研究室には，千葉に加えて，富山，高知からも内地留学の先生がやってこられて，研究テーマに取り組んでいました。1年をかけるわけですから，先生方も全力をあげて，実践を練り上げていきます。そしてその効果を検証します。私も本気で指導していました。学会誌に投稿しようと思えばできるくらいの，しっかりした内容と検証がなされているものも少なくありません。

　しかし，その成果の多くは地域の発表会で，少人数の前で発表されるだけに終わってしまいます。これでは，あまりにももったいない。もっと全国に，せっかくの成果を発信していかなくては，と私は思いました。

　そんな思いを込めて，先生方が私の指導を受けながら練りに練った授業や実践を紹介することが，本書のねらいです。「諸富研」の先生方が中心ですが，千葉大学でおつきあいいただいた明石要一先生，天笠茂先生，上杉賢士先生，藤川大祐先生にも，それぞれがご指導された先生方を紹介してもらいました。

　私はおかげさまで，毎年かなりの回数，全国から講演や研修，校内研修などの声をかけていただいています。国や自治体の研究指定を受けた学校から相談を受けることも少なくありません。こうして全国をかけめぐっていることの大きな財産は，全国の優れた先生との出会いがあることです。そのようにして出会い，「これは面白い！」と思った先生方や学校の実践も本書には紹介してあります。

　お読みになられて，「これは！」と思われた実践がありましたら，ぜひ真似することから始めてください。最初からベストなオリジナル授業を目指しても，挫折しやすいものです。まずは模倣から入って，徐々にオリジナリティを加えていけばよいのです。

　この本によって先生方が刺激を受けられ，さらによい授業実践を次々と生み出されていくこと，そのことを通して，わが国の「こころの教育」がレベルアップしていくことを心より願っています。

明治大学文学部助教授　諸富祥彦

CONTENTS

中学校
こころを育てる
授業ベスト22

こころを育てる授業とは

鼎談　明石要一・天笠茂・諸富祥彦

1．こころを育てるとは　8
2．こころを育てる授業と実践のポイント　14

こころを育てる授業 ベスト22

自分を見つめる

1．畏敬の念をイメージで体感する理科の授業　19
　　　　　　　　　　　　　　　　　　　　　　3年生，学活・理科
2．やわらかい内観で育てる感謝と思いやりのこころ　27
　　　　　　　　　　　　　　　　　　　　　　全学年，道徳
3．1つのエクササイズを繰り返して育てる自己肯定感と思いやり　38
　　　　　　　　　　　　　　　　　　　　　　2年生，特活・道徳・総合
4．行事での感謝を伝えて深める友情・信頼　47
　　　　　　　　　　　　　　　　　　　　　　2年生，行事・学活
5．「自分のよさを」追求する個人プロジェクト　57
　　　　　　　　　　　　　　　　　　　　　　1年生，道徳・特活・総合
6．「愛のメール」で励まし合える人間関係づくり　67
　　　　　　　　　　　　　　　　　　　　　　全学年，特活

夢を育てる

7．企業人への取材で育てる利他的な夢　77
　　　　　　　　　　　　　　　　　　　　　　1年生，総合
8．ソーシャルスキルとエンカウンターを生かした職場体験学習　85
　　　　　　　　　　　　　　　　　　　　　　2年生，学活

9．自己肯定感を育て, 荒れを乗り越える進路指導　95
　　　　　　　　　　　　　　　　　　　　　　　　　　　　2年生, 学活
10．ポートフォリオで育む夢と自信　107
　　　　　　　　　　　　　　　　　　　　　　　　　　　　3年生, 特活

学級風土・学校風土

11．いじめ・言葉の暴力をなくす「学級評価20項目」の取り組み　117
　　　　　　　　　　　　　　　　　　　　　　　　　全学年, 学活・その他
12．全員参加型の生徒会活動で育てる自治能力　125
　　　　　　　　　　　　　　　　　　　　　　　　　　　2年生, 道徳・学活

自己主張

13．アサーショントレーニングによる自分も相手も大切にする表現　135
　　　　　　　　　　　　　　　　　　　　　　　　　　　　1年生, 学活
14．自己理解から始めて日常に生かせるアサーショントレーニング　145
　　　　　　　　　　　　　　　　　　　　　　　　　　　1～2年生, 学活

家族と生命

15．総合単元的学習「家族愛」ディベートとふれあい体験を生かした道徳　155
　　　　　　　　　　　　　　　　　　　　　　　　　1年生, 道徳・教科・特活
16．プレパパ・プレママ体験プロジェクトによる生と性の教育　165
　　　　　　　　　　　　　　　　　　　　　　　　　　　　3年生, 総合
17．リアルな体験で生命に対する感覚をみがく　175
　　　　　　　　　　　　　　　　　　　　　　　　　　　2年生, 学活・道徳

養護学校

18．大きな視点から自分を見つめ病気と向き合う　185
　　　　　　　　　　　　　　　　　　　　　病弱養護学校3年生, 自立活動
19．知的に遅れのある生徒へのエンカウンター　195
　　　　　　　　　　　　　　　知的障害養護学校2年生, 朝の会・生活・総合

さまざまな領域での実践

20．メンタルトレーニングで部活が変わる　205
　　　　　　　　　　　　　　　　　　　　　　　　　　　　全学年, 部活
21．「こころの表現」を支援するスクールカウンセラーの新実践　215
　　　　　　　　　　　　　　　　　　　　　　　　　　　全学年, 相談室
22．全校で取り組む「学級目標」を中心に据えた人間関係づくり　225
　　　　　　　　　　　　　　　　　　　全学年, 教科・道徳・特活・学級経営

鼎談

こころを育てる授業とは

明石要一・天笠茂・諸富祥彦

1 こころを育てるとは

《「こころを育てる」を広い視野でとらえる》

諸富● お忙しいなか，お集まりくださりありがとうございます。今日は中学校における心の教育について，明石先生が「地域における子ども文化」，天笠先生が「学校運営や総合的学習」，そして私が「カウンセリングや道徳」といった，三者三様の視点から考えていきたいと思います。

　まず，いまなぜこころの教育が必要なのでしょうか。

明石● 私は「心の教育」の充実を答申した第16期中央教育審議会の専門委員をしていました。中教審では，次世代を育てること，次世代を担う心を育てることについても議論されました。

　この背景には，ボタンを押せばリセットされて消えるゲームと同様に，自分が突然生まれて突然死ぬのだという感覚や，希薄な人間関係が蔓延しつつあるという危機感があります。自分のルーツはどこにあって，これからどのような家庭や社会を作っていくかという，次の世代を担う意識が，子どものみならず周りの親や教師に不足しているという危機意識がありました。

　私は，こうした視点を押さえて具体的な教育場面につながるように心を育んでいくことを考えないと，いくら授業をやっても残念ながら効果は出ないと思っています。

諸富● たしかにこころを育てる授業は，単発では意味がなく，大きな理念とかビジョンとか地域とのかかわりといったものがなければ成果はあがりません。

天笠● その前提として，予防するという観点から子どもの心の状況についての対応や対策をどうするかという議論が不足しています。社会的な事件の後追いだったり，強い現象に引っ張られて議論されるからです。事件のたびに症状が深刻になっているため，事件が起こったあとの，いわば治療に大きなエネルギーを注がざるを得ないわけです。「予防す

る」とか「健康な状態を育て維持する」というところまで，なかなかいかないという状況がずっと続いています。

　カリキュラム（教育課程）をこうした見方で考えると，ある部分だけに焦点が当たってしまうのです。一部に対応していくだけでは，なかなか全体につながりません。全体的な構想やグランドデザインをしっかりと描いていかないといけないと思います。

諸富●　そこに関しては，私たちのようにカウンセリングが専門で，目の前の子どもへの対応に追われがちな人間にとっては苦手なところです。

　子どもへの対応に困ってカウンセリングの勉強を始める教師が多いと思いますが，「グランドデザインをもて」というのはたいへん厳しいご指摘です。子どもたちのためにと一生懸命取り組んではいるが，広がりがなかなかもてないという方が多いのではないでしょうか。クラスの枠を超え，共通の目標（グランドデザイン）をもって子どもの心を取り込んでいくように取り組むというのが望ましいと思います。

《縦と横のつながり》

明石●　私は「こころを育む教育」を，「心とはつながりである」という視点でとらえています。

　心のつながりについて二つの視点で考えてみます。一つは次世代という視点に基づくものです。人は人のなかで生まれて死んで，そしてまた新しい人たちが生まれていく。こうした人間の縦のつながり，すなわち歴史というものを踏まえたつながりです。

　二つめは，心の空間という考え方です。私たちに

明石要一
千葉大学教授。教育社会学が専門。千葉大学に来て27年。子ども文化を主に研究。学級のなかの子ども文化や，学校のなかの子ども文化，地域における子ども文化をいかに復活させるかがテーマ。放課後の世界を豊かにするように取り組んでいる。いま，学校自体も疲労しているが，放課後の世界はたいへんやせ細っている。放課後が豊かにならないと，学級の雰囲気も豊かにならない。

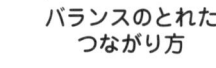

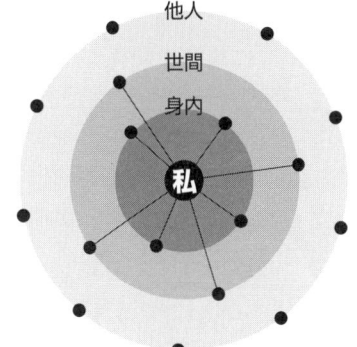

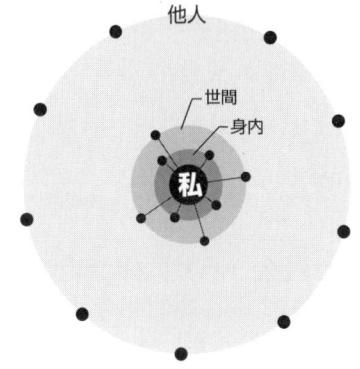

心の空間

天笠　茂
千葉大学教授。カリキュラムとそのマネジメント，つまり教育内容の開発と，それをどう学校の組織のなかで動かしていくかが専門。それらが学校や子どもたちにどう影響するかに関心をもって進めている。研究開発校や，チームティーチング，個に応じる学習指導に取り組んでいる学校に出向くことが多い。学校で実践している「プロセス」に価値を見いだしている。

は身内というつながりがあり，世間というつながりがあり，さらにその外に他人が存在しています。それぞれに対してバランスのとれたつながりやつながり方が必要です。

ところがいまの子どもたちを見ると，身内が小さくて，世間が小さくて，その分，赤の他人の領域が非常に大きいように思います。人の姿が見えてこない赤の他人の空間は，価値観も規範もない匿名集団です。だから心がすさむ。本来なら準身内になるはずの学級が赤の他人化しているのです。

以前，二学期の10月に千葉県内の小学四年生・小学六年生・中学二年生に「学級に，顔と名前はそれぞれ知っているのに一致しない人がいますか」という質問をしたところ，中学生では15％の生徒がクラスの中に顔と名前の一致しない生徒がいるというのです。しかしその一方で，子どもたちはごく一部のグループ内では，非常に親密な関係を結んでいるのです。

諸富●　それは興味深い話です。「知っているけど嫌いだ」というのではなく，本当に知らないのですね。

子ども社会から「世間」が消えたとよく言われます。これが子どもたちから規範を失わせた最大の原因です。身内以外は赤の他人で，「世間」がないため，電車の中でも平気で弁当を食べたり化粧したりできるのです。

明石●　子どもたちにとっての身内は狭くて深い。例えば自分の家族4人とクラスの3人グループが身内ということです。身内が狭く，世間がなく，他人の領域が肥大化しています。だからいじめ現象が生じる。身内が広ければ，あるいは世間があれば，いじめが起こっても「そのへんでやめておけよ」という声やつぶやきが出るものです。

いまは準身内や世間であるはずの学級の中で，だれもが傍観していて，何かあっても歯止めがきかないのです。

《ムラ社会から共同体づくりへ》

天笠●　非常に狭い範囲の中に濃密な人間関係が存在しながら，全体は希薄な関係にあるというのが，今の学級・学校の実態です。そこで，学校をもう一度，共同体にしていく学

校づくりが，あらためて必要だと思います。いまやっているのは，どちらかと言えば学級の中だけで何とかしようという学級経営です。もちろんそれも大切ですが，それとあわせて学校という社会・世界を，子どもの立場からつくり直すという必要性があるのではないかと感じます。

諸富● つまりムラ社会ではなく共同体につくり直そうということですね。ムラ社会と共同体のいちばんの違いは何でしょうか。

天笠● ムラ社会というのは情念の部分で結びついているところがあります。そこから一段，洗練されていくときに，規律とか秩序，あるいは公や世間というキーワードが使われる。それが共同体だと考えます。

明石● 私は，共同体というコミュニティは，西部劇をイメージするととらえやすいと思います。西部の町は，赤の他人が集まって教会と学校を作り，保安官を雇い，新しいルールをつくりました。この部分は，いくつかの小学校から赤の他人が集まって構成される日本の公立中学校と似ています。

　これに対しムラ社会というのは，すでにムラがあってそこに人が入っていく。だから小学校はムラ社会のほうに近いのではないかと思います。

諸富● 義務教育の公立学校のよさは，異質なものが集まりやすく，共同体を形成するための土壌があるところにあります。

明石● 学校が共同体を形成するための条件は何か。教師自体が，さまざまな違いをもった人たちが集まり，違いを許容するという意識をもつことです。ムラ社会のような意識をもったままだと，異質を認めない風土になってしまうのです。

諸富● つまり「共同体とは異質なものを認め合えるつながり」のことをいうのですね。私はこれを「個が殺されるつながり」と「個が生かされるつながり」という観点で区別しています。両者の差は，安心して自分の意見が言えるかどうか，安心感の違いだと思います。

天笠● ですから，いまの学校の課題は，安心・安全の提供と言えるのではないでしょうか。それぞれ教師として，あるいは学校という一つの社会として，

諸富祥彦
明治大学助教授。"育てるカウンセリング"をベースとしてこころを育てる活動に取り組む。フットワークがよく，年間40～50校の校内研修に招かれ，授業や行事を通して子どもの心を育てる活動の開発を支援している。旧来の価値注入型ではなく，子どもが主体的に感じたり考えたりする道徳授業の開発にも取り組んでいる。

それらをどこまで保障できるのか，こうした観点で考えることが大切です。

《こころを育てるカリキュラムの柱》

諸富● 私はよくカリキュラムや単元，年間計画を作っていくときに，次の四つの次元を念頭に置いてくださいと言います。

一つは「自分自身とのかかわり」。ここで大切なのは自己肯定感や自尊感情など，自分を大切にする気持ちです。

二つめは「他者とのかかわり」。これは自分も相手も大事にできるようなアサーティブな人間関係を育んでいくことを指します。

三つめは，「集団や社会とのかかわり」です。これは他者や集団，社会に貢献できる喜びを味わわせることを目的とします。

四つめは，「人間を超えたものとのかかわり」です。

明石● 総合的学習も生活科も心の教育も，細かい評価をするときに「自己肯定感」や「他者との結びつき」「地域や社会とのかかわり方」「自然とのかかわり方」をポイントとして押さえ，一年たってどの部分が伸びたのかを見ることが大切です。要するに道徳の領域を押さえておくと，一年後の評価ができるのです。

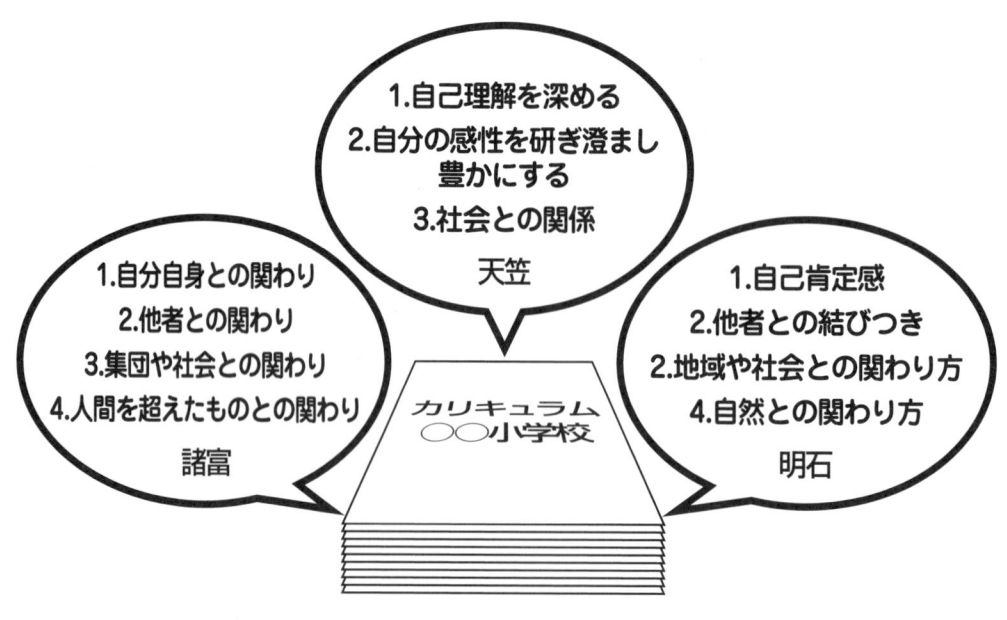

カリキュラム作りの柱

天笠　私は「自己理解を深める」「自分の感性を研ぎ澄まし豊かにしていく」「社会との関係を考える」をあげています。これら三本柱をもとにしながら授業の組み立てや教材の開発をすることが、こころを育てるポイントだと思います。

《カリキュラムづくりの分かれ目》

諸富　カリキュラムづくりでうまくいく学校のパターンと、失敗する学校のパターンでは、何が違うのでしょうか。

天笠　成功と失敗についてはさまざまなレベルのものがあります。

　構成プランとしては非常によく練られているのに、実際に授業で展開するとうまくいかないというパターンがあります。これは生き方学習という新しいものをつくるにあたって、理念と具体的構想がうまく描けないことが原因です。

　その一方で、プランが教育活動のなかで非常にうまく展開されるパターンもあります。あとは、教師の力量でうまく展開できてしまうというパターンもあります。

明石　これをPlan・Do・Seeということで考えると、Planは比較的よくつくれるのにDoはなかなかできないか、DoはできるのにPlanがうまくないというズレがあるのです。そこに出てくるのが、こころを育てるのに教科書的な教材が必要か否かという議論です。

天笠　カリキュラムのことで言うと、現在は教科と道徳と特別活動となっていますが、道徳と特別活動と心の教育とのつながりが、全体構想としてはまだしっくりこない。道徳が学校教育のなかで存在感をもっていないという状況が、特設道徳以来ずっと引き続いているように思います。

諸富　学校全体の教育計画や年間教育計画がきちんと立てられていない学校が多い。何か単発になってしまっていると感じます。例えば、構成的グループエンカウンターもある意味ブームになりましたが、どうも個人の取り組みに終わってしまいがちです。せっかくいいツールができ、カウンセラー的なはたらきのできる教師も増えたのに、現場ではうまく生かされていない状況があります。

2 こころを育てる授業と実践のポイント

《こころを育てる授業のポイント》

明石 こころを育てる授業の大事なポイントは,「子どもにフィットする友情・努力・勝利(達成感)の場面を盛り込んだ教材を導入で使うこと」です。

　人は必ずどこかで努力しなければならない。教師は,コツコツと努力する「継続は力なり」の大切さを証明しなければならないのです。努力しないと実現できない友情と勝利,このトライアングルをうまくまとめると,一年間のこころの教育の評価ができると思うのです。

　ただ単に道徳の授業があるから心の教育をするというのではダメです。三月の学年末までに子どもたちがどのようになっていればよいのか,日付を逆算して授業を構成する必要があります。

天笠 私のポイントの一つは,「人間としての歩みが子どもに実感できる授業であること」です。それは人間の営みであったり歴史であったり,あるいは組織運営であったりしますが,そういうものを通してさまざまな角度から自分がいまそこに存在していることを子ども自身が実感できることが理想です。

　言い換えると,それを実現させるためには,教師の全体的なものの見方とか考え方,人生観とか哲学がポイントになってくる。こころを育てる授業を支えるのは,教師の人生観や人間観なのです。

明石要一の
こころを育てる授業のポイント

こうして社会の関係のなかから自己理解を深められることがいちばんのポイントですが、あわせて、前述したように自分とのかかわりや社会とのかかわりを認識し、感性を豊かに育んでいくことも大切です。

諸富● 私が考える授業のポイントの一つめは「ねらいが明確であること」です。指導案に抽象的なことしか書けない教師は、授業で何をしたいのか具体的にわかっていない。それがわからなければいい授業はできません。これと関連して、短い説明・はっきりとした発声でのわかりやすいインストラクションも大切です。

天笠茂の
こころを育てる授業のポイント

二つめは「インパクトのある資料やネタを提示すること」です。子どもたちを引きずり込んでいくうえで、「えっ、そんなことがあるの」という意外性のある事実をいかに提示できるかがポイントです。こうした資料を探すときには、教師自身がまず授業のねらいや価値のことなどは忘れて、素直な心で感動したり驚いたりできるものに心のアンテナを張っておくことが必要です。本当に知るべき真実を知ることによって、心が揺さぶられ生き方が形成されていく、あるいは変わっていく。この点は、ほかの教科と本質的に同じです。

三つめは「心を込めてデモンストレーションをする」ということです。これによって、子どもたちのノリはずいぶん違ってきます。

四つめは「ワークシートに工夫を凝らす」ということです。ワークシートには、指導案の中心発問の骨子の出来不出来が如実に現れます。設問が思考や自己表現を刺激するようなものになっているかどうか、無理のない思考の流れになっているかどうかがポイントになります。

そして五つめは「教室のなかに自分の意見を安心して言える雰囲気があること」です。分かち合いやシェアリングの雰囲気です。クラスのなかに多様性を認め合える感覚、「個が生きるつながり」の感覚が育っているかどうか。例えば質問という形をとった非難中傷や攻撃はしないというルールづくりができているかどうか。こんなところに着目してもら

諸富祥彦の
こころを育てる授業のポイント

いたいと思います。

明石● さらに私のポイントを加えます。人工的に作られた空間である学校のなかに、いかにライブ感を醸し出し、リアリティを実感できる授業をつくるかという点も大切です。よい授業の展開は、ライブ感とインパクトをいかに提供できるかに左右されます。

またこころを育てる授業の発問には、三つの視点をもってほしいと思います。これは「繰り返し効果のある発問」「比較させる発問」「間接原理を用いた発問」の三つです。いずれも効果的ですが、とくに中学生には、ズバリと言わずに、暗にヒントを与えつつ意外性を感じさせるような答えをもつ「間接原理を用いた発問」が有効です。

《心を育てる実践のポイント》

諸富● 最後は授業にこだわらず、より広く、こころを育てる実践に話を移したいと思います。

まず私が大切だと考えるのは「哲学や理念がある」ということです。教師の理念もなければ学校の理念もないということになると、どこに進もうとしているのかわからなくなってしまいます。

二つめは「心のふれあい」です。例えばボランティアなどをしたときに、あたたかい心のふれあいがあることによって、はじめて子どもは本気になっていく。また総合的な学習のなかでたまたま出会った人との心のふれあいが、教師の意図しないところで重要な発展を導き出すことがあります。

三つめは、「全校で取り組んでいる」ということです。荒れから立ち直った学校の少なからずが、単なるスローガンではなく「具体的なひとつの取り組み」に教師全員が取り組んでいます。こうした取り組みを通して育まれる教師間の人間関係が、その後の学校の命運を握るのです。

四つめは「体験と内省のダイナミズム」です。子どもたちに体験させっぱなしにするのではなく，体験のあとに必ず，「それが自分にとってどういう意味があるのか」を内省させ，さらに学級で分かち合う。これによってはじめて体験で学んだことが生きてきます。

　そして五つめは「家庭や地域の広がり」という点です。つまり家庭や地域のなかで得る自己貢献感が人間教育の基本であるということです。

明石●　私は「ふたつの風・ひとつの色」といっています。風は"家風"と"校風"。色は"地域色"の意味です。まず個の自尊感情をベースとして，家自慢，学校自慢，まち自慢へと広がっていきます。これはこころを育てるのに大切なものですが，全校での取り組みや家庭，地域のつながりがないと達成できません。

　こうしたことを反映した取り組みとしては，東海地方のある中学校で行っている「一家族一実践」があります。これは中学生とその保護者が，家族単位で病院などのボランティアを夏休みの一日を使って行うものです。

天笠●　こころを育てる実践のポイントとしては，「子どもの主体性」「感動体験」「社会体験」「プロセスの重視」「人と人との関係づくり」の五つをあげたいと思います。これらが盛り込まれた授業以外の学校活動は，子どもの心に迫るものになると思います。

　例えばボランティアや社会体験・職業体験でも，子どもたちがどれほど充実感を感じられるかという点については，全校での取り組みや地域の応援が，活動を支える背景になります。そこから子どもたちの感動体験が生まれます。同時に，地域の人たちの姿から仕事をすることの意味を垣間見られることも重要です。

《こころを育てるための教育》

明石●　私はいま，職場の育成力について考えています。教師がバラバラの学校では，いくらひとりががんばっても効果はありません。日本の教師は一人一人は優秀ですが，全体を束ねて鍛え上げるシステムがないように思います。

天笠●　私は，特別活動と道徳と心の教育という部分を，しっかりと押さえておくことが必要だと思います。カリキュラム全体のなかでの特別活動と道徳の関係における心の教育というとらえ方が大切です。心の教育を変に総合的な学習の時間にすり合わせるようにしては，どちらも不自然な形にしてしまいます。カリキュラム全体の構成論のなかで，心の教育の場所をしっかりとさせるべきだと思います。

諸富●　私が最後に言いたいことは，こころを育てる教育の中核は「自分づくり」「人生

づくり」だということです。そのためにはキャリア教育，性教育，金銭教育の三つが欠かせません。この三つの領域において自己決定の能力を鍛えることが非常に大切です。この自己決定能力とセルフマネジメントのスキルを磨いて，現実世界をタフに生き抜いていく能力を育てるような心の教育が望まれます。

（2004年1月14日千葉大学にて。構成：関口和美）

自分をみつめる

畏敬の念をイメージで体感する理科の授業

中学校3年生　学活・理科　6時間

池永美子

諸富祥彦が語る
この実践　ここがポイント！

■こころを育てる理科の授業■

　池永先生のこの実践は，中学校の理科の授業のなかで心を育てるたいへん優れたモデルです。教科指導の目的に合致しながら，哲学を持ってこころを育てることがここまで成功している実践例は珍しいと言えます。

　教科指導におけるこころの教育ではハウツー的，ノウハウ的なテクニックを挿入する場合が多いのですが，池永先生のこの実践には，自分と自然，人間と自然あるいは宇宙とのつながりを意識した，スケールの大きな哲学があります。さらにそれを伝えるために，イメージワークをはじめとしたさまざまな心理学のテクニックが使われています。

　このような授業では，往々にして哲学はあっても抽象論に終わっていたり，技術はあっても哲学が欠如していたりするものですが，その両方を理科の授業のなかで実現できたというのは，評価に値します。

■コスモロジーを身体レベルで体感する■

　人間が生きるとはどういうことかを人間のレベルを超えて，大自然・大宇宙のつながりで考えること（コスモロジー）が本授業の哲学です。授業では，137億年前にさかのぼり，ビッグバンから始まる宇宙の歴史とのつながりを意識した展開になっています。

　そのなかで，生徒たちが水を飲むという場面がありますが，その水を構成する水素は実は，ビッグバンの際にできた可能性があります。こうした事実を体感させる授業は素晴らしいと思います。

　このように人間を超えた大きなものとのつながりを自然科学を通して感じ，人間を超えたものに対する畏敬の念を抱かせる。そのことが，この授業では可能になっています。

　こうしたこころは，身体レベルの体感によって育てることがとても重要です。宇宙や自然と切り離して，人間単体だけを見つめるだけでは，こころを育てるには不十分です。

| 単元全体の計画 | 3年生 | 学活理科 | 6時間 |

「自然と人間」
―いのちのつながり―

池永美子
富山市立呉羽中学校

❶ 単元（ユニット）設定の理由

　理科においても環境保全に向けた学習がなされていますが，ただ「自然を大事にしよう」というスローガン倒れになっているものも少なくないように思います。大切なのは，環境保全の根底にある「思い」を掘り下げていくこと，すなわち，自然と人間，宇宙と人間のつながりを意識して，そのつながりを総合的に体感することだという思いから，この実践を考えました。

　宇宙137億年の歴史を振り返るなかで，自然や宇宙に対する畏怖の念を育て，自分が宇宙の中のかけがえのない存在であることに気づかせるとともに，自分がこの地球上で生きていくことの使命を考えさせたいと思ったのです。

❷ 単元（ユニット）の目標

- 人類や宇宙の歴史を学習し，宇宙や自然とのつながりを体感する。
- 地球が直面している環境問題を調べ，自分たちができることを考える。

❸ こころを育てる仕掛け

　本実践では，イメージワークを取り入れています。心を落ち着け，生徒一人一人が自然や宇宙に対するイメージをふくらませ，体感することで，宇宙や生命に対する畏怖の念を育てることができると考えます。

❹ 指導上の工夫

　イメージワークの授業は，静かで落ち着いた雰囲気のなかで行う必要があります。そのためにも，まずは教師が，声の調子やしゃべり方など厳かなムードをつくり出します。

畏敬の念をイメージで体感する理科の授業

❺単元（ユニット）の指導計画　全6時間

1次	"いのち"は宇宙からのプレゼント	私の"いのち"は？　―生命誕生―	1時間（学活）
		宇宙の誕生と〈いのち〉のつながり	1時間（理科）
2次	"宇宙船地球号"を救え！―自然との共生をめざして―	学習課題を考える	1時間（理科）
		・学習課題に対して調査・研究 ・発表の準備	2時間（理科）放課後
3次	まとめ	まとめ（課題発表会）―今，私たちは何ができるか―	1時間（理科）

■第2次　"宇宙船地球号"を救え！　の流れ

> 【第1次】生徒のこころの変容　※流れの詳細は次ページ
> 「自分は多くの人に支えられてきた」
> 「自分のいのちは，宇宙からプレゼントされたものである」

⬇

【第2次】

> 私たち生命体，すべてのいのちを生み出してくれた"母なる宇宙・地球"
> この地球が，さまざまな危機（環境問題）に直面している。
> 今，"宇宙船地球号"を救わなくては！

（問題解決的な学習）⬇

① 学習課題を考える…ビデオや写真を提示して環境問題に関する課題を考える。
② 学習課題について調査・研究を行う
③ 調査したことをもとに，地球を救う方法について自分の考えをまとめる。

■第3次　まとめ ―今，私たちは何ができるか― の流れ
・各自，調査した課題について発表をする。
・発表が終わったら，感じたことやよかった点をシェアリングする。
・深呼吸をして気持ちを落ち着けた後，"地球へのメッセージ"を各自記入する。
・教師が"愛と慈しみの瞑想"（26ページのワークシート）を朗読する。

| 指導案 | 2時間目 | 1次 |

宇宙の誕生と
いのちのつながり

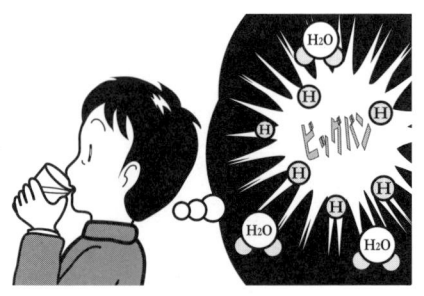

● **教師の思いと授業のねらい，そのねらいを設定した理由**

　ヒトを含む生命は，地球で発生し進化して現在にいたっていることを理解することを通して，自分のいのちは宇宙からプレゼントされたものであると，実感させます。
　「あなたはかけがえのない存在なんだよ」という思いを伝えたいのです。

● **資料（教具・教材を含む）**
- ＢＧＭ……宇宙の歴史を連想させるような静かなヒーリングミュージックがよい。
- 宇宙カレンダー……26ページ　　・宇宙からのメッセージを記入する用紙

● **授業の工夫**
- イメージワークを取り入れる。

● **授業の評価の観点**
- 自分のいのちが，地球や宇宙に支えられていることを実感することができたか。

● **授業の様子や生徒たちの声**

　イメージワークには抵抗があるかと思いましたが，深呼吸を重ねるうちに静寂な雰囲気になっていきました。水を味わいながら飲んでいる生徒の姿が，印象的でした。
　「宇宙からのメッセージ」では，「一度だけの人生，一つだけのいのちを大切にしましょう。いのちの価値は自分が決めるものではありません。いのちは受け継がれているのですよ」と記入している生徒もいて，いのちが多くのものに支えられていることを感じ取っているようでした。

● **引用・参考文献**
- イメージワーク「宇宙からの脱出」，河津雄介『教師の生き方革命』明治図書
- ワーク「空気と水」，岡野守也『生きる自信の心理学』ＰＨＰ研究所

	学習活動と主な発問	ポイントと留意点
導入	①深呼吸をしてリラックスする。 　・静かに深く3回深呼吸をする。 ②宇宙からみた地球の様子を想像して，この星に生命が存在する理由を考える。 〈イメージワークの説明〉 　「これから，私たちは宇宙飛行士となって宇宙への旅に出かけます。さあ，出発です。窓から見ていると，私たちの学校がどんどん遠くなっていきます。山や海が見えてきます。日本全体が見えてきます。地球が見えてきます。月がだいぶ近くなってきました。宇宙船は速度をゆるめ月に着陸します。さあ，宇宙船から降りて空を見上げてみましょう。見慣れた星の中に，月の13倍も大きくて，80倍も明るい星が見えます。それが，地球です。月から地球がどんなふうに見えますか？……ゆっくり目を開けましょう」　　　　　　イメージワーク「宇宙からの脱出」より一部改変 　・地球の写真（映像）を見る。 〈発問〉 　「私たちが住んでいるこの地球を見て，どんな気持ちになりましたか。また，どうしてこの星に生命が存在すると思いますか」	・静かなヒーリングミュージックをBGMとする。 ・地球という大きな星を，想像力を働かせながら感じられるように静かに語りかける。 ・自由な感想や意見を発表できるような雰囲気づくりをする。
展開	③宇宙の始まりについて，想像する。 〈イメージワークの説明〉 　「さあ，もう一度目を閉じて宇宙船に乗り込みましょう。今度はこの壮大な宇宙が誕生した137億年前にタイムスリップします。137億年前の宇宙は，暗い闇の中です。この宇宙は，風船がふくらむようにどんどん大きくなっていきます。宇宙のエネルギーは大きくふくらんで，想像を絶するほどの光と熱に満たされます。これが宇宙の始まり，ビッグバンです。……ゆっくり目を開けてみましょう」 ④ビッグバンの説明を聞く。 ⑤宇宙カレンダーを使って，宇宙・地球・生命の歴史の説明を聞く。 ⑥水を飲む。深く息を吸い込む。 〈説明〉 　「目の前にある水を飲んでみましょう。のど，食道，胃腸に入り体中の細胞にしみいっていく感じを味わってみましょう。みなさんも知っているとおり，水は水素と酸素でできています。この水素は，宇宙で最初にできた元素ですね。今，みんなが飲み干した水をつくっている水素は，実はこのときにできた可能性が高いのです。もう一口，飲んでみましょう。……私たちのいのちの中に，宇宙137億年の歴史が全部入っているのです。空気も水も，自分のいのちを支えてくれている。私たちは空気や水によって，生かされているのですね」	・137億年前の宇宙をイメージできるよう，静かに語りかけたりBGMを効果的に利用する。 ・説明を聞いた後は，同じような語りかけで宇宙船に乗り込ませて，宇宙から地球に生徒を誘導する。 ・生きていくためには水や空気などいろいろなものに支えられていること，いのちは137億年のつながりがあることを体感させる。
まとめ	⑦宇宙から〈わたし〉へのメッセージを記入する。 　・宇宙からのメッセージを用紙に記入する。	・自分の考えや感じたことをまとめる。

単元指導の実際

❶ 実践の記録と成果

　今回の実践には，二つのねらいがありました。一つ目は，理科の授業を通していのちのつながりを体感させたいという願い，二つ目は，環境問題を切実な自分の問題として考えさせたいということです。

　一つ目のねらいについては，生徒は自分なりに「いのちのつながり」を感じ取っているようでした。特に，「宇宙カレンダー」を使った授業は生徒にとっては衝撃的だったようで，次のような感想をもった生徒がいました。

> ○自分がアメーバの子孫で，ゴキブリやカエルの親戚で，体をつくっている水素原子が137億年前に生まれていると思うと，不思議な感じがした。
> ○生命のつながりを感じた。大昔のいろいろな出来事があったから，今の地球，生命，自然があるということを実感できたのでよかった。

　また，自分が生きる意味について考えた生徒もいます。

> ○僕のいのちは，何回もの偶然を通り過ぎて存在している。同じ人は一人もいない。これからは，自分の存在している意味，これからの人生の生き方を考えながら生きていきたい。
> ○もしも神様のような方がいるのなら，心から「ありがとう」と言いたいです。今まで自分は何のために生まれたかわからないし，80年で死んでしまうんだったら勉強なんかしなくてもいいと思っていました。でも，宇宙の歴史を見て私たちそのものが奇跡ということがわかり，きっと生まれてくるのには意味があると思いました。いつか自分が何のために生まれてきたかわかると思うし，その意味がわかるような人生を生きたいと思います。

　イメージワークを取り入れたこともよかったと思います。普段とは雰囲気が異なり，静寂な中で授業を進めることができたので，宇宙や生命の畏怖を感じるというテーマには，特に効果的であったようです。

　二つ目のねらいである地球環境問題では，生徒の中から多くの問題点が出されました。

第2次1時間目の授業の始まりに、生徒が書いた『宇宙からのメッセージ』を2〜3紹介したことがよかったのか、生徒たちは地球が抱えている問題点を真剣に考えているようでした。飢餓、人種差別、ストリートチルドレンなど社会問題について調べたいという生徒も出てきたのですが、それも含めて最も自分が考えたい課題を選ばせました。図書室にある本を中心に調べさせましたが、家庭でインターネットを使って資料を準備してくる生徒も見られ、意欲的に取り組んでいたようです。以下、生徒が課題を調べた感想です。

○水質汚濁について調べた生徒　※一部抜粋

　僕は、これからリンが含まれている洗剤を使いません。また、皿に油が付いたらふき取ってから洗います。水の汚染を止めるためには、僕ら人間が何とかしなければいけません。地球は、人間だけのものではなく、すべての生物のものです。

○オゾン層破壊について調べた生徒　※一部抜粋

　フロンのものを使わないとか、フロンを徹底的に回収するなどの取り組みを続けていけば、奇跡の星"地球"を守れるのです。だから、地球市民である私たち一人一人が関心をもたなければなりません。私たちの生みの親は、私たち自身の手で救うべきです。問題は大きいけれど、できることから始めたいです。

最後のまとめの授業では、生徒は課題についての自分の思いを、真剣に語り合っているようでした。そして、地球へのメッセージを書かせた後、"愛と慈しみの瞑想"（26ページ参照）を朗読すると、教室の中が静まりかえりました。このプログラムを通して、自分と周りのいのちのつながりについて、少しは考えるようになったのではないかと思います。

❷ 課題

3年の理科、最後の単元になるので、受験期とも重なるため、十分に時間をかけることができませんでした。実施時期や、総合的な学習の時間での実施の検討もする必要があると思います。また、教科担任だけではなかなか深めることのできない部分（特に1次1時間目）もあるので、担任とのチームティーチングで取り組んだほうがよかったようです。

❸ 引用・参考文献

- 諸富祥彦『学校現場で使えるカウンセリング・テクニック（上）』誠信書房
- 河津雄介『教師の生き方革命』明治図書
- 岡野守也『生きる自信の心理学』ＰＨＰ新書
- 「愛と慈しみの瞑想」、手塚郁恵『好ましい人間関係を育てるカウンセリング』学事出版

宇宙・地球、生命の歴史と進化

3年　　組　　名前

下図は宇宙誕生以来の137億年を、1年に縮めて作った生物の歴史、宇宙カレンダーです。次の事項は、カレンダーのどのへんに入るでしょうか。それぞれの月の空欄に、書き込んでみましょう。（だいたい、1日が3753万年、1時間が156万年、1分が2.6万年である）

1月	2月	3月	4月	5月	6月	7月	8月	9月	10月	11月	12月

（岡野守也著『生きる自信の心理学』PHP新書）

- 水素原子が生まれる
- 太陽を中心とする太陽系ができる
- 地球上に初の生命体誕生
- 人類出現
- ほ乳類出現
- 銀河系が誕生
- 光合成をする植物出現
- せきつい動物出現
- 酸素が大気中に増加する
- 被子植物出現

【このカレンダーを見て感じたこと、思ったことを書こう。イラストでもいいよ】

地球へのメッセージ
母なる地球へ

私が、すこやかで、幸せで、平和でありますように。
このクラスのみんなが、すこやかで、幸せで、平和でありますように。
この学校のすべての人が、すこやかで、幸せで、平和でありますように。
この町のすべての人が、すこやかで、幸せで、平和でありますように。
この地域のすべての人が、すこやかで、幸せで、平和でありますように。
この都市のすべての人が、すこやかで、幸せで、平和でありますように。
この国のすべての人が、すこやかで、幸せで、平和でありますように。
この地球のすべての人が、すこやかで、幸せで、平和でありますように。
この惑星のすべての存在が、すこやかで、幸せで、平和でありますように。
この宇宙のすべての存在が、すこやかで、幸せで、平和でありますように。

［愛と慈しみの瞑想］
（出典：手塚郁恵「好ましい人間関係を育てるカウンセリング」学事出版）

より

自分をみつめる

やわらかい内観で育てる感謝と思いやりのこころ

中学校全学年　道徳　3時間

齊藤　優

諸富祥彦が語る
この実践　ここがポイント！

■ナチュラルな内観的思考の実践■

齊藤先生は、ちばエンカウンターを学ぶ会の四羽ガラスのひとり。千葉大学大学院の私の研究室で、学校における内観法の導入について研究されました。内観法のエクササイズでは日本のエキスパートと言える方です。

これまでの内観法は、過去の迷惑をかけた出来事を思い出すことを中心にしていて、どちらかというと反省会的な重々しい雰囲気がつきまとうものでした。しかし、齊藤先生の実践は、押しつけがましくなく、自然な形で内観的思考がわいてくるよう工夫されているところが特徴です。例えば通常は思い出す出来事の対象を母親に限定しますが、ここでは対象を限定していません。また、迷惑をかけたことではなく、人にお世話になったこと、してもらったことを中心に行います。こうした工夫によって、思春期の生徒にも抵抗感なく取り組め、感謝の気持ちがわきやすくなります。また、冒頭から内観そのものをやるのではなく、導入のインストラクションをきちんと行うことも抵抗感を減らします。このように段階的に内観に入っていくあたりに、齊藤先生らしい実に繊細な配慮が見受けられます。

■内観法実践のポイント■

内観法の実践のポイントは、全員が必ずしも感謝の気持ちを抱くわけではないことを教師が理解しておくことです。

親子関係に恵まれていない生徒は、かえって傷ついてしまう可能性もあります。家族からの愛情に自信の持てない生徒の心的外傷には十分配慮しなければなりません。

また、教師の自己開示をしっかり行うこともポイントです。しかし自己開示のしすぎは、しゃべらなくてもいいことまで生徒にしゃべらせてしまったり、家族に恵まれない生徒が教師との落差を感じて劣等感を持ってしまうことがあります。内観法は効果はありますが、ある種のむずかしさを伴う実践でもあります。

単元全体の計画

全学年 ／ 道徳 ／ 3時間

やわらかい内観で育てる感謝と思いやりのこころ

齊藤　優
千葉市立千城台西中学校

❶ 単元（ユニット）設定の理由

子どもたちの実態

　最近の中学生は，自分が現在受けている，あるいはこれまで受けてきたさまざまな恵みに対して，心から「ありがたい」と思うことが少なくなっているようです。自己中心的なものの見方をすることも多く，だれかに何かをしてもらっても当然であるかのようにふるまう傾向が見られます。また，他人に迷惑をかけていても鈍感で，相手の身になって考えることができず不満ばかりを口にする生徒さえいます。

　円滑な人間関係を築き，充実した幸せな人生を送っていくために，生徒に「感謝する心，人を思いやる心」を育んでいくことが求められています。

子どもたちに伝えたいこと

　多くの生徒にとって，両親や家族から注がれてきた無償の愛情，身近な人々から受けた恩恵について率直に表現するのはさぞ照れくさいものであろうと推察されます。

　たとえうまく言葉にできなくても，仲間とそれらの感情を共有しあい，自分が多くの人に支えられて生きていること，他者に対して感謝と思いやりの気持ちをもって生活していくことの大切さ，素晴らしさをぜひ体験的に理解してほしいものです。

実践を開発したねらい

　これまでは，内観を好む教師が生徒個々のレディネスを十分に考慮せず，学級活動などでいきなり内観3項目を提示して，分散内観や記録内観を一方的に行っている例も見られました。一方では「内観は感謝する心をもたせるのにはいい方法なのだろうけれど，実際にはとてもできない」と実践に対する消極的，もしくは批判的な教師の声も耳にします。

　そこで，深い内観をめざすのではなく，学校現場に内観を広く普及させることを第一の目的として，この単元を設定しました。

❷ 単元（ユニット）の目標
- 自分が多くの人々に支えられて生きていることを理解させる。内観的思考を深めることによって，他者に感謝し思いやる心を育てる。

❸ こころを育てる仕掛け
- 内観法はわが国独自の心理療法の一つで，過去から現在にいたる自分に関する事実を「お世話になったこと」「して返したこと」「迷惑をかけたこと」の三つの質問（内観3項目）にしたがって回想し，自己洞察を行うものである。「内心を観察する」という自分自身を静かに深く見つめる手法は，道徳的価値としての「感謝する心」の自覚ばかりでなく，建設的な行動への意欲につながり，人間関係の改善も期待することができる。
- 生徒にとって心理的抵抗が少なく，無理なく自然な形で内観に参加することができるような方法として，構成的グループエンカウンターの併用が選択された。内観を強要されることなく，自分が感じたことや気づいたことを仲間と分かち合うことで複眼的思考ができるとともに，教師がだれでも無理なく実施することができるようになっている。

❹ 指導上の工夫
- 道徳の時間における指導に，内観法とエンカウンターとを適切に組み合わせた実践となっている。
- 授業のねらいをふまえて，エクササイズと読み物資料を併用しながら，生徒たちの感情移入がしやすいような活動内容となっている。
- グループでのシェアリングを通して，他者への感謝や思いやり，親子の絆や家族愛などについて，その生徒なりに意識して行動変容を期待することができるものとなっている。

❺ 単元（ユニット）の指導計画　全3時間

1次	内観エクササイズ1	「忘れ得ぬ人」	1時間（道徳）
2次	内観エクササイズ2	「私が小さかったころ」	1時間（道徳）
3次	内観エクササイズ3	「私がしてもらったこと（簡便内観）」	1時間（道徳）

指導案① 1時間目 1次

忘れ得ぬ人

● 教師の思いと授業のねらい，そのねらいを設定した理由

　今までの人生で出会った，自分に影響を与えてくれた人物を想起することで，出会いの大切さや不思議さ，素晴らしさを味わせたいと思いました。その人との出会いが今の自分の精神的な糧となっていることへの感謝を，内観的思考を通して認識させることをねらいとしました。

● 資料（教具・教材を含む）
- 絵本（拡大コピーしたもの，または実物投影機等を使用して生徒に提示する）
- 生徒用ワークシート1枚……36ページ

● 授業の工夫
- 読み物資料としての絵本の読み聞かせとエンカウンターのエクササイズを組み合わせて実施し，効果的な展開となるようにした。

● 授業の評価の観点
- 自分にとっての重要な人物を通して，他者に感謝する気持ちをもつことができたか。

● 授業の様子や生徒たちの声
- 「今までに自分を助けてくれた人がたくさんいたから今の自分があるんだと思った」
- 「『忘れ得ぬ人』にたどりつくまでに，いろいろな人の顔が浮かんできた。先生が最後に言った『小さな出会いを大切にできる人が，大きな出会いを自分のものにすることができる』という言葉は本当にそのとおりだと思った」

● 参考文献
- シェル・シルヴァスタイン作・絵，本田錦一郎訳『おおきな木』篠崎書林
- 國分康孝監，縫部義憲編著『教師と子どもの人間づくり』瀝々社より，「忘れえぬ人」95ページ

	学習活動と生徒の様子	ポイントと留意点
導入	①本時のねらいを簡単に説明する。 「この時間は，人と人との出会いの素晴らしさをみんなで味わいたいと思います」 ②絵本『おおきな木』を教師が読んで聞かせる。 ・読んだ感想を自由に発表する。 ・おとこ（ちびっこ）がりんごの木から与えてもらったものは何だろうか。 ・おとこ（ちびっこ）がりんごの木にしてあげたことは何だろうか。 ・「きはそれでうれしかった」という言葉についてどう思うか。 ③絵本のように，自分がだれかからしてもらったことやお世話になったこと，して返してあげたことを思い出してみる。	・簡潔で明瞭なインストラクションを行うとともに，和やかな雰囲気になるよう配慮する。 ・教師がリードしながら，絵本の内容から感じたことを自由に発表させる。 ・おとこに対するりんごの木の「無償の愛」についてじっくりと味わわせる。
展開	④教師が自分自身の人生体験をもとに，「忘れ得ぬ人」について簡潔に語る。 ⑤幼いころから現在まで，自分に何らかの影響を与えてくれたと思えるような忘れられない人を何人でもよいから思い浮かべてみる。 ⑥特に「お世話になった，迷惑をかけた」と思える人を選んで，その人から自分が「してもらったこと，お世話になったこと」，さらに自分が「迷惑をかけたこと」などをていねいに思い出し，ワークシートに記入する。 ⑦その人に対して，自分が今伝えたいメッセージをワークシートに記入する。 ⑧3～4人程度のグループをつくり，順番に発表し合う。 ⑨グループでシェアリングを行う。	・教師が適切なモデリングを示す。話の上手な聞き方についても留意させる。 ・エクササイズのやり方，ワークシートの記入の仕方についてのサンプルを示し，生徒の不安や抵抗を軽減する。 ・ワークシートは後で回収しないこと，人に見せる必要もないことを伝える。 ・シェアリングでは話の内容を話題にせず，「出会い」について感じたことに着目させる。
まとめ	⑩全体でシェアリングを行う。 ⑪教師の話を聞き，まとめとする。 ⑫振り返り用紙に授業の感想を記入する。	・自分の思ったことや感じたことを自由に分かち合えるような雰囲気づくりを心がける。

指導案❷ | 1時間目 | 2次

私が小さかったころ

● **教師の思いと授業のねらい，そのねらいを設定した理由**
　家族や身近な人々とのなつかしい思い出を想起することで，自分に与えられてきた多くの愛情や恩恵を再認識させたいと思いました。過去の生活で記憶に残っている事実を仲間と語り合う活動を通して，自己洞察を深めることをねらいとしました。

● **資料（教具・教材を含む）**
- 生徒の思い出の品（おもちゃ，写真，衣服など）
- 教師自身の思い出の品（おもちゃ，写真，衣服など）
- 生徒用ワークシート1枚……36ページ参照。

● **授業の工夫**
- 幼いころの思い出深い品の実物紹介とエンカウンターのエクササイズを組み合わせて実施し，効果的な展開となるようにした。

● **授業の評価の観点**
- 家族や身近な人々の愛情や思いやりに支えられて生きてきた自分の存在を認識できたか。

● **授業の様子や生徒たちの声**
- 「自分の記憶は5歳くらいからあるけど，それよりもっと前にも楽しかったことがたくさんあったんだろうなあって思った。思い出していたら，なつかしい気持ちがした」
- 「じっと考えていたら，今まで忘れていたことが急によみがえってきた。あのころの自分はこうだったなあ，としみじみしちゃった」

● **参考文献**
- 東山紘久『愛・孤独・出会い──エンカウンター・グループと集団技法』福村出版

	学習活動	ポイントと留意点
導入	①本時のねらいを教師が簡単に説明する。 　「この時間は，家族や身近な人とのなつかしい思い出話をみんなで語り合いたいと思います」 ②教師が自分自身の思い出深い品をもとに，幼かったころのエピソードや思い出を簡潔に語る。 ③持参した思い出深い品をそれぞれ机の上に置いて展示し，学級全員で自由に歩き回って眺める。 ④3人程度のグループをつくり，思い出の品を互いに見せ合いながら，順番に発表する。 ⑤グループで簡単なシェアリングを行う。	・家族や家庭をテーマとした授業であることを伝え，お互いのプライバシーの保護に配慮させる。 ・事前に，幼いころの思い出のある品を袋に入れて持参するよう指示しておく。
展開	⑥教師が自分自身の幼かったころの自宅や遊び場の様子などについて，簡潔に語る。 ⑦自分が小さかったころの自宅の見取り図や自分の部屋のレイアウト，遊び場や小学校の通学路などから，印象に残っているものを選んでワークシートに自由に描いてみる。 ⑧描いたものをもとにして，両親や家族，身近な人々との心に残るなつかしい思い出を振り返る。自分が「してもらったこと，お世話になったこと」について，ていねいに思い出す。 ⑨3人程度のグループで，自分が小さかったころの思い出話や，家族や身近な人に「感謝していること」を順番に発表し合う。 ⑩グループでシェアリングを行う。	・教師が適切なモデリングを示し，生徒の動機づけを促進する。 ・静かな音楽をBGMとして流しておく。 ・家族や家庭に対してネガティブな感情を抱いている生徒に対して十分な配慮をする。 ・相手を分析したり解釈したりするのではなく，話を聴いて気づいたことや感じたことを分かち合うようにさせる。多くの人に支えられて生きている事実に着目させる。
まとめ	⑪全体でシェアリングを行う。 ⑫教師の話を聞き，まとめとする。 ⑬振り返り用紙に授業の感想を記入する。	・自分の思ったことや感じたことを自由にわかち合えるような雰囲気づくりを心がける。

単元指導の実際

❶ 実践の記録と成果

　本実践で，生徒たちは生き生きと内観エクササイズに取り組み，楽しみながら内観的思考に触れることができました。これは，本来の内観法を大きくアレンジしながら，自己理解の促進とふれあい体験を基調とした構成的グループエンカウンターのエクササイズを併用したことで，生徒にとって活動が無理のない自然なものとなったからです。

　内観のレベルあるいは深さを，生徒が自分の意志で自由に調節することが可能な方法を工夫することが何より重要です。この点において，エクササイズとシェアリングが大きな意義をもっていたといえます。エンカウンターのエクササイズは決して強制されるものでなく，個々のレベルで対応できるものとなっており，シェアリングでは生徒たちが内観自体への心理的抵抗を含めて，自分の気づいたことや感じたことを自由に語り合うものとなっていました。

　中学生の時期は，感謝の気持ちをもちながらも，家族や身近な人に対して何となく素直になれず反抗してしまいがちです。特定の生徒への配慮だけでなく，どの生徒にとってもデリケートな問題を取扱っていることへの慎重さが本実践において求められました。一方で，プライバシーにかかわるという理由から親や家族をテーマとした実践から安易に逃げてしまったり，内観法の導入を切り捨てたりするようなことがあってはならないという思いも強くしました。ケースにもよりますが，家庭の問題や家族との葛藤から目をそむけず，正面から向かい合わせる勇気も，豊かな人格形成のためには必要です。本人には多少辛くとも，それをバネに今後の人生を強く生き抜いていってほしいものです。

❷ 課題

　学級全体で内観エクササイズを追試する上での留意事項として，以下の点が指摘できます。

（1）内観の対象をゆるやかにする

　　内観法本来の「母親」から始めるスタイルにこだわらず，導入では「親しい友達」など，内観の対象を自由に選択できる，ゆるやかなエクササイズを実施するのがよい。

（2）家庭事情や対人関係への配慮を

両親の離婚や死別，虐待体験，いじめや孤立など諸事情を抱えている生徒がいる場合もあるので，彼らの心情や防衛機制を配慮したグループ体験となるよう展開する必要がある。決して内観を強制せず，「不参加の自由」を常に保障しておくのがよい。

（3）本人のプライバシーを守る

生徒が書いたワークシートの内容を教師や友達が勝手に読むようなことは原則としてないことを事前に伝える。家族や家庭生活に関するプライバシーを保護するとともに，家族に対する感情を自由に表現させることが大切だからである。

なお，ワークシートを見せ合うことをすべて制限せず，「読んでもらいたい」「相談に乗ってほしい」といった反応がある場合は，個別にコメントするなどていねいな対応が必要となる。

（4）自己肯定的な視点を

内観法では，「迷惑をかけたこと＝罪障感の認識」が最も重要なテーマであるが，これに注目しすぎると，反省会のような雰囲気となってしまう。導入では「お世話になったこと」を重視したエクササイズを中心に，他者への感謝というポジティブな側面を大切に扱い，ついで「迷惑をかけたこと」について内省させていく形で支援する。

（5）教師自身の自己開示の重要性

各エクササイズの最初に，教師自身が内観した内容や自分が抱いた感情を生徒たちに自己開示的かつ重過ぎない程度に語りかけることが，生徒たちの動機づけの点でもモデリングの点でもきわめて重要である。生徒に「内観せよ」と一方的に指示するようなことがあってはならない。可能であれば，教師自身があらかじめ集中内観あるいは分散内観の体験をしておくことが望ましいといえる。

（6）事後に行う個別の声かけ

エクササイズを行った後での学級全体でのシェアリングにとどまらず，振り返り用紙への記入事項や生徒たちの表情観察をもとに個々の生徒に声をかけ，事後の気配りや励まし，特定の生徒に対する心理的ケアもていねいに行う必要がある。

（7）生徒に感謝の心を押しつけない

内観に対する受けとめ方は，生徒一人一人の主観や好み，多様な感じ方が大切にされるべきである。内観への興味・関心の高い教師ほど，自分の価値観ばかりにこだわって生徒たちに「感謝する心」を押しつけてしまうことのないよう十分に留意したい。感謝する心は，教師や他者が生徒に「させるもの」ではなく，本人が自ら「したくなるもの」である。生徒たちが素直な気持ちで，自然に「ありがとう」や「ごめんね」と表現できるような内観的思考の深まりを期待することである。

エクササイズ「私が小さかったころ」ワークシート

◎ 幼いころ大切にしていたおもちゃやぬいぐるみ、着ていた小さな衣服、誕生日やクリスマスにプレゼントされたものなど、思い出の品をたくさん思い出してみましょう。

◎ 自分が小さかったころの自宅の見取り図や自分の部屋のレイアウト、遊び場や小学校への通学路など、印象に残っているものを選んで、自由に描いてみましょう。

◎ 両親や家族、身近な人々との心に残る思い出などをふりかえってみましょう。

◎ このエクササイズをやってみて、思ったことや感じたことを書いてみましょう。

エクササイズ「忘れ得ぬ人」ワークシート

◎ 幼いころから現在まで、あなたの人生に何らかの影響を与えてくれたと思えるような忘れられない人を、何人でもかまいませんから思い浮かべてみましょう。

◎ 特にあなたが「お世話になった、迷惑をかけた」と思える人を選び、その人から自分がしてもらったこと、お世話になったこと、自分が「迷惑をかけたこと」などをていねいに思い出してみましょう。

1. その人の名前

2. お世話になったことや迷惑をかけたことはどんな内容ですか。

3. その人に、今、どんなことを伝えたいですか。

◎ このエクササイズをやってみて、思ったことや感じたことを書いてみましょう。

自分をみつめる

1つのエクササイズを繰り返して育てる自己肯定感と思いやり

| 中学校2年生 | 特活・道徳・総合 | 全10回 |

明里康弘

諸富祥彦が語る
この実践 ここがポイント!

■エンカウンターの名手■

執筆者の明里先生は、千葉県を代表する構成的グループエンカウンターのリーダー的存在です。いまでこそ、県内にエンカウンターが広まっていますが、それは明里先生が私に漏らした「エンカウンターを学びたい」というひと言から始まったのです。お人柄も実践も素晴らしく、エンカウンターを習熟し、熟練の域に達した人の特性を備えている先生です。

■具体的なエンカウンターの実践法■

授業展開を見ていくと、いずれも特別なことをしているわけではありません。見るべきポイントは実践の流れです。

学級活動全体の流れの要所要所に、うまくエンカウンターのエクササイズを組み込んでいるのです。単なるエクササイズ主義を超えた実践です。学校行事や学級生活との関連のなかで、クラスメート同士がよさを発見しあい、自己肯定感を高めていけるよう意識されています。

さて、学級が本当の意味で育つエンカウンターの実践のポイントは、だれにでもできそうな短時間のエクササイズを何度も繰り返し行うことだと私は思います。同じ内容のものを、1年かけて繰り返し少しずつ内容を変え実践していく。これは名人芸に共通する特徴と言えます。

例えば「私は私が好きです。なぜならば」のエクササイズがあります。これも最初はほとんどの生徒がワークシートに書き込みができませんでした。最初に白紙が多いと、この学級には不向きであると判断しやめてしまう先生も多いのですが、明里先生はクラスの成長レベルをていねいに確認し、繰り返し行うことでエクササイズに対する抵抗感を減らしています。結果的にクラスの育ちにつなげていったのです。

地道ながらジワジワと育てる……。私は熟練した教師の技を見せられた思いがしました。

単元全体の計画

2年生 / 特活・道徳・総合 / 全10回

友達のよいところを見つけよう！

明里康弘
千葉市立花見川第二中学校

❶ 単元（ユニット）設定の理由

　非常に明るく素直に感じる生徒たちです。そして，目立ちたがり屋の生徒が多くいます。「Aさんは，社会科係の仕事をよくやってくれるね」とほめると，「先生，私は？」「おれも給食委員の仕事をやっているよ」などと，ほめられたがります。歴史の授業で「天下を統一した人は？」と聞くと「はい，おれです」と，笑いやウケをねらい，自分のことを意識してもらったり目立たそうとしたりします。友達と一緒に仲よく活動できますが，友達を認めたりほめたりするところまでは，気が回らないようです。幼さが目立ち，友達の気を引こうとするばかりで，助け合ったり認め合ったり「お互いさま」という雰囲気が感じられません。また，4月に行った「私は，私が好きです。なぜならば」のワークシートは，ほとんどの生徒が書けませんでした。

　そこで，学校行事や学級生活の中で，友達とのかかわりを通して，友達から見た自分のよさを認識させることにより自己肯定感を育てたいと思いました。さらに，自分を認めほめてくれた友達への感謝の思いを昇華させ，「利他」への実践ができるようになればと思い，年間通してこのエクササイズの実践を続けることにしました。

❷ 単元（ユニット）の目標

- 友達のよいところを見つけ，具体的に書くことができる。
- 友人が言ってくれた「自分のよさ」を認識し，自己肯定感を高めることができる。
- 認めたりほめてくれた友人へ感謝の気持ちを伝えたり，利他への実践の気持ちを高めることができる。

❸ こころを育てる仕掛け

　生徒たちのエゴグラムを見ると，自他共否定型や他者肯定自己否定型など，自分を否定している生徒の多いことに気がつきました。何事にも一生懸命で明るく振舞っているわりには，自分を卑下したり満足感を感じていないのです。そこで，他者から認めらたりほめら

れたりする経験を繰り返すと，自分のよさを感じ認めることができるようになり自己肯定感が高まるであろうと考え，「友達のよいところを見つけよう！」を続けることにしました。

学級の実態から，楽しくゲーム感覚で，学級集団を用いて，友達の意見を聞きながら実践する構成的グループエンカウンターを中心に行いました。

❹ 指導上の工夫

- より効果を上げるためエンカウンターを実施する際に，本時のねらい，インストラクション，モデルの提示の3点を，とくにていねいに具体的に行った。
- ねらいは必ず模造紙に書いて貼る，インストラクションの言葉は要点と具体例を示す，エクササイズの内容をモデルで示す，等に配慮した。その理由は，表面的な「よいこと」で終わるのではなく，努力したこと，成長したこと，他者への思いやり等，時間の流れや目に見えないあたたかい感じにまで気づいてほしいと思ったからである。さらに，「うれしかった」で終わるのではなく，見つけてくれた友人へ感謝の気持ちまでつなげたいと思ったからである。
- エクササイズ「よいところを見つけよう！」を実施するが，その時間だけで実施するのではなく，数週間前から準備し，なかなか書けない生徒へは個別面接をして，エクササイズの回を重ねるごとに「よいところの内容」が深まるように心がけた。

❺ 単元（ユニット）の指導計画　全10回

月	回	タイトル	時間
4月	☆	「私は私が好きです　なぜならば」No.1	15分　帰りの学活
5月	①	班の友達ありがとう（1）〈班編成に向けて〉　**指導案①**	1時間　学級の時間
6月	②	行事を終えて（1）〈体育祭終了後〉　**指導案②**	1時間　道徳の時間
7月	③	班の友達ありがとう（2）〈班編成に向けて〉	15分　帰りの学活
9月	④	猛獣狩りでグループを決める	15分　帰りの学活
10月	⑤	班の友達ありがとう（3）〈班編成に向けて〉	15分　帰りの学活
11月	⑥	行事を終えて（2）〈合唱コンクール〉	15分　帰りの学活
12月	⑦	班の友達ありがとう（4）〈班編成に向けて〉	15分　帰りの学活
1月	⑧	仲がよい友達と	15分　帰りの学活
3月	⑨	行事を終えて（3）〈3年生を送る会〉	15分　帰りの学活
3月	☆	「私は私が好きです　なぜならば」No.2	15分　帰りの学活
3月	⑩	出発の花束　〈学級編成のとき〉	1時間　学級の時間

指導案① | 1回目 | 全10回

班の友達ありがとう
〈班編成に向けて〉

ウォーミングアップで心の準備をしました

● **教師の思いと授業のねらい，そのねらいを設定した理由**

　4月以降，新しい友達と協力しながら学級生活を約2か月過ごしてきました。これから2か月ごとに班編成を行い席替えをしていく予定です。今まで一緒に生活をしてきた友達からよいところを語ってもらい，一緒に生活したことへの感謝の思いを伝え合うことにより人間関係を深めさせたい。今の班の最後の活動として，「班の友達ありがとう」をテーマに「よいところを見つけよう」エクササイズを実施しました。

● **資料（教具・教材を含む）**
- ワークシート1……46ページ

● **授業の工夫**
- 本年度は，この実践を中心にして行く予定なので，この授業をパターン化しようと思い，展開を細かく仕切り，全員が同じステップで実施できるように配慮した。

● **授業の評価の観点**
- 友達のよいところを見つけることができたか。

● **授業の様子や生徒たちの声**

　初めての「友達のよいところを見つけよう！」です。友達が書いてくれたよいところは，野球がうまい，英語がじょうず，頭がいい等のその生徒の得意分野のことや，明るい，やさしい，おもしろい等の性格的なことが多く，ほとんどの生徒がやってよかったとうれしがっていました。こんなにほめてくれてうれしい，こんなふうによく思ってくれているなんてびっくりしたなど，意外に感じている生徒も多くみられました。

● **引用・参考文献**
- 明里康弘「不登校生徒とのていねいな人間関係づくり」，諸富祥彦・千葉市グループエンカウンターを学ぶ会編著『エンカウンターこんなときこうする！　中学校編』図書文化

1つのエクササイズを繰り返して育てる自己肯定感と思いやり

	学習活動	ポイントと留意点
事前	・「班の友達ありがとう」をする趣旨を伝え，下書きを書かせる。 ・事前に書いたものを点検し，批判や悪口，ふざけて書いたものは厳しく注意する。また，ほとんど書いてないものは，具体的に教えアドバイスする。	・ワークシートには，モデルを載せる。 ・批判や悪口は厳禁であることを書いて示す。
導入	①ウォーミングアップ 　班対抗で「私たちのお店屋さん」*をする。 ②本時のねらいを説明する。 　「今日で今の班とお別れです。2年生になり，新しい学級で新しい班で互いに協力しながら生活をしてきました。今の班が解体する前に，班のメンバーにお礼と感謝の気持ちを込めて『友達のよいところ』を書きましょう」	・ウォーミングアップのシェアリングは簡単に口頭で行う。 ・さらりと言い，感謝と「よいところ」を言うことがあたりまえの雰囲気をつくる。
展開	③ルールは，悪口やその友達が嫌がることは絶対に書かないということです。 　・よいことを時間内にできるだけたくさん書きます。 　・下書きを書きながら書いてもかまいません。 ④やり方は， 　・まず，□□□□の中に，自分の名前を書きます。 　・「はい，どうぞ」と，言ったら時計回りで次の人へ回します。時間が余ったら待っていてください。時間が足りなくても時間になったら次の人へ回します。 　・時間は，1分30秒で回します。 　・一回りして，自分のところへ返ってきたら，終わりです。友達が書いてくれたものを，じっくり味わって読んでください。 　・「あなたのよいところ」を読んで，思ったり，感じたり，新しく気づいたところを書きます。	・自分が嫌なことは，友達も嫌であると，知らせる。 ・書き終わり私語を始めた者に対して，注意する。 ・様子を見ながら，時間は平等に与える。 ・書くことができなくても強制しない。
まとめ	・友達は，あなたのどのようなよいところを発見してくれましたか。どのような感想をもちましたか。うれしかったですか。明日から新しい班です。新しい班の仲間のよいところが発見できることを期待しています。	・初めてのこの時間が楽しい雰囲気で終わることができるようにする。
事後指導	・一度集め，悪口や批判がないか点検してから本人に返す。 ・友達を中傷している場合は，個別に生徒を呼んで，「相手が嫌に思うことは書かない」ことを指導する。	・悪口や批判を書いた者へは，友達の気持ちを感じさせながら，ていねいに厳しく注意する。

*ウォーミングアップのエクササイズは，『協力すれば何かが変わる』坂野公信監修・日本学校GWT研究会著，遊戯社の中から学年に応じて選ぶとよい。

| 指導案② | 2回目 | 全10回 |

感動の体育祭，ありがとう！
〈行事を終えて〉

書く時間をしっかり取りました

●教師の思いと授業のねらい，そのねらいを設定した理由

　体育祭は，生徒がいちばん関心を持って取り組みやすい最大の学校行事です。係としての準備，種目練習，当日の係活動等，学級で生活するのとは違い，生徒の活躍場面がよく見えます。友達と一生懸命に準備したり，体育祭当日に活躍したりしたことが感動として残ります。それらのことを「よいところ」として友達から友達へ伝えさせたい。今回は，第1回の「よいことを見つけよう」から，さらに具体的な活動を「よいところ」としてあげさせてみました。

●資料（教具・教材を含む）
- ワークシート1を改作したものとワークシート2……46ページ

●授業の工夫
- よいところがあげやすいように事前に書くシートを工夫した。例えば，準備は何の係か，当日は何の係か，何の種目に出場したか，応援団・応援の様子はどうだったか，などを振り返りながら，友達のよさを書くことができるように工夫した。
- 第1回と同様，エクササイズの進行は，学級担任が細かく仕切りリードした。

●授業の評価の観点
- 具体的な活動をあげながらほめることができたか。

●授業の様子や生徒たちの声

　2回目ということもあり，ワークシートの書き方には慣れてきて，友達の具体的な活動場面を認めてほめていました。例えば，「応援団の練習を，朝も放課後もやり，声がかすれるまでやり，えらいと思った」「学級対抗リレーで，いちばんビリだったのに2人も抜いて，かっこよかった」など，たくさんのことを書いていました。どの生徒も満足そうでした。とくにふだん注意されることが多い生徒が，友達から「すごい」「ありがとう」などの言葉を書いてもらって，「こんなにも喜んでくれるとは思ってもみなかった」と感想に書いていました。

	学習活動	ポイントと留意点
事前	・「感動の体育祭，ありがとう！」をする趣旨を伝え，下書きを書かせる。 ・批判や悪口，ふざけて書かないよう注意する。	・体育祭終了後，ワークシート１を宿題にする。
導入	①本時のねらいを説明する。 　「一昨日の体育祭は，大成功でした。みんな一人一人ががんばったのはもちろんのこと，互いに協力し合ったからです。今日のエクササイズは，体育祭で友達のよかったことを書いて伝えてあげます」	・行事終了３日以内に行う。
展開	②ルールは，悪口やその友達が嫌がることは絶対に書かないということです。 　・よいことを時間内にできるだけたくさん書きます。 　・下書きを書きながら書いてもかまいません。 ③やり方は， 　・まず，□□□の中に，自分の名前を書きます。 　・「はい，どうぞ」と，言ったら時計回りで次の人へ回します。時間が余ったら待っていてください。時間が足りなくても時間になったら次の人へ回します。 　・時間は，２分で回します。 　・一回りして，自分のところへ返ってきたら，終わりです。友達が書いてくれたものを，じっくり味わって読んでください。 　・「あなたのよいところ」を読んで，思ったり，感じたり，新しく気づいたところを書きます。	・ふざけたりする者に対して厳重に注意する。 ・下書きを見ながら書いてもよいことを知らせる。
まとめ	・友達は，あなたのどのようなよいところを発見してくれましたか。その友達だからこそ見つけることができたのでしょう。また，友達のよいところを見つけることができたあなたはすばらしいのです。友達を大切にしていきましょう。	・教師の自己開示も大切。
事後指導	・一度集め，悪口や批判がないか，点検し，本人に返す。 ・友人を中傷している場合は，個別に生徒を呼んで，「相手が嫌に思うことは書かない」ことを指導する。	・悪口，批判は絶対許さない姿勢で取り組む。

単元指導の実際

❶ 実践の記録と成果

　けっしてこのエクササイズ「友達のよいところを見つけよう！」だけの成果ではないが，生徒は徐々に変容していった。4月当初と3月の学年末の様子を比較してみると，大きく変容したと思われる点は次のとおりである。

（1）男女の仲がよくなった

　普段はとくに目立ったことはないが，グループエンカウンターのウォーミングアップで「猛獣狩り」「森は大騒ぎ」等をやると，異性をあまり意識しないで，グループづくりができるようになっている。学級内でトラブルがあったときでも，「女は」とか「うちの学級の男子は」という言葉を聞かなかった。

（2）友達を上手にほめられるようになった

　2学期前半までは，「あいつのよいところなんてない」「嘘は書けない」と言う生徒がいたが，徐々にそういう言葉を聞かなくなった。5月は，かたくなに「嘘は書けない」と言っていた生徒が，「まあ，あいつもがんばっているから」「僕は別に思わないけれど，○○さんが，そう書いておけばいいというから」と，悪口を言わないでほめられるようになった。全体的には，具体的な活動をほめるようになった。

（3）係活動を嫌がらなくなった

　以前は，係活動をしない生徒に対して「攻撃的」であったが，3学期になると，今までやらなかった者に対して「おまえもやれよ」とか，「やる人をじゃんけんで決めるよ」などと，うまく仕事を分担してやっている姿が見えた。

（4）エクササイズ「私は私が好きです　なぜならば」ができた

　4月最初に行った「私は私が好きです　なぜならば」は，ほとんどの生徒のワークシートが白紙に近い状態でエクササイズを実施することができなかったが，同じものを3月に実施すると，大半の生徒が書くことができた。笑いながら友達と見せ合っていた。

　エクササイズ「私は私が好きです　なぜならば」から以下のことが読み取れた。

　①自己肯定感が高まっている

　　自分をまるごと認める傾向が見える。できてない自分を嫌うのではなく，できなくて

もそれに向かって努力している自分を発見したりして，自分を好きになっているのがわかる。

②他者を思いやる言動ができるようになった

例えば，「今までは自分さえよければいいと思ってたけれど，まわりの人のことも思いやれるようになった」と書いている。同様なことを書いている者が多かった。

グループサイズや形態を変えました

(5) 継続することができた

年間を通して同じエクササイズを10回行うことができた。いかに生徒たちがこのエクササイズを望んでいるかがわかる。マンネリ化を防ぐため気をつけたことは，①ウォーミングアップのゲームを変える，②エクササイズを実施するときの構成メンバーを変える，③ワークシートを変えるなどの工夫である。それらの工夫により，新鮮味を感じさせ継続することができたと思う。

演出方法を工夫しました

❷ 課題

(1) 学級全体での場合

年間を通して，第10回以外は小グループで実践したため，どの生徒もほめたり認めたりしてもらう言葉がほぼ同量であったが，最後の「出発の花束」では，大きく差がついた。班の人へは必ず送る，その上で送りたい人に書くとしたので友達からほめ言葉をもらわなかった生徒はいなかったが，少ない生徒もいた。他と比べる必要はないものの，学級全体で実施するときは，必ずもらうことができるような配慮が必要である。

(2)「よいところ」から「直してほしいところ」へはどうか

同学年の教師から，ほめるだけでなく，直してほしいところもやるとよいのではとアドバイスをもらったが実践しなかった。理由は，以前の学級で実施して生徒の評判がよくなかったからである。欠点を文章で残す形となるので，直すことは，別な方法で知らせるのがよいと，現段階では考える。

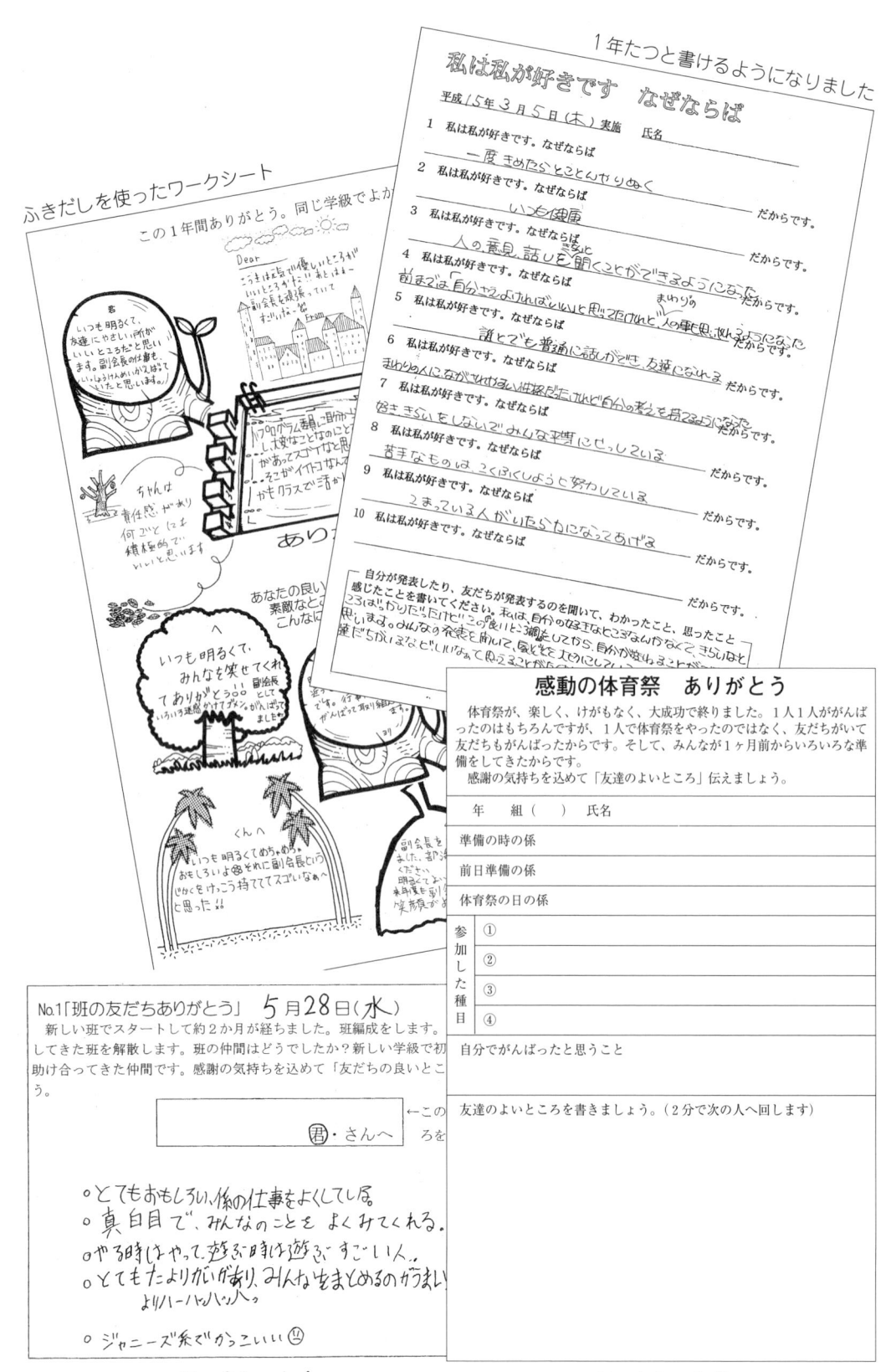

ワークシート１　　　　　　　　　　　　　　　ワークシート２

46

自分をみつめる

行事での感謝を伝えて深める友情・信頼

[中学校2年生] [行事・学活] [行事＋2時間]

浅井　好

諸富祥彦が語る
この実践　ここがポイント！

■**学校生活とエンカウンターをリンクさせる**■

　今回の実践は，浅井先生の人柄を感じさせる「感謝の気持ちを伝え合おう」というテーマです。学校行事のあとの学活を利用して，１時間かけて手紙の交換会をするというものです。構成的グループエンカウンターのエクササイズを，学校行事の流れに結びつけて展開しているところが実に巧みです。

　生徒たちがこの実践のなかで感じるのは，「自分の言葉で友達を勇気づけることができる」ということ。エクササイズを通して言葉の力とあたたかさを実感していきました。実践の回数を重ねるごとに手紙の数が増え，表面的な記述から心のこもった記述へと変化している様子がよくわかります。本心からあの人に伝えたいなぁと思えるところまで成長していったのです。

■**あたたかい心配り**■

　エンカウンターの実践で何よりも大切なのは，教師があたたかい心配りをすることです。

いいとこ探しや伝え合いはよく行われますが，このとき必要なのが，言葉や手紙をあまりもらえない生徒への配慮です。浅井先生はこうした生徒をつくらないために，「グループ内ではすべてのメンバーに手紙を書くこと」を指示し，数の少ない生徒には先生自らが手紙を書かれています。

　このあたたかさが教室全体を安心できる空間にしているのです。

　浅井先生は，明里先生・植草先生・齋藤先生と並ぶ千葉の中学校におけるエンカウンターの四大名手のひとりです。

　この四名に際立った特徴は，あたたかさ・やさしさ・機転やアドリブ。優れた教師は生徒が困った発言をしても，きつく返したりせずに，機転をきかせあたたかく受け止めることが上手です。臨機応変な対応ができるのはまさに教師の力量と言えますが，浅井先生はそれを見事に体現しておられます。

単元全体の計画

2年生 / 行事学活 / 行事＋2時間

行事の後に感謝を伝え合うエクササイズ

浅井 好
千葉大学教育学部附属中学校

❶ 単元（ユニット）設定の理由

4月後半，クラスがえから約3週間がたとうとしているのに，学級内にまだ何かよそよそしい雰囲気が残っていました。

休み時間になると旧学級の友達と廊下でひそひそ話をしている生徒，教室の中にぽつんと独りぼっちでいる生徒がいます。授業中もどこかシラーっとした雰囲気で，それほどむずかしい発問ではないのに挙手もまばら。

このままでは，弱い人間関係が学級に定着してしまい，行事や授業が盛りあがらないばかりか，不登校や問題行動が発生しかねない状況です。

大切なのは，学級が「安心できる空間」であること。

学級の友達が安心できる仲間であるという信頼感と，自分らしく振る舞えるための自信や自尊感情の高まり。そのために，生徒が互いにポジティブフィードバックを行い，自分と友達を好きになるような場を意識的に多く設定しなければならないと考えました。

❷ 単元（ユニット）の目標

- 友達への感謝の気持ちを手紙に書くことで，友達のよさや自分が友達に支えられていることに気づく。
- 行事の中で感じた友達への感謝の気持ちを伝え合うことで，自尊感情を高める。
- 高まった自尊感情や友達に対する感謝の気持ちをさらに伝えあうことで，心を伝え合うことがいっそう人間関係を深め，安心できる集団づくりを進めること気づく。

❸ こころを育てる仕掛け

- 構成的グループエンカウンターの中心的活動の1つに，「シェアリング」がある。リーダーが構成した課題（エクササイズ）を通して得た思いや感情を，伝え合い分かち合うことで，それを深化・修正したり，新たな発見を促したりするものである。
- エンカウンターは，エクササイズをリーダーが意図をもって構成する。本実践は，リー

ダーによって構成された課題ではなく、学級で取り組まれた「行事」で感じたことをシェアしようというものである。
- 行事のあとで互いの感謝の気持ちを伝え合うことで、「私にもこんないいところがあるんだ」「私でもこんなに人の役に立つことがあるんだ」という気づきが得られる。さらに感謝の気持ちを受け取ったときどんな気持ちになったかを伝え合うことで、「私の言葉が友達を喜ばせた」「感情を伝えるっていいことなんだ」という気づきを得られる。これらを通して、自他へのいっそう深い愛情と、新たな発見を促したい。

❹ 指導上の工夫

- ただ「感謝の気持ちを友達に伝えよう」と生徒に投げかけても、生徒は、なかなかその思いを言葉に表現できない。そこで、ワークシートに記入させ、それを交換するときに言葉を添える形で互いの気持ちを表現させたい。
- 学級の実態によっては、面と向かって感謝の気持ちを書いたり伝えたりすることに抵抗がある場合もある。このようなときは匿名を認め、教師が感謝の言葉のワークシートをいったん集め、コピーしたり活字に打ったりして集計して相手に渡すなどの工夫が必要であろう。

❺ 単元（ユニット）の指導計画　行事＋2時間

1次	学校行事	体育祭・文化祭・合唱コンクール・自然教室・修学旅行・予餞会など （実践例は、体育祭・文化祭・自然教室と年間3回実践したうちの2回目、「文化祭」のもの）	
2次	学活	友達への感謝の気持ちを手紙に書こう！	1時間
	学活	感謝の手紙交換会をしよう！	1時間

指導案① 　1時間目　2次

友達への感謝の気持ちを手紙に書こう！

●教師の思いと授業のねらい，そのねらいを設定した理由

　行事を通して個も集団も成長します。しかし，ややもすると行事を飛び石のようにこなすだけで，そこで得られた気づきや深められた人間関係を総括することなく，次の行事の準備に取りかかってしまうことがあります。これではもったいない。体験から得られたものをていねいに振り返り，表現することで，友達のよいところを見つける目を育てたいと考えました。

　そこで，行事を通して発見した友達のよいところ，友達にしてもらってうれしかったことを思い出し，自分の言葉で手紙に表現することをねらいとしました。

●資料（教具・教材を含む）
- 学校行事の写真やＶＴＲ，作品
- 生徒用ワークシート……56ページ

●授業の工夫
- 写真やＶＴＲ，作品を用意し，そのときの感情を思い出しやすいようにする。
- ワークシートを利用し，感謝の気持ちを表現しやすいように工夫する。

●授業の評価の観点
- 友達への感謝の気持ちを，自分の言葉でワークシートに表現できたか。

●授業の様子や生徒たちの声

　生徒は文化祭を，大きな成就感をもって終えました。自主制作映画づくりの話し合い・撮影・編集・会場装飾という準備段階から，文化祭当日の上映作品，片付けまでの様子を写真で振り返ると，「懐かしい」「大変だったけど楽しかった」「いい映画だったよね」などと口々に話し始めます。本単元の実施が体育祭に続いて２回目でもあり，担任の投げかけに対してとても肯定的でした。友達からの手紙が自尊感情を高めてくれることを，生徒はちゃんとわかっているのです。

●引用・参考文献
- 川崎知己「君はどこかでヒーロー」，國分康孝監『エンカウンターで学級が変わる　中学校編』図書文化社
- 國分康孝『エンカウンター』誠信書房

行事での感謝を伝えて深める友情・信頼

	学習活動と生徒の様子	ポイントと留意点
導入	①文化祭の準備から当日までを思い出す。 「7月初めから4か月間かけて取り組んできた文化祭の自主制作映画上映。準備から当日までを思い出してみましょう」 ・文化祭の出し物が決まるまで，何度も話し合いをしたなあ。 ・フィルムの編集のとき，うまくいかないで困ったなあ。 ②それぞれの場面での，気づきや感情を思い出す。 「それぞれの場面でどんなことを感じましたか。目をつぶって思い出してみましょう」 ③発表する ・Aくんは，いつも話し合いを上手にまとめてくれて，すごいなあと思った。 ・Bさんは，夜遅くまで台本を考えてくれて，責任感が強いなあと思った。 ・Cくんに何度もセリフを失敗した自分を励まされ，勇気づけられた。 ④本時の活動とねらいを簡単に説明する。 「私は，この学級のみんなが自分のよさや友達のよさを認め合えるようになってほしいと思っています。今日はこの文化祭で見つけた友達のよいところ，友達にしてもらってうれしかったことを，自分らしい言葉で手紙に書きましょう」	・ビデオや写真などを利用し，視覚的に個々の場面を振り返ることができるといっそうよい。 ・それぞれの場面での気づきや感情については，目をつぶらせるなどして，自分自身の内面をしっかりと振り返らせる。 ・教師はネガティブな感情も否定しないで受け止める。 ・この授業のねらいをここでしっかりと把握させないと，冷やかしやからかいの内容の手紙が多くなる。
展開	⑤ワークシートを配布し，静かに記入する。 「では，このワークシートに記入しましょう」 ★何も書けない生徒へは，生徒の関わった場面を指摘したり思い出させたりして，そのときどのように感じたかを順序だてて，思い出させる。 ★学級の実態が，まだ面と向かって感謝の気持ちを書いたり伝えたりすることに抵抗のある場合は，手紙の匿名での記入を認め，教師がワークシートをいったん集め，コピーしたり活字に打ったりして，相手に感謝の言葉と伝える方法をとってもよい。	・しっとりとしたBGMがあるとよい。 ・同じ仕事分担やグループなどのメンバーには必ず手紙を書くなど，手紙が全員の生徒に届くよう配慮する。
まとめ	⑥手紙を書いてみての感想を発表する。 「友達への感謝の手紙を書いてみて，どのようなことを感じましたか」 ・自分は知らず知らずのうちに，たくさんの友達の助けてもらっていることに気づいた。 ⑦次時の連絡をする。 「次の時間は，今日書いた感謝の手紙の交換会を行いましょう」	・手紙を書いてみての気づきは，次時のシェアリングでもふれることであるから，本時では，あまり深く扱わない。

指導案② 2時間目 2次

感謝の手紙交換会をしよう！

●教師の思いと授業のねらい，そのねらいを設定した理由

　信頼関係は，協力体験を重ねることや集団からのポジティブフィードバックで，じっくりと築き上げられます。行事で得られた協力体験に加え，抱いている感情をキャッチボールのようにやり取りすることで，自他への愛情を深めるとともに，自分の言葉が友達の心を育てることを体験させたいと考え，以下のようなねらいを設定しました。

- 友達への感謝の気持ちをしっかりと伝えあう。
- 友達の感情や気づきに対して，さらに自分の感情や気づきを伝え合う。

●資料（教具・教材を含む）

- 生徒用ワークシート（前時に記入済みのもの）

●授業の工夫

- 学級全員で1～2重の円をつくり，一体感を演出する。
- 学級の実態によっては，振り返り用紙に記入してから感想を発表させる。

●授業の評価の観点

- 友達からの感謝の気持ちを受け止めて，自分の気持ちを表現できたか。

●授業の様子や生徒たちの声

　感謝の手紙の交換は，にぎやかに，そしてうれしそうに行っていました。その後，席を円にしての場面では，なかなか発言が出ず，少し硬い雰囲気になりました。
　しかし，「感謝の言葉でうれしいと感じている友達を見て，何か感じることはありますか」と発問すると，次々と「友達に喜んでもらえて自分もうれしい」「ふだんからありがとうってお礼を言うことが大切なんだってわかった」という発言が続きました。

行事での感謝を伝えて深める友情・信頼

	学習活動と生徒の様子	ポイントと留意点
導入	①本時の活動とねらいを簡単に説明する。 「今日は、前回書いた友達への感謝の手紙を手渡し、感謝の気持ちを伝えましょう。手紙を渡したりもらったりすることで、自分のよいところや友達のよさに気づいてほしいと思っています」 ②デモンストレーションを行い、手紙を渡すときの大まかな形を示す。	・形は大切ではないが感謝の気持ちを表現するために最低限必要なことは、デモンストレーションする。
展開	③自分の書いた手紙を読みあげて、相手に渡す。 「では、室内を自由に歩き回って、手紙を渡しましょう」 ・Dさんは最後の最後まで編集をがんばってくれて、お陰でとってもすばらしい映画ができたよ。ありがとう。 ・E君は、撮影のとき学校の物を壊して怒られたけど、そのあと学級のために一生懸命お客さんを集めてくれたね。ありがとう。 ④学級で1つの輪になって、手紙を書いたとき、手紙を渡したとき、手紙をもらったとき、感じたことや気づいたことを発表し合う。 ・一つ一つの場面を思い出すと、学級のみんなで助け合っているんだなあということに気づいた。 ・自分もたくさんの人に助けられて自分の仕事をしてきたんだと気づいた。 ・自分のがんばりを見ていてくれる人がたくさんいて、うれしかった。 ・ふだんあまり話したことのないFさんから、あなたのがんばりが文化祭を成功させたって言われて、涙が出るくらいうれしかった。 ⑤さらに、発表を聞いて感じたことや気づいたことを発表し合う。 ・自分の言葉が、こんなに友達を勇気づけたり喜ばせたりするとは、考えたことがなかった。 ・言葉の力は大きいと感じた。 ・G君と力を合わせて撮影をやったが、G君からこんなに感謝されているなんて思ってもみなかった。友情が深まったような気がする。	・手紙をもらったときの気持ちを素直に表現し、相手に伝えるよう助言する。 ・学級で1～2重の円を描くように輪をつくり、黙想するなど落ち着いた雰囲気をつくってから、シェアリングを始める。 ・手紙をもらったときの自尊感情の高まりとともに、自分の感謝の気持ちを伝えたときの相手の反応についても、気づいたことを発表させる。 ・互いに心を伝え合うことで、だんだん相手への感謝の気持ちや親しみが増してくることに気づかせたい。 ・感じたことや気づいたことをすぐに言葉に表現できなければ、振り返り用紙などに記入させ、その後発表させる。
まとめ	⑥生徒の発言を振り返り、教師が授業全体の感想を話す。 「今日は、心を伝え合うことで、いっそう豊かな心になれるということを経験しました。お互いがお互いを支えあっているということを学びました。これは、授業の中だけでなく、普段の生活でもできることですね」	・心を伝え合うことは、日常でもできるということを、しっかり伝える。

単元指導の実際

❶ 実践の記録と成果

心を交わし始めた子どもたち

「編集おつかれ！ あんなすごい映画を作れたのも君のおかげ！ 本当にありがとう。
次，パソコン使う機会があったらまたよろしくね。

P.S.ピザおいしかったよ。ありがと〜」

これは，映画の編集を担当したＨくんへの感謝の手紙の１つです。

これらの手紙に対して，Ｈくんは，「編集がうまくいかず，みんなに迷惑をかけたと思っている。ほぼ徹夜で仕上げた作品だけど，完成してうまく上映できたことと同じくらい，Ｉさんやみんなに『よかった』と言ってもらってうれしい」と答えています。

「大道具，小道具，スタイリスト，エトセトラ……。ホントにおつかれさまです＆ありがとう。カマとか，うちのわがままで作ってくれてマジありがとう。すばらしいポスターも最高でした」

これは，裏方に徹して働いたＪさんへの感謝の手紙です。

Ｊさんは，「自分はみんなのように役者としては学級のために働けなくて，ちょっと落ち込んでいた。自分のやったことを１つ１つちゃんと見てくれている人がいて，とってもうれしい。自分なりの努力が報われた気がする」と答えています。

さらに「何でもできるＫくんが，自分の言葉でこんなに喜んでくれるなんて，驚いています。ありがとうって言うことが，人の役に立つと今日初めて知った」という発言もありました。

指導案中の生徒の様子は，すべて手紙やシェアリングの中であった実際の言葉です。そちらも参照してほしいと思います。

繰り返しによる変化

手紙の総数でみると，体育祭後239通，文化祭後317通，自然教室356通と，行事ごとの増加がはっきりと見られます。

その内容も「○○係おつかれさま」などという表面的な記述から，上の例に見られるような，その仕事を通してどのような貢献が学級にあったか，自分はどのように感じたかが

記述されることが多くなり，さらに「質問攻めのLちゃん。そういうあなたが私は好きよ♡」というような好意をストレートに表現する記述も多く見られるようになりました。

下のデータは，このときの年度の学級満足度調査の集計結果です。

　　5月　とても満足　7%　満足41%　普通26%　やや不満14%　不満14%
　　7月　とても満足13%　満足52%　普通24%　やや不満 8%　不満 3%
　　2月　とても満足41%　満足38%　普通21%　やや不満 0%　不満 0%

学級に満足しているすべての生徒は，その理由として，「みんな仲がよい」「みんないい人」「いじめや差別がない」「団結力がある」などの人間関係の深まりを示す項目を指摘しています。

5月・7月に学級に不満をもっていた生徒も，「前より仲良しの友達がいない」「女子の中でグループに分かれている」「まとまりがない」と，人間関係の未熟さを指摘しており，これが改善されたために満足に転じたのだと考えられます。「体育祭で成績が振るわなかった」「授業が活発ではない」などの運動面や学習面を指摘する生徒は皆無でした。

日常生活に現れた成果

そして，なにより日常生活の様子に変化がありました。学習や行事の準備で，大小のグループを編成するときに，文化祭以降はグループ編成に行き詰まったことはありません。学級内にいくつかの小グループは存在しますが，それにこだわることなくグループ編成ができ，どのグループに入ってものびのびと活動ができています。授業では，自分が考えたことを学級に提示し，それについてみんなで意見を出し合い深めることができるようになりました。学級会でも同様に，提案者が論題を提示すると，それが学級に波紋のように広がり，一人ひとりがアイデアを出し，むずかしい問題には全員で知恵を絞っています。

生徒は，心と心のふれあいを求めているのです。それは，こうした授業の中の発言でよく理解できます。また，保護者面接での，「友達からの感謝の手紙を宝物のように飾っている」「親にうれしそうに自慢する」などの話や，行事が終わると「またあれ，やるんでしょ？」と催促してくることからも理解できます。

❷課題

本実践で，最も工夫しなければならないことは，どの生徒へも一定以上の数と内容の手紙を，どのようにして届けるかです。私は，手紙をもらえない生徒を出さないため，同じグループのメンバーには必ず手紙を書くように指示を出したり，数や内容がものたりない生徒へは，私自身が手紙を書いたりしました。

事前の動機づけ，きめ細かな役割分担，行事の途中での相互評価などがあると，いっそう実り多いものになるでしょう。

「文化祭感謝の手紙」振り返りシート

　　　　年　　組　　番　名前　　　　　　　

1. この授業は楽しかったですか。
   4　　　　3　　　　2　　　　1
   とても楽しかった　少し楽しかった　あまり楽しくなかった　ぜんぜん楽しくなかった

2. この授業はためになりましたか。
   4　　　　3　　　　2　　　　1
   とてもためになった　少しためになった　あまりためにならなかった　ぜんぜんためにならなかった

3. 友達への感謝の気持ちを、しっかり友達に伝えましたか。
   4　　　　3　　　　2　　　　1
   十分伝えた　かなり伝えた　少し伝えた　ぜんぜん伝えられなかった

4. 友達の気持ちや気づきを聞いて、さらに自分の気持ちや気づきを伝えましたか。
   4　　　　3　　　　2　　　　1
   十分伝えた　かなり伝えた　少し伝えた　ぜんぜん伝えられなかった

5. 今日の授業を通して、考えたことや、感じたこと、気づいたことを書いてください。

　　　　　　　　　　　　　　　　　　　　
　　　　　　　　　　　　　　　　　　　　
　　　　　　　　　　　　　　　　　　　　

学級のみんなに感謝の一言を！

　　　　年　　組　　番　名前　　　　　　　

学級のみんなに感謝の言葉を書こう。委員長の人に、リーダーとして学級をまとめてくれた人に、目立たないが係の仕事を一生懸命やっていた人に、はげましてくれた人に！（話しかけるように、自分の言葉で書いてください）

[　]くん・さん へ

[　]くん・さん へ

[　]くん・さん へ

[　]くん・さん へ

[　]くん・さん へ

[　]くん・さん へ

[　]くん・さん へ

[　]くん・さん へ

[　]くん・さん へ

[　]くん・さん へ

自分をみつめる

「自分のよさ」を追求する個人プロジェクト

中学校1年生 | 道徳・特活・総合 | 18時間

岡田幸太郎

諸富祥彦が語る この実践 ここがポイント！

■定番のテーマに加えられた新味■

　自分のよさや他者のよさを認め合うというテーマは，いまや定番となっていますが，岡田先生の実践は，一貫性があって実に本格的です。

　エンカウンターを使って自分のよさを見つめるというのはよくある手法ですが，それを個人プロジェクトとして十分に展開している点が新鮮で，たいへん優れています。

　見つめた自分のよさをさらに追求していく。このエンカウンターから総合的な学習への展開は巧みです。教師の意図が見え見えのベタな心の教育ではなく，エンカウンターによるこころ育てをベースに展開された総合的な学習のよい実践例で，プロジェクト学習的な要素も，そこにはあります。

■いいところを伸ばすことこそ人生学習■

　例えば「自分のよさはやさしいところだ」という生徒はボランティア活動について調べてみる。「自分のよさは手先の器用なことだ」という生徒はペットのための犬小屋を作る。

　このように自分の持ち味を自分で理解し，それを伸ばしていけばいいのだという気づきは，人生全般にも応用できる実践的な知恵です。生徒は気づきを振り出しに，プログラムを通じて具体的なアクションを起こしていきます。「いいところ伸ばし」は，ある意味，本当のキャリアエデュケーションと言えるのではないでしょうか。しかもそれは進路学習という限定的な目標ではなく，人生の学習という広い意味でのキャリアエデュケーションになっています。

　いいところを伸ばしていくために各自が設定した目標や取り組みをサポートしていき，総合的な学習のレベルまでもっていくという方法を，多くの先生方もどんどん実践していったらいいと思います。

単元全体の計画 1年生 | 道徳 特活 総合 | 18時間

自他のよさを認め合う「自分探しプロジェクト」

岡田幸太郎
銚子市立第七中学校

❶ 単元（ユニット）設定の理由

「個性って何？」「何でも個性ですませていいの？」。職員室でしばしばこんな会話が聞かれます。実際の教育現場では，生徒が自己中心的な行動をすることや人間関係をうまくつくることができないという問題点が出てきています。また，自らの存在をかけがえのないものとして意識できなかったり，仲間の存在を認め共に向上していこうとする姿勢が不足しているという実態もあります。

私は，個性が他者との違いとしてのみとらえられ，よさ（価値）や社会とのかかわりという面からのアプローチが弱かったのではないかと思います。学校では，「個性」が生徒一人一人のもつ「よさ」ととらえられ，そのよさが認められ，生かされ，互いに高められ，その結果として集団がさらに向上するという，個と集団のかかわり合いが大切にされなければなりません。そのためには，一人一人が自らをさまざまな角度から見つめることでよさに気づくとともに，仲間の多様なよさに気づき，互いのよさを追求し，認め合う活動を設定した学習プログラムの開発が必要だと考えました。

❷ 単元（ユニット）の目標

- よさを見つめたり，追求したりする活動を数多く経験することで，一人一人が自らをかけがえのない存在として認識できるようにする。
- 自他の多様なよさを表現できるプログラムの実践を通して，互いのよさを認め合う集団を形成する。

❸ こころを育てる仕掛け

よさについて見つめ，認め合うということが，単発的な取り組みや形式的な活動で終わらないように，次の2点を特に重視しました。

①生徒はよさを扱うことにある種の照れを感じ，活動が形式的になりがちなため，真正面から取り組むためには，中期的（3か月程度）なプログラムが必要であること。

②よさを見つめ認め合うだけでは不十分であり，見つめたよさを生かしたり，高めたり，表現したりする（これらを「追求する」とする）活動が重要であること。

❹ 単元（ユニット）の指導計画　全18時間

	時	生徒の活動内容	ねらい及び留意点
よさを見つめる段階（1次）	1	○オリエンテーション ○ブレーンストーミング ○ＫＪ法	・「個性」と「よさ」について考える。 ・多様なよさについて認識を深める。 ・よさをいくつかのカテゴリーに分け，構造化していく。
	2	○探偵ごっこ ○自分のよさを見つめる（A）	・よさは一人一人の内面としてのよさであり，他人との比較・優劣ではないことを知る。 ・ブレーンストーミングによる認識や探偵ごっこを振り返りながら具体性をもたせる。
	3	○担任の先生ってどんな人 ○仲間のよさを見つめる 　①「友達への手紙」 　②「家族からの手紙」（宿題）	・9マスのビンゴシートに，30個の人柄を表す言葉から，担任に合うものを書き入れる。ビンゴ形式で答え合わせ。 ・自分と他者の見方には違いがあることを知る。 ・無記名，回収し次時に配布する。 ★両親，祖父母，兄姉いずれの人でもよい。
	4	○自分のよさを見つめる（B） 　①自分で見つめたよさ 　②友達からの手紙 　③家族からの手紙 ○次の段階の予告を聞く。	・気づいていないよさについて関心を向ける。 ・じぶんのよさを見つめる（A）の内容に，友達や家族からの手紙によって新たに気づいたよさを加え，まとめる。 ・よさを追求する段階について簡単にふれる。
よさを追求する段階（2次）	1〜10	○オリエンテーション ○よさを追求するための個人プロジェクト 　①テーマ決定 　②プロジェクトの計画 　③プロジェクトの活動	・自分のよさを見つめる（B）から，追求したいよさを選択する。 ・プロジェクト学習の4つのタイプ（①作業，②制作，③探究，④習得）から，方法を選択する。 ※「生かす」「高める」「表現する」を追求すると定義する。 ・追求したいよさを意識しながら活動を進めるよう助言する。
		《長期休業や休日を利用した体験や探究活動》	
		④プロジェクトのまとめ ⑤発表準備・リハーサル	・成果をまとめる。 ・発表方法を工夫する。
よさを認め合う段階（3次）	1〜2	○個人プロジェクトのプレゼンテーション〈1〉 　・タイプ別の発表 ○感想（アドバイス）カードに記入する。	・一人一人を認め合い，安心して発表できる雰囲気づくり。 ・発表する時間帯以外は，発表を聞きに行き，感想（アドバイス）カードを書く。 ・全体発表会の発表者を決定する。
	3〜4	○個人プロジェクトのプレゼンテーション〈2〉 　・全体発表会 ○自分探しプロジェクトのまとめ ○教師の説話を聞く	・発表者は，各タイプから話し合いによって2名ずつを選出する。 ・厳密なものとはせず，自薦・他薦問わず追加の発表も可とする。 ・全体を通しての感想・評価。 ・一人一人に未知のよさがあり，これからも新しいよさが生まれていくことに気づかせる。

| 指導案① | 4時間目 | 1次 |

自分のよさを見つめる（B）

●**教師の思いと授業のねらい，そのねらいを設定した理由**

　自分自身が認識できていることと，友達や家族からの手紙を通して得た情報を照らし合わせながら，よさを見つめ直し，再構築することがねらいです。

　日々の生活を共にしているいちばん身近な人から，よさについてのメッセージを受け取ることは，とても貴重な体験であり，この学習プログラムの中でも特に重要な場面となります。

●**資料（教具・教材を含む）**
- 自分のよさを見つめよう（B）ワークシート
- 友達からの手紙
- 家族からの手紙
- 自己評価カード……61ページ

●**授業の工夫**
- 自分自身でよさを見つめていくことはもちろん大切であるが，他者からのメッセージを受け取ることがとても重要だと思う。自尊感情の形成に及ぼす要因の一つとして，蘭千壽は「重要な他者からの社会的是認」が大切であるとしている。

●**授業の評価の観点**
- 自ら見つめたよさに他者からのメッセージを加え，自分自身のよさをまとめられたか。

●**授業の様子や生徒たちの声**

　家族からのメッセージが子どもたちに与えるインパクトはかなり強いと思われます。内容は人それぞれですが，全員熱心な様子で読んでいました。なかには，感動から泣き出す生徒も数名見られました。

　生徒の感想からも，「友達や家族からの手紙で，気づいていないよさがわかった」「手紙を読んでいるうちによさへの関心が高まった」という内容が多かったです。

●**引用・参考文献**
- 遠藤辰雄・井上祥治・蘭千壽編『セルフエスティームの心理学』ナカニシヤ出版

「自分のよさ」を追求する個人プロジェクト

	生徒の学習活動	教師のはたらきかけ
導入	①「友達からの手紙」の紹介を聞く。 ②「友達からの手紙」と「家族からの手紙」を受け取る。	○前時に集めた手紙を全体の前で数点紹介し，朗読する。 ・一人一人のよさを級友が見つめてくれていることを賞賛し，認め合いの基盤をつくる。 ○「友達からの手紙」と「家族からの手紙」を一人一人に配布する。 ・だれが書いたかということを詮索しないようにする。
展開	③２つの手紙を開封し，それぞれ黙読する。 ④下記の資料をもとに自分のよさを再び見つめ，「自分のよさを見つめよう（B）」のワークシートに記入する。 　①自分で見つめたよさ 　②友達からの手紙 　③家族からの手紙 ※手紙など，他者から知らされたよさには，☆印をつける。	○静かな音楽を流す。 ・じっくり読めるように，十分な時間をとる。 ○自分のよさを見つめる（A）で記入したワークシートと，友達や家族からの手紙によって，新たに気づいた自分のよさについてまとめる。 ・静かな音楽を流す。
まとめ	⑤「よさを見つめる段階」について振り返る。 ・自己評価を行い，ファイルに入れる。 ⑥「よさを追求する段階」についての説明を聞く。	○自他のよさについて，肯定的に見つめることができたか。 ○よさを追求する個人プロジェクトについての説明をする。 ・「生かす」「高める」「表現する」を追求すると定義する。 ・プロジェクトには４つのタイプがあることを知らせる。 ・ファイルを回収する。

指導案②　1時間目　2次

よさを追求するための個人プロジェクト

●教師の思いと授業のねらい，そのねらいを設定した理由
　「よさを見つめる段階」で，2回にわたって見つめ，再構築したよさは，生徒にかなり強く認識されていると考えられます。しかし，そのよさへの認識は，単なる思考段階にすぎず，一過性の認識に終わってしまう危険性もあります。そこで，その認識できたよさを，実際に何らかの活動を通して追求する（生かす，高める，表現する）体験をすることで，自らのよさに対する認識は確固たるものになるだろうと考えました。

●資料（教具・教材を含む）
- 自分のよさを見つめよう（B）ワークシート
- 個人プロジェクト計画書……66ページ上
- プロジェクト説明書……66ページ下
- 自己評価カード……61ページ

●授業の工夫
- よさを追求するということがむずかしいと感じる生徒もいるので，「○○を生かして□□する」「自分の○○なところをさらに高める」「○○というよさを△△で表現する」というように具体的に示す。
- プロジェクトの4つのタイプから選択することで，より自分にあったプロジェクトに取り組めるだろう。

●授業の評価の観点
- 自ら見つめたよさを追求（生かす，高める，表現する）しようとしているか。

●授業の様子や生徒たちの声
　一人一人が自分のよさを追求するということで，とても生き生きと活動していました。プロジェクトを進めていく中で，「とても楽しい」「こんな授業は初めて」という声も多く聞かれ，よさに向かうことを照れくさく感じたり，へんに構えて活動が停滞する生徒はまったく見られませんでした。

「自分のよさ」を追求する個人プロジェクト

	生徒の学習活動	教師のはたらきかけ
導入	①「よさを追求する段階」について再確認する。 ②自分のよさを見つめよう（B）のシートを見ながら，追求したいよさを決める。	○よさを見つめる段階（1次）の感想の中から，いくつかを朗読し，本時の動機づけとする。 ○よさを見つめる段階でまとめたよさの中から選択する。 ・追求するということを再確認する。「生かす」「高める」「表現する」
展開	③プロジェクト学習の4つのタイプについての説明を聞き，選択する。 　①タイプ1：作業・体験 　②タイプ2：制作，創造，表現 　③タイプ3：探究 　④タイプ4：習得 ④個人プロジェクトの計画書を作成する。 　A：①追求したいよさ 　　　②プロジェクトのタイプ 　　　③テーマ 　　　④プロジェクトの内容 　B：①活動計画 　　　②発表方法 ・計画書が完成した生徒は，次時からプロジェクトを進める。	○4つのタイプについて説明する。 ・プリントを配布し，それぞれのタイプについて具体的な例を示し，わかりやすく説明する。 ○A，Bの2段階で経過報告に来るように指示し，その都度助言をする。 ・長期休業や休日を利用してもよいことを話す。 ・発表は5分以内とし，方法を工夫するように助言する。 〈評価の観点〉 　A：テーマと内容がよさを追求できるものになっているか。 　B：無理のない計画が立てられたか。 ・未完成の場合は，次時に十分な時間を与え，しっかりとした計画が立てられるよう支援する。
まとめ	⑤本時を振り返る。 ・自己評価を行い，ファイルに入れる。	○落ち着いた雰囲気の中で振り返り，自己評価できるようにする。 ・ファイルを回収し，必要に応じてアドバイスをする。

単元指導の実際

❶ 実践の記録と成果

よさを見つめる段階(1次)

1時間目のブレーンストーミングは,基本的なルールにのっとり,受容的な雰囲気の中で,自分の意見を出すことのできる有効な手法でした。そして,出された意見をKJ法で構造化していく中で,多様なよさに気づかせることができました。

2時間目の「探偵ごっこ」は用紙に書いてある15の項目(朝は6時前に起きる,毎朝新聞に目を通すなど)に当てはまる人を学級の中から探し出し,サインをもらうものです。当てはまりそうな人にサインをもらい「やっぱり」,意外な人にサインをもらって「え〜,まさか」など,さまざまな気持ちを体験できます。ゴールした生徒が,各項目について,だれにサインをもらったかを全体で発表したときには,教室中に大きな拍手と歓声が沸き起こりました。

「自分のよさを見つめる(A)」(1回目)と「自分のよさを見つめる(B)」(2回目)で生徒の活動に対する意識を比べると,「活動の目的がわかった」「すすんで活動できた」「楽しかった」のいずれの項目でもポイントが大きく伸び,意識の大きな変容が見られました。

「自分や友だちのよさについての関心が高まった」「よさについて新たに得たことがあった」の意識調査も,第1時から第4時と進むにつれて向上が見られました。

よさを追求する段階(2次)

「追求したいよさは何?」という言葉がけを何度も行いながらプロジェクトを進めたところ,日に日に生徒の表情に自信が表れてくるのを強く感じました。

実際に行われた個人プロジェクトとしては以下のようなものがありました。

◆個人プロジェクトの例

	追求したいよさ	タイプ	個人プロジェクトのテーマ
A	手先の器用さ	1 作業	犬小屋を作る
B	自分から行動する	2 制作	校歌の3番を作詞する
C	やさしい	3 探究	ボランティアについて調べよう
D	あきらめない	4 習得	「世界に一つだけの花」を弾けるようになる

よさを認め合う段階（3次）

　プロジェクトのタイプ別に行った発表は，2時間を3つのピリオドに分け，自分が発表しない時間帯には友達の発表を聞きに行けるようにしました。カードに感想とアドバイスを記入することで，認め合い活動を進めるとともに，全体発表会につながるようにしました。一人一人が成果をしっかりと発表し，聞く側もとても熱心に聞いていました。

　全体発表会は，各タイプから2名ずつ合計8名を基本としましたが，「私も，手直ししてもう一度発表したい」という生徒については，幅広く受け入れることにしました。他学年の教師や校長先生も参加され，緊張感のあるよい発表会となりました。

全体として

　全プログラム終了後の意識調査では，事前にはあまり高くなかった「よさがたくさんあると思う」の値が大きく伸び，よさについての認識が高まったと言えます。

　さらに，「クラスの人は私のよさを認めてくれている」の値が大きく伸び，「私はクラスの人のよさを認めている」の値にほぼ近づきました。これは，「自分が他を認めているという認識」と「自分が他から認められているという認識」のずれが減少したと考えられ，自他のよさを認め合う集団としても大きく向上したことを示すものだと思います。

❷課題

　単元に配当できる時数が，学校の実態によって違います。プログラムのねらいを押さえた上で，内容を柔軟に変更していく必要があるでしょう。

　例えば，「よさを見つめる段階」で他者からの情報を得る方法の一つとして，友達からの手紙をもとに，互いのよさについてグループで話し合いをさせるのも有効かと考えます。また，よさを認め合う段階では，発表会のみではなく，構成的グループエンカウンターのエクササイズを活用したり，自ら考案した方法を実施するのもよいと思います。

　私は，「名刺交換」というエクササイズを考案して行ったこともあります。各自がオリジナルの名刺を3枚つくり，友達と交換します。その際，友達のよさを具体的に示しながら自分の会社にスカウトするというものです。スカウトされるということは，自分が認められているということを直接的に体験することであり，自尊感情を高める上でも効果的なエクササイズだと思われます。

❸引用・参考文献

- 片岡徳雄『個性を開く教育』黎明書房
- ウィリアム・H・キルパトリック著，市村尚久訳『プロジェクト法』明玄社

よさを追求する 『個人プロジェクト』

○ 生かしたり、高めたり、表現したいよさを
　自分自身のよさを見つめる（B...）から選択
○ プロジェクト学習のタイプ ⟹ [タイプ]

テーマ

プロジェクトの内容

プロジェクトの進め方（計画）

自分探しプロジェクト
ステップ2 『よさを追求する段階』

○ステップ1『よさを見つめる段階』では、友人や家族からの手紙を通して得たことと自分自身が見つめたことの両面から、よさについて考えていきました。ステップ2では、ステップ1でー人ー人が見つめたよさを追求する（生かす、高める、表現する）ためのプロジェクト学習に取り組みましょう。1月に、お互いの成果を発表しながら、認め合う活動（ステップ3『よさを認め合う段階』）を行います。皆さんがそれぞれのよさを生かしたり、高めたり、表現したりする活動を、自らの興味関心のあるテーマで組んでみてください。

プロジェクト学習 四つのタイプ

○プロジェクト学習には、次の四つのタイプがあります。自分にあったタイプを選び、テーマを設定してください。

◆タイプ1：作業、体験
　・〜を造る　（例：ボートを造る。小屋を造る。等）
　・〜に参加する（例：地域のキャンプに参加。ボランティア活動への参加。等）
　・〜を体験する（例：登山体験。絵画を観る。うどんづくり体験。等）

◆タイプ2：制作、創造、表現
　・作品を制作（例：風景画や肖像画を描く。作詞・作曲する。彫刻作品。等）
　・〜を創る　（例：未来都市の創造、洋服のデザイン。等）
　・表現する　（例：映像、小説、詩、パフォーマンス、歌、絵等で表現する。等）

◆タイプ3：探究
　・探究したい課題を設定し、解決する
　　（例：〜は、なぜ〜か。〜の不思議。等）

◆タイプ4：習得
　・〜の知識を習得する（英語の一般動詞を習得する。等）
　・〜の技能を習得する（キーボードのブラインドタッチを習熟する。等）

自分をみつめる

「愛のメール」で励まし合える人間関係づくり

中学校全学年 特活 3時間

相原　正

諸富祥彦が語る　この実践　ここがポイント！

■学級内における小集団化■

　現代の子どもたちは，人間関係づくりがうまくできず，学級内においてもまったく関わりのない者同士が隣り合っていることも珍しくありません。とくに中学生になると，この傾向が顕著になり，学級が小グループの寄せ集め状態になりがちです。

　お互いが積極的に関わろうとしないために，他者を大切にし理解する心が育ちにくい状況になっています。いまや教師が意識的に生徒の人間関係づくりを促進する仕掛けをつくらなければ，なかなか学級の空気がよくならない時代なのです。他者理解の力を養うためには，まず個々の生徒の自己肯定感を高めることが必要です。

■生徒たちの抵抗感を減らす工夫■

　そこで相原先生が考えたのが，クラスの友達にあてて「愛のメール」を書くという実践でした。友達のよいところを積極的に見つけだし，励ましのメッセージを書くのです。

　ここで素晴らしいと思うのは，だれがメッセージを書いたのかはわからないようにすること。そして必ず2名にあてて書くような振り分けをし，全員がメッセージを受け取れるような仕掛けにした点です。また，どうしてもメッセージを書けない生徒には，個別にヒントやアドバイスを行っています。

　このように実践の随所に，生徒の抵抗感を減らす工夫が見られます。生徒は，よいところをだれかに認められることで感動し，自分を受け入れられるのです。大人から見れば当たり前のことですが，こうした経験を学級生活のなかでしてこなかった生徒にとっては，自信をつけられる大きなきっかけとなります。

■ネーミングに現れる教師のセンス■

　それにしても「愛のメール」というネーミングは上手です。ちょっとしたネーミングやキャッチコピーで刺激することで，生徒は意欲的に取り組むことができるのです。

単元全体の計画　　全学年　特活　3時間

励まし名人になろう

相原　正
川越市立霞ヶ関東中学校

❶ 単元（ユニット）設定の理由

　現代の子どもたちは，友人関係をつくるのが苦手です。同じ学級に所属していても，一度も話をしたことのない生徒同士さえ存在します。中学生になると，その傾向が顕著になります。好悪の感情があらわになり，気の合うもの同士で行動しがちです。いわゆる小集団のグループ化がみられます。そのままにしておくと，ただの寄せ集めの集団となってしまい，学級としての機能が停滞してしまいます。そして，孤立傾向，不登校傾向の生徒がますます増えてきてしまいます。

　それゆえ，学級の中で担任は，意図的に友人関係を構築する手だてを整えなければならないのです。生徒が明るく円滑な人間関係を築いていけるように，他人のよい点をみつけ，励ましていくことの大切さを実感させなければなりません。そうしていくことが，学級内での明るい人間関係を築き，学級への所属意識を高めていくことになるのです。教科担任制の中学校では，学級担任の働きかけがとくに大切であり，その実践は欠かせません。

❷ 単元（ユニット）の目標

- 生徒同士の明るく和やかで温かな人間関係を構築する。
- 意図的な学級活動を通して，他人に認められる安心感と他人を認める心の豊かさを育成する。

❸ こころを育てる仕掛け

　意図的に生徒と生徒の交流の機会をつくるために，構成的グループエンカウンターの手法を用いました。エンカウンターを取り入れることで「他者理解」「自己理解」が深まり，他人を受容する心が育成されます。

　他人から励まされることにより自分に自信がもてるとともに，他に認められた充足感が生まれます。そして，他人のよいところを見つけることにより，ほかの人への寛容な心，思いやりの心が醸成されます。

❹ 指導上の工夫

　実施時期を考えることが大切です。あまり関係が深まっていない時期は学級活動が活発に行われず，気まずい雰囲気になってしまうことがあります。また学級の中には，他人への励ましやよい点を見つけることを苦手としている生徒もいます。そうした生徒へのフォローが大切です。個人的に呼んで話をし，他人のことを考える材料を与えていくことが必要です。

　エンカウンターを行う場合に教師がリーダーシップをとるとともに，ルールをしっかりと定めて，ルールを守るように指導しておくことが大切です。

❺ 単元（ユニット）の指導計画　全3時間

1次	個人目標をたてよう 個人目標に励ましを書こう	1時間
2次	愛のメールを書こう	1時間
	学級に貢献している友達を探してみよう	1時間

■1次の資料プリント

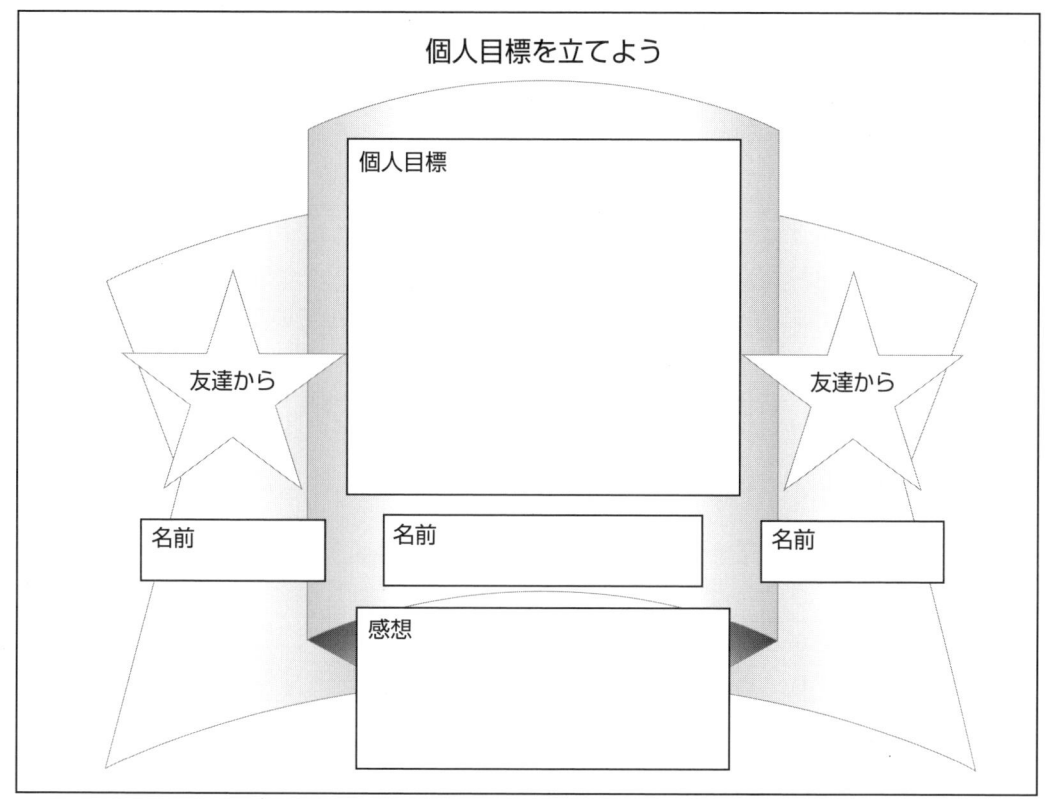

個人目標を立てよう

- 個人目標
- 友達から
- 友達から
- 名前
- 名前
- 名前
- 感想

指導案① 1時間目 2次

愛のメールを書こう

●教師の思いと授業のねらい，そのねらいを設定した理由

　学級の仲間のよいところを探し，励ましのメールを書きます。そして人間関係を和やかなものにし，友人にみとめられるうれしさを実感しようという授業です。

　「男女仲のよい学級・人間関係が和やかな学級」をつくるのはなかなかむずかしいことです。とくに中学校においては，思春期ゆえのむずかしさがあります。担任をもつたびに「どういうふうにしていこうか」と毎年考えます。そこで思いついたのが「愛のメール」という授業です。「Xさんへの手紙」の形式を変えれば，楽しく，しかも好奇心をもって生徒が取り組むと考え，実践しました。

●資料（教具・教材を含む）
- 愛のメールのプリント……75ページ
- 振り返り用紙……71ページ

●授業の工夫
- 「愛のメール」の宛名に学級全員の名前を書いたものを二組用意しておく。
- 居心地のよい学級であるからこそ授業ができるということを押さえておく。

●授業の評価の観点
- 学級の全員が，友人のよい点をみつけ「愛のメール」を書けたか。

●授業の様子や生徒たちの声

　名前を書いたプリントを引くたびに上がる歓声。順番を待っている生徒の表情には，緊張感がみられました。実際に書き出すと，他人に見られないように，書いている人のほうを何気なく見つめています。手紙を回収され，いよいよ手渡されるときになると，生徒たちのうれしそうな顔が見られました。以下は実際の感想です。

- ありがとうございます。今度から発言するように心がけます。
- アルミカン回収・ベルマーク回収，これからもがんばれます。がんばった甲斐がありました。（ホロリ）
- ほめてくれてありがとう。うれしかった。
- 自分のことをよく見てくれてうれしかったです。

「愛のメール」で励まし合える人間関係づくり

	教師の指導・発問	ポイントと留意点
導入	①これから「愛のメール」を書きます。皆さんにこの袋に入っているプリントを2枚引いてもらいます。そのプリントには、メールを書く相手の名前が書かれています。 ②男子が女子のことを書く場合もあるし、女子が男子のことを書く場合もあります。自分がメールをもらったときのことを考えて、たくさん書いてあげましょう。 ③引き終わってから注意がありますので、よく聞いてください。	・生徒が身構えないように明るい雰囲気で話す。袋の中のプリントはよく混ぜておく。 ・自分の名前のプリントを引いてしまう場合があるので、その場で確認し、すぐに取り替えるようにする。
展開	④引き終わった人は、席に座ってください。自分が引いた氏名を確かめてください。それでは約束を言いますので、よく聞いてください。 　・けっして悪口は書かないでください。 　・だれに書いたかを絶対人に話さないでください。 ⑤それでは記入してください。時間は10分です ⑥どうしても書けない人は先生のところへきてください。 　（該当生徒の特徴や部活動・学級の仕事などを助言する） ⑦時間になりました。裏返したまま集めてきてください。 ⑧それでは書かれたものを各人に返却します。 ⑨「愛のメール」をもらった感想を書きましょう。 　　　　振り返りシート	・約束をよく守らせるようにする。 ・机間指導であまり書けない生徒を見つけ出す。 ・どうしても書けない生徒には個別指導をする。 ・2枚返却されることを確認する。 ・だれが書いたかを詮索させない。
まとめ	⑩その感想をもとに各班でシェアリングをしましょう。 ⑪話合いの結果を発表してください。 ⑫自分ではわからない「自分のよいところ」を見つけられたと思います。たくさん書いてあると、本当にうれしいですよね。	・班長にしっかり司会をさせる。

71

| 指導案② | 2時間目 | 2次 |

学級に貢献している友達を探してみよう

●**教師の思いと授業のねらい，そのねらいを設定した理由**

　学級にはいろいろな場面で活躍している生徒がいます。しかし中学校では，担任が生徒の行動をすべて把握し理解することは困難です。

　そこで生徒同士の目が頼りになります。生徒が互いを見る目は冷静で的確です。目立たないけれど陰でがんばっている生徒がいます。そうしたがんばりは必ず学級のだれかが見ています。生徒の互いの見方を集計し発表することで，名前のあがった生徒は自分の学級での存在感を確かなものにできると考えました。

　中学校の教師の生徒理解は，どうしても小学校の教師に比べて浅いという思いがありました。定期の家庭訪問をしても，具体的な生徒の活躍が話せない場合がありました。教師の生徒理解をより深いものにし，生徒が学級での自分自身の存在感を強めていくことをねらいとしました。

●**資料（教具・教材を含む）**
- 「学級に貢献している友だちを探してみよう」のプリント……76ページ
- 補助黒板　　・チョーク数本

●**授業の工夫**
- 「あと少しで該当する友だち」を発表することで，次回の授業までの意欲づけにつながるようにする。

●**授業の評価の観点**
- プリントを通して，学級で活躍している生徒を多く探すことができたか。

●**授業の様子や生徒たちの声**

　プリントを配布すると，教室が静かになり，鉛筆で書く音しか聞こえなくなりました。多くの生徒が周囲を見回し，活躍している人を探します。係・委員会の一覧表を覗き込む生徒がいました。「行事は何だったか」と思い出している生徒がいました。

　時間の都合で，該当しているのに名前のあげられなかった生徒の名前を発表するときは，「自分の名前が出るのではないか」という期待感が教室中にみなぎっていました。黒板に書かれている名前を見て「○○さんは全部に名前が出たよ。すごいね」という声が聞かれました。

	教師の指導・発問	ポイントと留意点
導入	①本時のねらいを簡単に説明する。 「『友人はこんなところにがんばっているな』というところを探してみましょう」	・リラックスした雰囲気をつくる。
展開	②プリントを配布し項目ごとに読み上げる。 「係・委員会の項目は，学級委員，専門委員…」 ③各自プリントに記入していく。 「できるだけ多くの友達の名前を書いてみよう」 「自分で考えて書くのだから，相談する必要はありません」 ④プリントの回収をする。 「友人の名前を書いたら，感想も書いてください」 「後ろから裏返して集めてきてください」 ⑤貢献している生徒の発表・集計 「班長は前に出てきてください」 「黒板の項目ごとに分かれている個所にそれぞれ名前を記入してください」 ⑥書かれた名前を読み上げる。 「○○君，○○さん…」 ⑦あと少しで該当する人を発表する。 ⑧学級全体を賞賛する。 「すばらしいですね。こんなに多くの人の名前があげられました。友人はあなたのことをしっかり見ていてくれるのですね」 ⑨プリントを再配布する。 「名前が書かれた感想を書きましょう。もし書かれなかった人がいたら次回までの決意を書いておきましょう」	・ていねいに読み上げる。 ・時間を十分に取る。 ・黒板と補助黒板にスペースを十分とって項目を書き出しておく。 ・班長にはアトランダムに用紙を渡し，すばやく名前を書かせる。およそ10分とる。 ・全員の名前があがるように配慮する。 ・生徒に自信をつけさせる。 ・「あと少し」の生徒への配慮。
まとめ	⑩プリントの再回収をし，数名の感想を読み上げる。 ⑪学級通信で紹介することを告げておく。	・次回への意欲づけをしておく。

単元指導の実際

❶実践の記録と成果

1次の「目標の宣言」は，学期ごとに行いました。一学期は，目標を書いた紙（69ページ参照）に励ましを書いてくれる級友が2人でしたが，3学期になると，紙いっぱいに励ましが書かれているという生徒が多くなりました。人間関係がより深くあたたかくなったことがわかります。

「愛のメール」は，「またやりたい」という声が多数の生徒から聞かれました。保護者からも「人のことを励ますというのはよいことですね」というご意見を保護者会などでもらいました。

「学級に貢献している友だちを探そう」は，何回か繰り返して行うと，名前の書かれる人数が増えてくるのがわかりました。

単元を積み重ねていくことで，学級に所属意識をもつ生徒が98パーセントまでになりました。不登校気味だった生徒に連絡をとったり，声をかけたりする生徒が増え，その生徒が学校に登校してくるようになりました。

❷課題

- メール（手紙）を書けない生徒が出てくるので，どれだけ多くの材料（友達の活躍の具体的な場面）を用意できるかが問題である。
- シェアリングの時間が不足してしまうので，しっかり時間を決めておくとよい。
- 2枚でなく3～4枚の手紙が書けるとよい。
- 「学級に貢献している人」では，全員分のプリントを班長が書き出すと時間がなくなってしまうので，その際，書き出せなかったプリントについての配慮（学級通信で取り上げるなど）が必要である。

❸参考文献

- 『中学校学級経営ファックス資料集』教育技術MOOK，小学館

愛のメールを書こう　　　（　　　　）君，さんへ

＊この手紙を書く上での約束
　・けっして悪口は書かない
　・だれに書いたかを絶対人に話さない

（1）あなたの魅力的で，すばらしいのはこんなところです。
　　　例：部活動でがんばっていますね。性格が明るく親しみやすいです。

（2）もっと魅力的になるにはこうしたらよいのでは…。
　　　例：授業中にもっと発言してみてはどうでしょう。

（3）メールにお礼の返事を書きましょう（手紙を読んだ感想を書きましょう）。

学級に貢献している友達を探してみよう （できるだけ多くの人を探そう）

項　目	内容例	該当する友達	あと少しで該当する友達
係・委員会	学級委員，生徒会専門委員，教科係など，学級に尽くしている人など。		
当番活動	清掃や給食当番などで，いつも自分から進んで取り組み，協力している人など。		
学習	自分自身も頑張るとともに，わからない人の面倒をよく見てくれている人。また，授業などで積極的に取り組み，学習の雰囲気を盛り上げている人など。		
行事	学年や学校の行事で学級の中心となって準備や企画を行っている人。または選手や役員として活躍している人など。		
友人づきあい	学級の友達の面倒をよく見てくれている人。困った時によく手助けしている人など。		
その他	分担が決まっていない仕事を率先して実行している人。学級を明るく，楽しくなるように気を遣っている人。教室のゴミを拾ったり机を整頓したりする人など。		

名前を書いた感想	名前を書かれた感想

『中学校学級経営ファックス資料集』小学館をもとに筆者が改変

夢を育てる

企業人への取材で育てる利他的な夢

中学校1年生　総合　5時間

塩田真吾

諸富祥彦が語る
この実践　ここがポイント！

■認識の転換が利他的なこころを育む■
　よい授業のポイントは，意外性に触れることによって「認識の転換」を図ることです。認識の転換は頭で計算してできるものではありません。これを意識的に考え始めると，かえって抽象的になって，わかったような気分を味わうだけです。ではどうすればよいのか。
　それは，知るべき事実を知ることによってはじめて実現するものなのです。このプログラムにおける知るべき事実とは，「企業は利益を上げることだけを考えていると思われがちだが，決して自社利益だけを追求しているのではなく，地球の未来までも考えている」ということです。これは生徒たちにとっては非常にインパクトのある事実です。それに伴い本実践では，利他的な心や実践を育てていきます。
　いま，自分の将来について夢をもって語れる生徒は少ない。このような生徒たちが，企業人も夢を持って自分のなすべきことを探求

しているという事実を知るだけでも，将来に関して大きな影響を受け，生き方を変えるのです。

■アンテナの感度を研ぎすます■
　優れた教師に共通するのは，生徒が変わりうるインパクトのある事実を探すために，つねにアンテナを張っているということです。
　このアンテナを使ってネタを探すときには，授業のねらいに縛られないことが大切です。ねらいを意識しすぎると，こぢんまりとした陳腐なネタしか集めることができません。
　いいネタが用意できたら，次に大切なのはそれを上手に生徒に伝えること。ゲストと話す機会を設け，その方の取り組みを実感させられることがあげられます。本実践は携帯テレビ電話を使い，時間や費用の削減に成功しています。
　教師の仕事とは，素直な心でものを見て生じた感動をへんに加工せずに伝えていくことだと，あらためて感じさせるプログラムです。

単元全体の計画　　1年生　総合　5時間

未来の技術で考える環境問題
― 携帯テレビ電話を使って質問しよう ―

塩田真吾
千葉大学大学院教育学研究科

❶ 単元（ユニット）設定の理由

　自動車会社や家具会社などは，「排出ガスを出している」「森林を大量に伐採している」などと環境問題ではしばしば悪者として取り上げられます。しかし，実際に取材をしてみると，利益を優先させるだけでなく，製品を作る上では地球環境のことを考え，未来の技術を開発し環境問題を改善しようとして働いている人も大勢います。

　この単元では，そういった環境問題を改善しようとがんばっている人に（携帯テレビ電話を使って）取材をすることで，自分の利益だけでなく，他者や地球全体のことを考える仕事を意識するきっかけにしたいと考えました。

❷ 単元（ユニット）の目標

- 環境に負荷を与えないように企業がどのように取り組んでいるかを知る。
- 自分の利益だけでなく，地球や他者の未来を考えながら仕事をしている人にふれ，地球や他者を意識した行動ができるようになる。

❸ こころを育てる仕掛け

- 未来の技術を開発し，一生懸命取り組んでいる人を取材することで，利益の追及だけではなく，地球環境や他者の幸せを考えながら仕事をしている人がいるという事実に気づかせる。
- 今，自分だけがよければよいのではなく，地球や他人の未来のことを考ながらいろいろな技術を開発をしている人に共感し，地球全体や他者を意識した行動へとつなげたい。

❹ 指導上の工夫

- きちんと下調べをした上で，質問内容を考える。
- 取材の際には，企業の取り組みだけではなく，担当者のエピソードなども交えながら話していただく。

❺ 単元（ユニット）の指導計画　全4時間

1次	「環境に悪いこと」ってなに？	子どもたちが「環境に悪い」とイメージするもの（例えば，自動車，ペットボトル，洗剤など）をあげ，なぜ悪いと思うのかを考えた後，では実際にそれらを作っている人たちはどう考えているのか，どのような取り組みをしているのかを携帯テレビ電話を使い取材することを伝える。	1時間（総合）
2次	企業はどんなことをしてるの？	インターネットなどを通して「環境に悪い」とした企業等の情報を調べ，実際はどうなのか鋭い質問ができるように準備する。	1時間（総合）
	インタビューの練習をしよう	インターネットで調べた情報をもとに，質問内容を考え，インタビューの練習をする。	1時間（総合）
3次	企業の人にインタビューをしよう	携帯テレビ電話を使い企業に取材をする。	2時間（総合）

■離れていてもインタビューが可能に

企業　←　携帯テレビ電話　→　中学生

| 指導案 | 1〜2時 | 3次 |

企業の人にインタビューをしよう

●教師の思いと授業のねらい，そのねらいを設定した理由

　企業は環境問題では悪者ととらえられがちですが，未来の地球のために一生懸命取り組んでいます。そんな人たちの思いを知り，未来の技術で環境問題を解決することを考えてほしいと思いました。

　そこで，携帯テレビ電話を使った取材を通して，企業が未来の技術などを開発し，環境に負荷をあたえないように取り組んでいることを知るというねらいを設定しました。

●資料（教具・教材を含む）
- 携帯テレビ電話
- インタビューワークシート……84ページ

●授業の工夫
- 企業の取り組みだけではなく，開発者の思いやエピソードなどもお話に盛り込んでもらい，生徒たちが共感しながら取材をできるように工夫する。

●授業の評価の観点
- 未来の地球のために，環境問題に取り組んでいる人や会社の存在に気づいたか。

●授業の様子や生徒たちの声

　生徒も企業も初めての経験ということで，携帯テレビ電話を通じて緊張感が伝わってきました。生徒の鋭い質問に対しても企業の人がエピソードを交えながら答えてくれて，生徒は取り組みだけでなく，その人の生き方にも興味をもったようでした。

　「企業の人がこんなに環境のことを考えているなんて知らなかった。ちゃんと未来の地球のことを考えているんだ」という感想がとても印象的でした。

	学習活動	ポイントと留意点 （○…支援　●…評価）
導入	①本時の目標をつかむ。 「今日は，いよいよ企業の人にインタビューをしてもらいます」 ②グループごとに最終打ち合せをする。 　質問内容を整理し，どんなことを質問するか確認する。	○前時までの学習を想起させ，どういったことをインタビューするかを明確にさせる。
展開	③それぞれのグループが携帯テレビ電話を使い，企業の担当者にインタビューをする。 ④自動車会社のグループ 　「ハイブリッドカーについて」 ⑤家具会社グループ 　「家具と森林伐採について」 ⑥鉄道グループ 　「切符の回収について」 ⑦パソコングループ 　「家電リサイクル法と 　パソコンのリサイクルについて」	○携帯テレビ電話は普通に電話をかけるように操作すればよい。 ○単調な取材でなく，テレビの生中継のような取材ができるように支援する。 ●事前の学習を生かした取材ができたかどうか。
まとめ	⑧それぞれの取材結果を発表する。 ⑨本時の感想を発表し，教師が授業全体の感想を話す。	○自分たちが取材した企業との類似点や疑問点などをつっこんで取材できるように支援する。 ●身の回りだけでなく，社会の環境への取り組みについてわかったかどうか。

単元指導の実際

❶ 実践の記録と成果

学習活動による疑問の深化

「自動車は環境に悪いんじゃないかな」

「森林を伐採している家具会社は,環境に悪いんじゃないの?」

　そんな生徒たちの疑問から始まったこの単元は,インターネットでの調べ学習やインタビューの練習を通して,次のような鋭い質問ができるまでになりました。

「自動車会社がハイブリッドカーを作っているのはわかったけど,ガソリンを使っているんじゃないの? 将来的にはどうするのかな?」

「すべての車をハイブリッドカーにするためのコストは? 逆に環境に悪いんじゃないの?」

体験と事実による利他的な夢への接近

　企業の方も,生徒の鋭い質問に対してエピソードを交えながら答えてくださいました。携帯テレビ電話を通して実物をみせながら,未来の技術である,排出ガスを出さない「燃料電池車」や,材木ではなくひまわりの種などから作る「アグリファニチャー」を紹介してくださいました。

　生徒からは次のような感想を聞くことができました。

「企業は儲けることだけでなくて,ちゃんと未来の地球を考えた製品作りをしているんだと思いました」

「今はまだ実用化されていないけど,未来の技術があれば環境問題も改善されるのではないかと思いました」

　未来の環境や他者をきちんと考えながら一生懸命未来の技術を開発していることを知ることができたと考えています。

　この単元で,自分の利益だけでなく,他者や地球全体のことを考える仕事を意識するきっかけになったのではないかと考えています。

学びを広げるIT機器

　この授業では,携帯テレビ電話の有効性も実証できたのではないかと考えています。

　社会のためにできる仕事をたくさん紹介する際は,ゲストティーチャーとして来ていた

だくだけでなく，携帯テレビ電話のような手軽なIT機器を使って交流することも有効な手段であると考えています。

❷ 課題

この授業では生徒がインタビューを行い，それを発表しあって終わりになってしまいました。しかし例えば，このインタビューをもとに，環境問題を改善するような未来の製品を考えてみるなどの活動があれば，環境を改善しようと働く人にもっと興味をもてたのではないかと考えます。

また，時間の都合上，実際の授業では4社（自動車会社，パソコン会社，家具会社，鉄道会社）への取材にとどまりました。生徒の関心がさまざまな方向にあることを考えると，もう少し多様な分野における環境への取り組みを取り上げられればもっとよいのではないかと考えました。

❸ 引用・参考文献

- 藤川大祐「『利他的な夢』に向かう大人の姿に出会う」，『授業づくりネットワーク』2003年10月号　学事出版
- 藤川大祐編『「確かな学力」が育つ　企業とつくる授業』教育同人社

❹ 協力企業

- 株式会社ＮＴＴドコモ　千葉支店
- 富士通株式会社
- 株式会社イトーキ
- 東日本旅客鉄道株式会社
- 本田技研工業株式会社

携帯テレビ電話を使って
企業の人にインタビューをしよう!!

年　　組　　班 _____

インタビュー先

調べ学習でわかったこと

（わかったことをふまえて）どんな質問をしますか？

質問1 _____

質問2 _____

インタビューメモ（メモをとりながらインタビューしよう!!）

夢を育てる

ソーシャルスキルとエンカウンターを生かした職場体験学習

> 中学校2年生　　学活　　6時間

岩田克則

諸富祥彦が語る
この実践　ここがポイント！

■体験と内省のダイナミズム■

　多くの先生が、職場体験学習によって生徒が生き生きと輝き、目的意識が高まる効果があることを実感しています。しかし残念ながら、ほとんどのものの期間が1〜3日程度と短いのが難点です。

　そのようななか、本実践が行われた大泉中学校のある富山県では、県内全校が5日間の職場体験学習「14歳の挑戦」に取り組んでいます。長めの期間設定の効果はもちろんありますが、そこで学んだことを定着させるためのプログラムが岩田先生の実践です。

　生徒の心は「体験と内省のダイナミズム」によって育っていきます。いまは総合的な学習などで体験が重視されていますが、体験が学びとして定着するかしないかには個人差があります。確実に定着させるには、体験させっぱなしで終わらせるのではなく、必ず内省の機会を設けることがカギとなります。

■スキル学習→体験→シェアリング■

　実際に職場での体験をする前に、生徒には職場で求められる基本的なスキル（ソーシャルスキル）を身につけさせます。これがきちんとできていることで、生徒はもちろん職場側も安心して受け入れることができます。職場での5日間の学習が終わると、構成的グループエンカウンターの手法を生かし、体験や感想のシェアリングを行います。

　ソーシャルスキルトレーニングとエンカウンターの要素を組み込むことによって、単なる職場訪問に終わらず、体験の意識化と定着が可能となるので、このプログラムは他者との関わりを築くためのエクササイズでもあります。スキルトレーニングを積みながら生徒は自信をつけ、お互いの行動のよい点を認めあえる。これが全体的な自己肯定感の向上につながるのです。

単元全体の計画　　2年生　学活　6時間

職場体験学習「14歳の挑戦」

岩田克則
もと富山市立大泉中学校

❶ 単元（ユニット）設定の理由

　数年前から，全国の多くの中学校で，進路学習の一環として職場体験学習が行われるようになりました。本校のある富山県でも，平成12年度より県下一斉の取り組みとして，中学2年生を対象とした1週間（5日間）の職場体験学習「14歳の挑戦」が始まりました。1週間という長い期間，生徒は学校を離れ，それぞれが選んだ職場へ出向いて職業体験を行い，普段することのできないさまざまなことを体験します。

　職場体験学習は，それ自体が生徒の進路意識を高めるためにたいへん効果的なものです。加えて，職場体験では，単に職業（仕事）を体験するだけでなく，事前の活動（体験の依頼など）から事後の活動（報告会やお礼状作りなど）にいたるまで，生徒は日ごろ経験しないさまざまな体験をすることになります。そのため，生徒たちの中には，期待や不安，喜びや感謝といった，普段はあまり感じることのないさまざまな感情が生じます。

　そこで「どうせなら，こうした体験や感情を分かち合う機会を多く設けることで，生徒のこころを育てたい」という思いが，今回の実践を行うスタートになりました。

❷ 単元（ユニット）の目標

- 全体 ・進路の学習を通して，生徒の自己肯定感を高める。
- 事前活動 ・互いの気持ちを語り合い，聞き合うことで，職場体験学習への意欲を高める。
  - ・さまざまな場面を想定したスキルトレーニングを行うことで，活動に取り組む生徒の自信を高める。
- 事後活動 ・1週間の活動結果を互いに報告し，がんばりを認め合うことで，あたたかな人間関係を育む。

❸ こころを育てる仕掛け

　人は，他者とのかかわりの中で大きく成長します。

　日ごろは限られたつきあいの中で生活している生徒たちにとって，職場体験は新たな人

間関係をつくる絶好の機会です。しかし，他者と良好な人間関係を結ぶためにはそれなりのスキル（会話を始める，話を聞く，お礼を言うなど）が必要となります。今の生徒たちの中には，こうしたスキルの未熟な生徒が少なくありません。必要なスキルを学ぶ方法として，ソーシャルスキルトレーニング（ＳＳＴ）を取り入れました。ＳＳＴには，グループで言い方や態度を練習することで，行動スキルを高める効果があります。また，他人の行動を見ることが，自分にとっての新たな気づきとなり，また，自分の行動のよい点を周りから認められることで，自分に自信がもてるという効果が期待できます。

　また，職場体験における活動を通して，生徒は多くの体験をし，さまざまな感情を抱きます。個々のそうした体験や感情を，グループの中で分かち合い，互いに認め合うことで自己肯定感を高めるために構成的グループエンカウンター（ＳＧＥ）を取り入れます。

❹ 指導上の工夫

- 自己開示を多く必要とするＳＧＥやＳＳＴの活動を行うには，ある程度の人間関係と慣れが必要である。そのため，本単元に入る前，４～５月に人間関係づくりをねらいとしたＳＳＴやＳＧＥを数回実施した。

❺ 単元（ユニット）の指導計画　全７時間

7月	1次	SGE「興味のある職業は？」	・自分の職業興味について，友達の意見などを参考に考える。	1時間 学級活動
	2次	SST「体験依頼のトレーニング」	・体験依頼の仕方を，ロールプレイにより体験・学習する。	1時間 学級活動
8月		夏休みを利用して，自らの体験先を決定する。		
9月	3次	SGE「あなたはどんな職場を選んだの？」	・体験先を選んだ理由や，体験先が決まるまでの苦労を伝え合う。	1時間 学級活動
10月	4次	SST「あなたならどうする？」	・初対面の人や，目上の人に対する接し方や話し方を，ロールプレイを交えて学ぶ。	1時間 学級活動
		★　職場体験学習「14歳の挑戦」（10月7日～11日）		
	5次	SGE「職場体験の思い出を発表をしよう！」	・グループに分かれ，職場体験の思い出を発表し合う。	1時間 学級活動
	6次	SST「職場の方にお礼の手紙を書こう！」	・礼状の書き方を学び，お世話になった職場の方々へ感謝の気持ちをこめて手紙を書く。	2時間 学級活動

指導案① 1時間目 2次

体験依頼のトレーニング

「こんにちは!」

● **教師の思いと授業のねらい，そのねらいを設定した理由**

　本校の職場体験学習では，生徒が直接希望する職場に足を運び，体験を依頼するかたちをとっています。そのせいか，依頼の時期が近づくと，生徒からは「何をお願いしたらいいの？」「もし断られたらどうしよう」という声が多く聞かれます。

　そのため，この授業では，実際の場面を想定したロールプレイを行うことで，生徒が自信をもって体験依頼に臨めるようになることをねらいとしました。なお，今回の授業では，特に「あいさつをする」「自己紹介をする」「思いを伝える」といったスキルに重点を置いて授業を展開しました。

● **資料（教具・教材を含む）**
- 体験依頼のシナリオ（教師用）……94ページ上
- 体験依頼のシナリオ（生徒用）……94ページ下
- 振り返り用紙

● **授業の工夫**
- 真剣に練習に取り組むことで，体験依頼にむけての意欲や自信を高める。
- 互いによかった点を伝え合うことで，スキルを向上させる。

● **授業の評価の観点**
- グループでの練習，話し合いを通して，体験依頼にむけて自信をもつことができたか。

● **授業の様子や生徒たちの声**

　体験依頼直前の活動ということもあり，どの生徒も真剣な表情で取り組んでいました。また，活動中には自然と「○○君のあいさつすごく上手〜」「見て，見て！　○○さんすごいよ！」といった互いを認め合う声もあがり，授業の雰囲気もたいへんいいものでした。

　振り返り用紙には，「相手の目を見て話すことがむずかしかった。大切なことなので本番では気をつけたい」「自分にとってすごく練習になったし自信ももてた」「友達からいろんなアドバイスをもらえてうれしかった。教えてもらったことをしっかり練習して必ず体験先をゲットしたい」などといった発言が多く見られました。生徒の意欲や自信を高めるための授業としては，大いに成果があったように思われます。

場　　面	●教師の指示　　○生徒の反応	留　意　点
インストラクション	●10月の職場体験学習に向けて，夏休みにはみなさんそれぞれが希望する職場へ行って，体験のお願いをしてこなければなりません。もうすでにここへ行こうと決めている人もいれば，まだ迷っている人もいると思います。 そこで今日は，クラスみんなで体験依頼の練習をしてみたいと思います。どのようにお願いすれば快く引き受けていただけるかを，みんなで考え，練習することで，自信をもって体験のお願いに行けるようにするのが今日のねらいです。	
モデリング	●まず初めに，教師2人で2つの見本をやってみます。みなさんは職場の人になった気持ちでそれぞれの見本を見ていてください。後からみなさんにも意見を聞くので，それぞれの見本のどこがよくて，どこが悪いのかを考えながらみてくださいね。 ●2つの依頼の仕方を見てどう思いましたか。 ○「初めの頼み方は最悪」「後のほうは礼儀正しくていい」 ●それでは，どんなところが具体的によかったのかを発表してください。 ○「声が大きい」「言葉遣いがていねい」「相手の目を見て話している」「話の内容がわかりやすい」	・教師2人がそれぞれ生徒役と店員役とに分かれ，よい例と悪い例の見本を見せる。 ・生徒の意見はすべて板書する。
リハーサル	●とてもたくさんの意見が出ましたね。それでは今から実際にみなさんで練習をしてみましょう。まず，男子同士，女子同士で2人組をつくってください。2人組をつくったら，じゃんけんをしてください。初めは，勝った人が店員役，負けた人が生徒役でやってみます。5分間時間をとるので，何度も練習してみてください。慣れるまではシナリオを見ながらやってもかまいませんよ。それでは始め。 （5分すぎたら） ●それでは，店員側だった人は，よかったところと，注意すればよいところを相手に伝えてあげてください。 ●今度は役割を交代してやってみましょう。（同様に行う） ●それでは次に，今の2人組をくずさずに，男子2人，女子2人の4人組をつくってください。グループ内の役割は，生徒役と店員役，そして残り2人は観察役です。男子が生徒役の場合は，必ず女子が店員役をやってください。観察役の人は，よかったところや注意すればよいところをしっかり観察し，後でそれを伝えてあげてください。時間を10分間とるので，全員がすべての役をできるようにしてください。 ●みなさん上手にできましたか。それではここで実際に何人かに全体の前でやってもらいたいと思います。やってくれる人はいませんか。	・人数が足りない場合は，教師が参加する。 ・生徒用のシナリオを配布する。 ・挙手がない場合は，上手だった生徒に教師が依頼する。
シェアリング まとめ	●1時間を振り返って，感じたことや気づいたことを今のグループで互いに述べ合ってください。 ●最後に，今日の活動について，振り返りシートに記入をしてください。	

指導案❷　1時間目　5次

職場体験の思い出を発表しよう！

●教師の思いと授業のねらい，そのねらいを設定した理由

　生徒たちは職場体験を通して，不安や緊張，喜びや感謝といった，普段味わうことのない多くの感情を抱いて学校に戻ってきます。そんな貴重な感情を新鮮なうちに友達と分かち合うことができれば，自分が体験で学んだこともより明確に意識化でき，さらなる成長につながるのではないかと考えました。これこそが，この授業最大のねらいです。

　体験を終えての感想を互いに伝え合い，分かち合うことで，今後の自分の生活を見直すきっかけとします。また，一週間のがんばりを互いに認め合うことで，あたたかな人間関係をつくります。

●資料（教具・教材を含む）
・Ｂ４の用紙（１人４枚）　・マジック（１人１本）　・振り返り用紙

●授業の工夫
・この授業は何よりもタイミングが重要となる。そこで，職場体験終了後の最初の時間に授業を行った。

●授業の評価の観点
・体験を終えての感想を互いに伝え合うことで，新たな発見をすることができたか。

●授業の様子や生徒たちの声

　職場体験終了直後（月曜１次限）に行ったこともあり，どの生徒も生き生きとした表情で，自らの体験について語っていました。自分の体験を得意げに話す生徒，辛かった作業についてジェスチャーを交えて話す生徒などさまざまでしたが，ふだんなかなか見ることのできない表情を見られたのが何よりも印象的でした。

　振り返り用紙には，「私は，体験を通して学んだことに，仕事の厳しさと答えたけど，○○さんが言った『人のやさしさ』という言葉を聞いて，私自身，本当に多くの人のお世話になったんだということをあらためて実感しました」という声もありました。生徒があらためて自分の行動や気持ちを見つめるよい機会になったと思われます。

　今回の授業後，多くの生徒が「もっと時間がほしかった」「先生，ぜんぜん時間が足りなかった」と言ってきました。普段は自分自身のことについてなかなか話そうとしない生徒たちですが，今回のように多くの体験をした後には，自然と話す意欲も高まるのだということをあらためて実感しました。

場　面	●　教　師　の　指　示	留　意　点
ウォーミングアップ	●みなさん一週間本当にお疲れさまでした。先生もいろんな職場でみなさんのがんばる姿を見ることができて，本当にうれしかったです。そこで，今日はまず互いの疲れをいやすために，肩もみから始めましょう。2人組をつくってジャンケンをしてください。まずは負けた人が勝った人の肩をもんであげてください。相手の疲れをとってあげるために，やさしくもんであげましょう。ときおりやさしい言葉をかけてあげてもいいですよ。 それでは始めてください。（1分間）それでは交代します。	・ペアのできない生徒がいる場合は，教師がペアを組んで行う。
インストラクション	●みなさん疲れはとれましたか。今日は，職場体験の思い出を互いに伝え合う時間です。みなさんそれぞれが体験を通してとても多くのことを学んだことと思います。そうして学んだことをお互いに伝え合い，聞き合うことで，また新たな気づきがあるかもしれない。それが今日の活動のねらいです。	
エクササイズ	●それでは最初に自分自身の体験を振り返って，「楽しかったこと」「大変だったこと」「うれしかったこと」「体験を通して学んだこと」を，それぞれ紙に書いてください。後で黒板にはるので，マジックを使って大きな字で書いてください。時間は5分間です。 ●次に4人組をつくってください。まずはじめに，「楽しかったこと」について，紙を見せながらグループで発表してください。時間は4分間です。 ●発表が終わったら，グループの代表者は全員の紙を黒板にはってください。 ●全員の書いたものを見て，もう少し詳しく聞きたいなどの質問はありませんか。 ※以下，「大変だったこと」「うれしかったこと」「体験をとして学んだこと」についても同様に行う。	・B4サイズの用紙を1人につき4枚渡す。 ・事前にそれぞれの項目について書く内容を考えてくるよう指示しておく。 ・質問が出ない場合は，教師が何人かに質問する。
シェアリング	●今日の活動を振り返って，感じたことや思ったことをグループで互いに述べ合ってください。時間は1人各1分です。	・何人かに全体の前で感想を言ってもらう。
まとめ	●最後に，今日の活動について，振り返りシートに記入をしてください。	

単元指導の実際

❶ 実践の記録と成果
意欲と人間関係の向上
　生徒たちの多くは，進路の学習にあまり意欲的ではありません。その理由について，生徒の多くは次のように答えます。
　「調べたりするのが面倒くさい」
　「自分の夢がないから」
　「自分のことを話すのが恥ずかしいし」
　一方で生徒たちは次のようにも答えます。
　「できれば進路についていろんな人の話を聞いてみたい」
　「友達が将来についてどんなことを考えているか知りたい」
　こうしたことから，今の生徒たちは決して進路について興味がないわけでなく，できれば友達の話を聞きたいと考えていることがうかがえます。
　そのため本単元では，できるかぎり生徒が自分の考えや思いを気軽に語り合い，聞き合える場を多く設定しました。もちろん初めのころは，なかなか自分の考えを話せない生徒も多くいました。ＳＳＴにしても，照れから真剣に取り組めない生徒もいました。しかし，真剣に自分の夢や考えを語り，必死に体験依頼の練習に取り組む友達の姿を見て，そうした生徒にも少しずつ変化が見られるようになりました。
　第２次，第３次の振り返り用紙には，「○○君の真剣に話す姿を見て，僕ももう少し深く考えたいと思った」「今日はあまり話せなかったけど，次の時にはがんばって話したい」という意見が多くあり，生徒の意欲が少しずつ高まってきているのがうかがえました。
　また，別の意見として，「○○さんの話を聞いて，彼女の新たな一面に気づきました」「○○君が教師になりたいと聞いてびっくり。すごく真剣に話をする姿を見て感動しました」といった声も多く聞かれ，今回の実践が，これまで知らなかった友達の新たな一面に気づくきっかけにもなったようです。
　実際にどの授業でも，各グループからは友達の意見に対して自然と拍手がおこり，「○○君ってすごいね」「みんなでがんばって職場体験を成功させようね！」といったあたたかな声も多く聞かれました。以前に比べると，今回の実践を通して，学級の雰囲気，生徒

同士の人間関係がずいぶんよくなったように思います。

自己肯定感の高まり

　生徒の中には，自分のことが嫌いな生徒，いわゆる自己肯定感の低い生徒が多くいます。こうした生徒は，「自分は何をやってもダメ」「自分にいいところなんて一つもない」という思いをもっています。また，こうした生徒の多くが，「日ごろあまりほめられたことがない」と感じていたりもします。

　進路とは「先を見る」ことです。自分自身に希望がもてなければ決して先を見る力はわいてきません。そのため，今回の実践では，互いのよさを認め，ほめ合う場を多く設定することで，生徒の自己肯定感を高めることをねらいとしました。

　実際の授業では，ふだんそうした経験があまりないため，初めは恥ずかしがってなかなか話し合いが進みませんでした。しかし，授業が進むにつれ，活発なやりとりが見られるようになり，いたるところでうれしそうに照れ笑いをする生徒の姿が見られました。

　振り返り用紙にも，「今まで自分に自信がもてなかったけど，いろんなアドバイスをもらえてうれしかったし，少し自信がもてた気がする」「ほめられてすごく照れくさかったけど，とてもいい気分になりました」「自分にもいいところがあるんだなーとあらためて感じた」という声が多く見られました。

　また，普段は何に対しても無気力な男子生徒が，授業後うれしそうに「先生，やっぱほめられると気持ちいいね」と言った一言がとても印象的でした。

その後の進路学習

　この実践終了後，2年生では「あなたが高校を選ぶ基準は？」「私のお薦めの高校はここだ！」というテーマの進路学習を行いました。

　このときにも，各グループでは，こちらが予想していた以上に活発なやりとりがなされました。

　「普通科もいいけどやっぱりこれからは工業科だって！」「へぇー，○○高校にはそんな部活動があるんだ」など，楽しそうに話す生徒たちの姿を見て，少しは今回の実践が生きているのかと，私自身うれしい気持ちになりました。

❷課題

　今回の実践は，あくまで職場体験を中心としたものでしたが，進路学習では，何よりも継続的な取り組みが大切です。そのため，3年間を見通した進路計画をしっかりと立てて，その中に位置づけることが必要と思われます。

　また，進路については，学級だけでなく，学年全体で取り組むことがより大きな効果を生み出すように思われます。

体験依頼のシナリオ（教師用）

見本①【悪い例】
生徒役：（下を向きながら小さな声で）あの～。
店員役：はい？
生徒役：えっと…職場体験をしたいんですが…。
店員役：職場体験ですか。（困った顔で）どちらの中学校ですか？
生徒役：大泉中学校……。
店員役：何年生？
生徒役：２年。
店員役：職場体験はいつあるのかな？
生徒役：えっと……これ。（学校からの体験依頼のプリントを渡す）
店員役：（プリントを読みながら）どうしてこの店にしたの？
生徒役：えっ……。（下を向いて黙ってしまう）

見本②【よい例】
生徒役：（元気よく大きな声で）こんにちは。
店員役：こんにちは。何かご用ですか？
生徒役：私，大泉中学校の２年生で岩田といいますが，今日はこちらにお願いしたいことがあってきたのですが，お話をさせていただいてよろしいでしょうか？
店員役：お願いですか？　はい，いいですよ。
生徒役：どうもありがとうございます。大泉中学校では10月に１週間の職場体験学習を計画しています。そこで，もしよろしければ，10月7日からの5日間，こちらで職場体験をさせていただきたいのですが。
店員役：職場体験学習ですか？
生徒役：はい。詳しいことはこちらに書いてありますのでぜひお読みください。
　　　　（学校からの体験依頼のプリントをていねいに渡す）
店員役：（プリントを読みながら）どうしてこの店にしたの？
生徒役：はい，私は小さいときから花が好きで，花屋さんの仕事にも前から興味があったので，こちらのお店を体験先に選びました。
店員役：（にっこり笑って）わかりました。いいですよ，ぜひここで体験してください。
生徒役：どうもありがとうございます。

体験依頼のシナリオ（生徒用）

生徒役：（元気よく大きな声で）こんにちは。
店員役：こんにちは。何かご用ですか？
生徒役：私，大泉中学校の２年生で○○といいますが，今日はこちらにお願いしたいことがあってまいりました。お話をさせていただいてよろしいでしょうか？
店員役：お願いですか？　はい，いいですよ。
生徒役：どうもありがとうございます。大泉中学校では10月に１週間の職場体験学習を計画しています。そこで，もしよろしければ，10月7日からの5日間，こちらで職場体験をさせていただきたいのですが。
店員役：職場体験学習ですか？
生徒役：はい。詳しいことはこちらに書いてありますのでぜひお読みください。
　　　　（学校からの体験依頼のプリントをていねいに渡す）
店員役：（プリントを読みながら）どうしてこの店にしたの？
生徒役：はい，私は（――ここは自分で考えよう！――），こちらのお店を体験先に選びました。
店員役：（にっこり笑って）わかりました。いいですよ，ぜひここで体験してください。
生徒役：どうもありがとうございます。

夢を育てる

自己肯定感を育て，荒れを乗り越える進路指導

中学校2年生　学活　8時間

今井英弥

諸富祥彦が語る この実践　ここがポイント！

■学校の風土改善の一手法■

今井先生の在籍されている船橋市立旭中学校は，かなり長い間生徒指導困難校でした。そのような荒れた学校風土をどのように改善していけばよいのかを考えたとき，今井先生は問題が起きてから対応する対症療法的な対策ではなく，心を育てるカウンセリングで先手を打っていきながら，生徒の心に訴える教育を通じて学校全体の雰囲気を変えていくことを企図しました。今井先生がすぐれているのは，それを2年生の三学期に，進路指導に焦点をあてた形で実践したところです。

荒れる生徒たちは，自分の存在に意味を見いだせず，将来に夢や希望を感じられない。その背景には，「どうせ自分はダメなんだ」という自己肯定感の低さがあります。そこで進路指導を通じて，自分の人生に夢を描くことができ，それを実現することは可能なのだと実感させることで自信が芽生え，それが学級の風土そのものによい影響を与えていくのです。生徒指導的な問題があるからといってストレートな強硬策に出るのではなく，生徒に夢を持たせるような間接的な実践を通じて問題解決を図っていく着眼点が光ります。

■コンセンサス学習の留意点■

実践では，まず78の職業の内容を知り，自分が就きたいものを3つあげます。そして自分が将来どうなりたいのかを考えたうえで，周囲の大人たちに働くことの意義をインタビューします。選ぶ→考える→インタビューという組み立てが非常によくできています。

その後，コンセンサス（合意形成）学習として小グループにわかれて働くことの意義のランキングを行います。最近はコンセンサス学習でランキングを行う例が多いのですが，その際に気をつけたいのは，個人的な価値観にかかわるパーソナルな題材は，むやみにグループでランキングさせないこと。むしろ個人でのランキング結果をシェアリングするというほうがふさわしいと思います。

単元全体の計画

2年生 **学活** **8時間**

就きたい職業と働くことの意義

今井英弥
船橋市立旭中学校

❶ 単元（ユニット）設定の理由

本単元は平成13年1月から3月にかけて，千葉県船橋市立旭中学校の2年生で学級の時間を中心に展開したものです。中2の3学期に，中3の進路決定に向けて，将来を意識させるために進路に関するプログラムを構成するのは一般的です。しかし，この単元プログラムは，次年度の本校の運命がかかっているともいうべきものでした。

当時の本校は何年もの間，自他共に認める生徒指導困難校でした。3年生が卒業した後，学校をよい方向に向かわせることが，学校全体の必達目標でした。このときの2年生は，自分たちの悩みを教師にぶつけるなど，基本的に教師と生徒の間のフレンドリーな関係が存在しており，状況突破→改善のための「期待の星」だったのです。しかし一方で，卒業生や上級生の影響からか問題行動が多かったり，服装や言動面にも問題が多く存在していました。その影響で，この時期は集団の秩序が維持できるか否かの瀬戸際でした。

健全な職業観とともに，社会の現実に挑戦して問題を積極的に克服していく意欲を高めたいと考えました。さらにその結果として，生徒の自己肯定感を高め，本校の生徒指導上の課題に挑戦していくことを意図し，本単元を設定しました。

❷ 単元（ユニット）の目標

- どんな職業があるか，働くことの意義は何かを考えることにより健全な職業観を育てる。
- 進路に関する社会の現実に対して，挑戦して行く意欲を育てる。
- 自分を肯定する感情を育てることにより，本校の生徒指導上の課題に挑戦していく。

❸ こころを育てる仕掛け

- 構成的グループエンカウンターの授業構成手法を単元を通じて用い，エクササイズや，調査結果や感じたこと，心の変容などを互いに伝え合う活動などを行う。
- 職業に関する知識を豊富に提供することにより，知らないことへの不安感を軽減させ，より広い視野から，職業の種類や働くことの意義を考察させる。

❹ 指導上の工夫

- 日本標準職業分類（総務省統計局）の中分類と小分類の一部を利用して「主な職業一覧表」を作成し，どんな職業があるのかを理解させる。
- 新聞の記事や記述を利用し，各職業の具体的な仕事内容の理解を促進させる。
- 働くことの意義について，保護者など周囲の大人にインタビューし認識を深める。

❺ 単元（ユニット）の指導計画　全8時間

第一段階 職業を知る	78の職業の種類 【0.5時間】	目的：どんな職業があるのかを理解する。 ・日本標準職業分類の中分類と小分類を参考に作成した「主な職業一覧表」を読み合わせて，主な職業の種類が78あることと，その具体例を知る。
	78の職業の仕事内容 その1 【1.5時間】	目的：78の職業の仕事内容を理解する。 ・2～3人1組のグループを構成し，78の職業の種類に関連すると考えられる記事や記述を，新聞の中から，話し合いながらできるだけ多く探し出す。
	78の職業の仕事内容 その2 【1.5時間】	目的：仕事内容の理解の幅を広げる。 ・調査内容を討論会で主張説明したり，質問をしあったりすることにより，仕事内容のへの理解の幅を広げる。
第二段階 職業選択に挑戦	就きたい職業 【連続2時間】	目的：仕事内容を知ったうえで，将来自分がどんな職業に就きたいのか，どのような仕事をしたいのかを意識する。 ・78の職業の種類の中から，自分が就きたいと考える職業を3つ選び，①職業名，②具体的な仕事の内容，③選んだ理由を，各自シートに記入した後，グループ内でシートの内容と感想を伝え合う。 ・授業の感想を表すとともに，他者の感想を知る。
第三段階 働くことの意義	働くことの意義について その1 【1時間】	目的：働くことの意義を知る。 ・働くことの意義について，保護者など周囲の大人にインタビューをする。インタビュー結果を発表し，働くことにはどのような意義があるのかを明らかにする。
	働くことの意義について その2 【1時間】	目的：働くことの意義を，さらに深く考察する。 ・働くことの意義の各項目に，自分なりに優先順位をつけることにより，さらに深く働くことの意義に関して考察を加える。
まとめ	感想の伝達 【0.5時間】	目的：授業に関する友だちの考えを知る ・働くことの意義に関する授業の感想を中心に，それぞれの授業の感想を伝え合う。

指導案① 　2～3時　 1段階

78の職業の仕事内容

● **教師の思いと授業のねらい，そのねらいを設定した理由**

　前時に使った「主な職業一覧表」の職業について，新聞を用いて，具体的にどのような仕事内容なのか知る活動です。その1では，新聞から職業に関係する記事や記述を探し出します。グループで行うのは，個人では職業に関する記事や記述を多く探し出すのが困難と考えたからです。その2では，他のグループと討論会で疑問を交換して，調査が適切であるかを検証しあい，仕事内容に関する知識や理解の幅を広げます。

　これらの過程を通して，職業に関する知識理解が促進されることを期待しています。

● **資料（教具・教材を含む）**
- 主な職業一覧表……104～105ページ
- 新聞……1人1部。グループ内で違った日，または異なった種類の新聞を用意するとよい。異なった記事の中で探したほうが多くの情報を集めることができる。

● **授業の工夫**
- あらかじめ，仕事内容が示されている記事記述を5例ほど紹介する。
- 新聞の記事記述で仕事内容を探し出す方法を伝える。仕事内容が書かれている記述を探すのではなく，記述を特定し，関係していると考えられる職業を一覧表から探し出す。
- 経済，生活，社会分野の紙面のほうが掲載の可能性が高いことを伝える。

● **授業の評価の観点**
- 新聞の記事記述の中から，各職業の仕事内容をできるだけ多く探し出すことができたか。
- 適切に選択し，選択の理由を他者に説明することができたか。
- 仕事内容に関する知識理解を広めることができたか。
- 互いに相談し合いながら探すことができたか。

● **授業の様子や生徒たちの声**
- その1，調査開始15分ころまで
　「新聞忘れた」「どうやって探したらいいの」「おまえ探せよ」「どこに載ってるんだよ」
- その1，調査開始40分ころ
　「どっちの職業に関係するの」「これはどんな仕事？」「この職業載ってないよ」
- 生徒の言葉から，意欲の度合いが徐々に高まってきたことを把握できました。

自己肯定感を育て，荒れを乗り越える進路指導

	教師の活動・指示（○）と生徒の様子（☆）	留意点
導入	【その1】 ○前時に説明した「主な職業一覧表」の仕事内容を，新聞の記事から探し出します。目的は具体的な仕事内容を理解するためです。 ○例えば「妊娠中，出産後の母子と家族のケアなど幅広い役割がある」。これは表中8の助産師ですね。 ○調べる職業の数が多いから，4人グループで行います。各職業ごとに発見した記事の記録を取っておいてください。	・実際に新聞を提示しながら説明する。3例ほど表す。わかりたいとの気持ちをもったときに方法を伝えたほうが，さらに意欲をもって調査するため，調査方法の種明かしは調査中に徐々に行う。
展開	☆ちっとも載ってない。どうやって探すかわからない。 ○仕事内容で探すと難しいよ。記述を特定してどの職業の関連か，経済，生活などで探すと見つけやすく，政治などではむずかしいです。 ☆この仕事内容はどっちの職業に関係しているのかな？ ○特定できる職業もあるけど，複数に関連していることもあります。どちらが関係深いか考えることは大切です。 ○きちんと記録を取っていますか？同じ番号でも，違った仕事内容があるので記録しておいてください。 ☆偏りがあって，農業や工業の記述を見つけられません。 ○記述が多い職業と少ない職業があります。どこかに載っているかも知れないので，農業分野を探すとか作戦を練ってください。 ○いくつ探し出すことができましたか？実は，次回に調査の正確さと多さを競うコンテスト形式の授業を行います。	・生徒の活動を止めて説明し，生徒に選ばせた記事がどの職業に関連するか，教師が実演する。 ・1つ1つの疑問に応えて行くことが大切。 ・探すことに集中して，記録を取ることが忘れがちになるので注意を促す。 ・初めから競争意識をもたせないよう，コンテスト形式のことはこのとき伝える。
まとめ	○今から授業の感想を書いてもらいます。内容は①調べてわかったことや気がついたこと②グループで共同作業をしたことです。	・感想は匿名ではあるが，学級通信で公開することをあらかじめ伝える。
導入	【その2】 ○今日は前回の授業で探し出した仕事内容を，他のグループに説明して，把握が適切であるかを確認しあいます。 ○やり方を説明します。3グループで1組になります。代表のじゃんけんで1～3番まで決めます。1番が自信のある調査結果を2番にぶつけ，2番も自分の調査結果で対抗します。最長5分間，互いに疑問反論を主張しあいます。5分後に3番がどちらが正確に多く調査したかを判断します。勝負がついたら勝ち点2，引き分けのときは勝ち点1を得ることができます。次は1番が審判，2番と3番が討論します。後は，このように続けて行きます。 ○この討論会の第1目的は仕事内容を幅広く知ることにあります。必要以上に勝負にこだわることはしないでください。	・モデルを示すとやり方の理解が促進される。 ・相手が調べていないと考えられる調査結果を出すと，すぐ勝てることも伝える。
展開	☆討論会を行う。 ○判定が出たとき審判の代表者は，討論の対象となった職業の名称と討論結果を先生に伝えてください。	・勝負にこだわる傾向があったら介入する。
まとめ	○今から討論会の結果を発表します。第1組の優勝は…。 ○討論会は各職業の仕事内容に関する理解を広めることを第1に行いました。今から，①各職業の仕事内容に関する理解について②うまく説明や質問ができたかなど討論のことを含めて，今日の授業の感想を書いてください。内容は学級通信で紹介します。	

| 指導案② | 1〜2時 | 3段階 |

働くことの意義について

●教師の思いと授業のねらい，そのねらいを設定した理由

　働くことにはさまざまな意義があります。それらのなかから自分にとって働くとは何かを改めて考えることにより，自分なりにその意義を明確にすることが，この授業のめあてです。本授業は2時間で展開します。その1では，保護者を中心とした周囲の大人へ「何のために働いているのか」とのインタビューを行い，インタビュー内容をまとめることにより，働くことにはどんな意義があるのかの項目づくりを行います。

　その2では，その1でまとめられた意義に関する項目に関して優先順位をつけます。個人→グループ→個人と，3回優先順位をつけることにより，自分にとって働くこととはどのような意義があるのかの考察を深め，働くことの意義にせまります。

●資料（教具・教材を含む）
- 働くことの意義シート……106ページ

●授業の工夫
- 何のために働いているのか，担任教師が自分の考えを示す。
- 働くことの意義の項目が偏らないよう配慮する。

●授業の評価の観点
- 働くことの意義に関してインタビューを行い，それをもとに項目を編成し，順位付けを行うことを通して，働くことの意義について考察を深めることができたか。

●授業の様子や生徒たちの声
- 働くことの意義って改めて考えてみると，むずかしくて，わからなくなってしまった。
- 人によって考え方が違うので面白かったし，なんか変な気持ちにもなった。
- グループの結論はすぐ出ると思っていたけど，なかなかまとまらなかった。
- 順位をつけるのがむずかしかった。順位付けに，意味があるのかなあ。
- 「働くことの意義を見つけるために働く」ってのが，すごく気に入った。

自己肯定感を育て，荒れを乗り越える進路指導

	教師の活動・指示（○）と生徒の様子（☆）	留意点
導入	【その1】 ○父さん母さんや大人の人に，何のために働くのか，働くことの意義をインタビューしてきましたか？今から皆さんにその結果を発表してもらいます。 ○働くことの意義は多岐にわたると思います。どんな意義があるのか皆さんに知ってもらうのが目的です。	
展開	☆・収入を得て生活するため（家族を養う，子どもを育てる，服を買うなど）・社会や人に貢献するため・社会や国を成り立たせるため・自分の夢を叶えるため・好きなことをするため，遊ぶため・老後の安心のため・日本の経済が安定するため・趣味を続けるため・夢を実現するため・地位や名誉を得るため，保つため・さまざまなことを知るため，知識や常識を広げるため・自分を成長させるため，勉強になるため・その仕事が好きだから・働かないと，どうやって過ごしていいか分からないから・働くことの意義を考えるため ○たくさん出たね。皆がインタビューしてきてくれたおかげです。ありがとう。	・家族のため，子どものためなど，収入を得て生活することに関係する内容が多く表されると思うが，全員に発言の機会を与える。 ・あらかじめ項目を考えておいて，板書するときは意図的に分類する必要がある。
まとめ	○今日の授業の目的は，働くことにはどんな意義があるのかを知ることです。そのことに関して今日の授業の感想を書いてください。	・感想は学級通信で知らせる。
導入	【その2】 ○前回発表してもらった意義を12の項目にまとめてみました。今日はこのシート（P.106）を使って，1人1人の働くことの意義について，さらに深く考えましょう。	
展開	○12の項目は全て大切な意義ですが，あなたが大切と考える項目を3つ選び1～3番の順位をつけてください。理由も書いてください。 ○4人1組のグループになって，そのグループとしての順位を話し合いで決めてください。 ○話し合いの結論と様子を発言してください。 ○もう一度，自分で意義を考えて順位をつけてください。考えた結果，結論が変わるかも知れません。順位は同じでも理由が異なるかも知れません。自分の考えを確認してください。	・順位付けは考えるきっかけとするためである。結果的に順位が決められなくてもよい。 ・決まらないグループには3つ程度選ぶことを中心に行うようにアドバイスする。
まとめ	○今日の授業では働くことの意義についてたくさんのことを考えたと思います。意義について，自分の気持ちの変化について書いてください。	・書かれた事柄は学級通信で知らせる。

単元指導の実際

❶ 実践の記録と成果

「78の職業の仕事内容」，終了後の授業に関する感想

> ・仕事によっては，資格が必要だったり才能がないとなることができないと思う。新聞で仕事内容を調べたけど，あまりよく載っていなかったので残念。でも，何となく調べ方がわかったので，これから意識して調べてみようと思う。
> ・つまんねえ！
> ・いろいろな職業があることに驚かされた。私がなってみたい職業があって，その仕事内容を新聞で少し確かめることができた。何となく愉快な気分だ。
> ・討論会は，知識は広がったと思うけど，ストレスが溜まった。ルール上，勝とうとする気持ちが湧いてきて，楽しかったけど，嫌な気持ちも出てきた。討論をしないで，もっとゆっくり新聞から仕事内容を探し出したかった。
> ・調べてみると本当にたくさんの職業や仕事内容があって面白いと思った。やっぱり資格のいる仕事はお金もかかるし，勉強もいっぱいしないといけないので，私には向いていないと思った。

　本授業は「仕事内容を理解する」ことを目的に行いました。「いろいろなことを知ることができた」「調べ方がわかった」「役に立った」など，肯定的な感想を表してくれた生徒の割合が多かったです。しかし，「つまんねえ！」を含め，34人中，2～3人は否定的な回答をしてきました。感想は匿名なので個人の正確な特定はできませんが，比較的，学力の低い傾向の生徒であると把握しています。将来に対して漠然とした不安をもっていることや見通しのなさを感じました。

　また，授業の進め方に関する注文も多く出ました。新聞を用いて仕事内容を調査しましたが，明確な記述が少なく，把握するのに苦労した生徒が多かったようです。また，討論会では勝負にこだわらざるを得なかったので，嫌な感じをもったとの生徒も比較的多くいました。

「働くことの意義について」，終了後の授業の感想

- インタビューでお父さんに聞いてみたけど，お父さんも「改めて考えると難しい」と言っていた。だからその時は，私たち（中学生）にわかるわけないと思った。でも，みんなの発表を聞いていると，いろいろな意義があるんだなあと感心した。
- 子どものためとか家族のためなんて答えが多かったけど，本当にそうかなと思う一方で，親の気持ちが何となくわかったような気もした。複雑だった。
- 働く意義なんて，みんなが働くから自分も働くのだと思ったけど，結構，奥深く意義があってビックリした。「豊かな日本にするため」なんて，今まで全く考えていなかった。
- 意義の順位付けは真剣に考えた。みんな大切だってことはわかっているからこそ，なおさらむずかしい。
- なんで3つなんだ，何で順位なんだ，何でグループなんだ，って質問しようと思ったけど，やっているうちに面白くなってきた。3つも，順位もどうでもよいことが何となくわかってきた。

本授業は「働くことの意義を知り，考察する」ことを目的に行いました。感想は，「意義に関して新しく知った（知識）」「今まで考えたことがないことを考えた（考察）」ことに大別されますが，ほとんど全員がどちらかのことを肯定的に記述してくれました。

特にその2ではワークシートを利用したため，目的とやり方が明らかであったこと，生徒の関心の度合いも高い事柄であったことが，その理由として考えることができます。

生徒指導面の効果

数値を出して検証したわけではありませんが，この学年は3年生になっても一部の生徒たちを除いて，集団としての秩序を維持することができました。さらに，一人一人が学習や生活面の目的をもつことに成功し，落ち着いているだけでなく，目的を達成しようとする意欲をもって学校生活を送ることができました。

この進路学習がすべてではありませんが，進路へ挑戦することや学校生活を意欲的に過ごすための推進剤になったと判断しています。

❷ 課題

- 仕事内容を知るための知識を得る学習場面で，この単元では新聞を用いましたが，記述が少なかったり見つけるのが大変だったりで，目的を十分には達成できませんでした。何を用いて調べるか（知識を得ることができるか）を，十分検討する必要があります。
- 目的を達成するため，授業過程や方法をさらに検討する必要があります。

主な職業一覧表（日本標準職業分類の主な中分類とその主な具体例）

1. 科学研究者
2. 農林水産・食料関係の技術者
3. 機械・電気関係の技術者
   （造船・航空機・機械・原子力技術者）
4. 鉱工業関係の技術者
5. 建築・土木・測量関係の技術者
6. 情報処理関係の技術者
   （システムエンジニア・プログラマー）
7. 医師・歯科医師・獣医師・薬剤師
8. 保健師・助産師・看護師
9. 医療関係の技術者
   （放射線技師・理学療法士・歯科衛生士）
10. 保健医療関係のその他の従事者
    （栄養士・マッサージ師・鍼灸師）
11. 社会福祉の専門職
    （福祉相談員・福祉施設指導員・保育士）
12. 法務関係の従事者
    （裁判官・検察官・弁護士）
13. 経営の専門職
    （公認会計士・税理士・社会保険労務士）
14. 教員
    （幼稚園小中高校教員　大学教員）
15. 宗教家
16. 文芸家・記者・編集者
17. 美術家・写真家・デザイナー
18. 音楽家・舞台芸術家
    （俳優・女優・演出家）
19. 職業・教育カウンセラー
20. 管理的公務員
    （議員・管理的国家公務員）
21. 会社・団体等役員
    （取締役・理事長）
22. 会社・団体等管理職員
    （課長・部長・局長）
23. 一般事務職
    （事務員・秘書）
24. 会計事務職
    （現金出納事務員・預貯金窓口事務員）
25. 生産関連事務職
    （出荷・荷受け事務員）
26. 営業販売事務職
27. 外勤事務従事者
    （集金人）
28. 運輸・通信事務職
    （旅客事務員・郵便通信事務員）
29. 事務用機器操作職
    （速記者・タイピスト・計算機オペレーター）
30. 商品販売員
    （小売飲食店主・販売店員・販売外交員）
31. その他の販売員
    （不動産販売人・保険外交員）
32. 家庭生活支援サービス職
    （家政婦・ホームヘルパー）
33. 生活衛生サービス職
    （美容師・理容師・浴場従事者）
34. 飲食物調理職
35. 接客・給仕職
    （飲食物従事者・ダンサー・旅館支配人）
36. 居住施設・ビル等管理人
    （ビル管理人・マンション管理人）
37. その他のサービス職
    （観光案内人・葬儀師）
38. 自衛官
39. 司法警察職
    （警察官・海上保安官）
40. 保安職
    （看守・消防員・警備員）

41	農作業者 （農耕作業者・植木職・造園師）	61	飲料・たばこ製造作業者 （製茶・清酒・清涼飲料・たばこ製造）
42	林業作業者	62	紡織職 （糸布製造加工・染色編物作業）
43	漁業作業者 （漁労作業員・船長・養殖作業者）	63	衣服・繊維製品製造職 （成人女子・男子・子供服仕立て）
44	鉄道運転職	64	木・竹・草・つる製品製造職 （木製家具製造・船大工・竹製品製造）
45	自動車運転職 （バス・乗用自動車運転者）	65	パルプ・紙・紙製品製造職 （紙すき・紙・紙製品製造）
46	船舶・航空機運転職 （客船等船長・航海士・航空機操縦士）	66	印刷・製本職
47	運輸職 （車掌・甲板員・機関員）	67	ゴム・プラスチック製品製造職
48	通信職 （無線通信技術員・電話交換手）	68	革・革製品製造職
49	金属材料製造職	69	装身具等身の回り品製造職 （鞄・うちわ・箸・貴金属製品製造）
50	化学製品製造職 （石油精製・化学繊維・薬品製造）	70	その他の製造製作職 （塗装・表具・写真現像・製図作業）
51	窯業製品製造職 （セメント製造・ガラス製品成形）	71	定置機関機械及び建設機械運転職 （ボイラー・クレーン作業）
52	土石製品製造職 （石工）	72	電気作業職 （電気工事・送電線敷設作業）
53	金属加工職	73	採掘作業職 （石切・石油・天然ガス採掘作業）
54	金属溶接・溶断職	74	建設躯体工事職 （型枠工・鉄筋工・とび工）
55	一般機械器具組立・修理職	75	建設作業職 （大工・ブロック工・左官・畳職）
56	電気機械器具組立・修理職 （半導体・電気通信機器製造）	76	土木作業職 （土木作業・鉄道線路工事作業）
57	輸送機械組立・修理職 （自動車・航空機・鉄道車両組立整備）	77	運搬労務職 （船内陸上荷役・倉庫作業）
58	計量計測機器・光学機械器具職 （時計組立・レンズ研磨・測量機器作業）	78	清掃員
59	精穀・製粉・調味食品製造職		
60	食料品製造職 （麺類・パン・菓子・豆腐・乳製品製造）		

働くことの意義

氏名：＿＿＿＿＿＿＿＿＿＿＿

1 社会的な地位や名誉を得るために働く
2 有り余る時間を遊んで過ごさないために働く
3 社会や他の人に役立つために働く
4 自分自身が知識や社会の常識を得るために働く
5 収入を得て生活するために働く
6 豊かな日本にするために働く
7 自分自身のやりたいことを実現するために働く
8 老後を心配なく過ごすために働く
9 物を買ったり遊んだりするために働く
10 社会を成立させるために働く
11 働くことの意義を見つけるために働く
12 他の人から喜んでもらいために働く

第1段階 個人

順位	番号	理　　　由
1		
2		
3		

第2段階 グループ

順位	番号
1	
2	
3	

第3段階 個人

順位	番号	理　　　由
1		
2		
3		

夢を育てる

ポートフォリオで育む夢と自信

中学校3年生　　特活　　5時間

鴨下　隆

諸富祥彦が語る
この実践　ここがポイント！

■一貫性と継続性■

　鴨下先生は，主体的に自分の進路を決定できず，将来のビジョンを抱けない生徒たちが多い現状を目の当たりにしていました。そこで，自己理解を深め自己肯定感を高めるための仕掛けとして，ポートフォリオを活用したプログラムを実践しました。

　この実践のよさは，自分のよさに着目させるための取り組みを，さまざまな視点から繰り返し行っていることです。こうしたほうが，まったく同じことを繰り返すよりも効果が上がります。逆に一貫性はあるものの毎回まったく違う取り組みで構成する例がありますが，これも生徒にしてみればバラバラの実践にしかなりません。

　こうした意味で，鴨下先生の取り組みは一貫性と継続性，無理のない流れがあり，あまり欲張りすぎていないところが優れています。

■ポートフォリオの効果■

　生徒の自己肯定感を育むためにはさまざまな方法があります。教師の言葉かけは基本ですが，さらにポートフォリオを使うことによって，メッセージが目に見える具体的な形で認識できます。生徒は成長のプロセスを目で確認することができるので達成感があり，効果をあげやすくなります。

　中学の時期は，どんな生徒でも自分のいやなところが目について自己肯定感が下がりがちです。そんな時期，自分のいいところを発見することによってエネルギーが生まれます。この年代の子どもたちはこころのエネルギー補給を，想像以上に必要としています。

　少しずつ，子どもたちのこころのエネルギー補給をしてあげるつもりで，肯定感の向上をサポートしてあげることが非常に大切なのです。

単元全体の計画　3年生　特活　5時間

ポートフォリオで自分発見

鴨下　隆
我孫子市立布佐中学校

❶ 単元（ユニット）設定の理由

「私，どこの高校に入れるの？」。私が進路指導主任をしていたときに，よく耳にする質問でした。将来のビジョンをもてずとりあえず高校へ，という進路選択をする中学生は少なくないのが現状です。生徒たちが，自分自身のよさや得意なことから具体的な未来の姿をイメージし，自分の意思で進路を選択できないものかという思いがわいてきました。

進路を主体的に選択するには，ポートフォリオが有効であると考えました。自分のよさや得意なことに関するものを継続的に集積し，それを見返しながらプラスの面を見いだすことは，肯定的な自己理解につながります。そこからありたい未来の自分の姿をイメージすることが，個に応じた主体的な進路選択の実現を促すものだと考え，設定しました。

❷ 単元（ユニット）の目標

- 自分のよさや得意なことを知り，肯定的に自己理解する。
- 自分のよさや得意なことを生かす未来の自分をイメージし，主体的な進路意識を育む。

❸ こころを育てる仕掛け

未来の夢や希望を描くには，まず自分のよさや得意なことを知り，自分を好きになることからはじめる必要があります。「自分の好きなことや得意なことに関するものや，学習した成果をこのファイルに入れておきましょう」と話しました。自分のよさに注目して進路を考えることが，自分らしさを大切にした職業観を育む指針となるのではと考えました。

❹ 指導上の工夫

進路学習は，生徒の個性を生かし，未知の可能性を引き出す学びです。一人一人が身につける力や成長する部分は異なり，自分を客観的に見つめる力にも個人差があります。違いを否定せず，自分のよさを見いだせない生徒には，あたたかい気持ちでその生徒のよさを導いていくことが必要です。他の考えや一般論を押しつけずに，「生徒の中の曖昧さ

を明瞭にし」「生徒自身が気づいていないことを示唆する」ことで，自分のよさが友人や生徒に認められることが感じられ，自信につながります。

　この学習プログラムは，これまでの自分を見つめ，自分のよさや得意なことを認識し，それらをポートフォリオに集め，見返しながら，自分の個性や可能性，適性など，プラスを見いだし，自分を肯定的に理解することから始まります。次に，自分のよさを生かすためにどう生きていきたいか，未来の自分をイメージし，ありたい未来の夢やビジョンをもてるようにしました。

　この学習で扱うポートフォリオは，これまでの学習や活動で手に入った情報や役立つ知識などをファイル化し，卒業後の進路を考えるのに役立てるためのものです。中身を収集する際，何を入れるかは自分で決めることを強調しました。進路を考えるのは自分自身であり，それについて人と比べる必要はないからです。

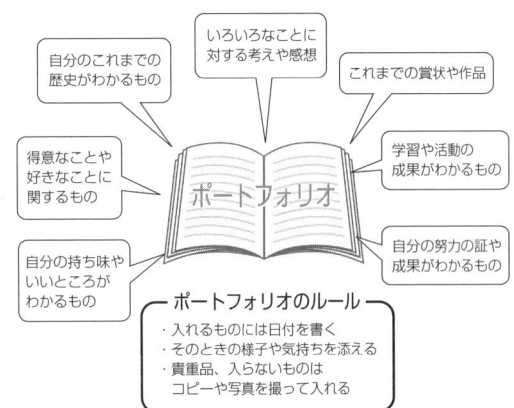

❺ 単元（ユニット）の指導計画　全5時間

時配	学習課題	学習内容
1	ポートフォリオとは何かを知る	・ポートフォリオの作成方法と目的を知り，学習の流れを知る。
1	これまでの自分を振り返り，ポートフォリオの中身を具体的にイメージする	・今までの自分を振り返り，得意なことやいいところを探し，ポートフォリオに入れるものを具体的にイメージする。
通年	自分らしさがわかるものを探す	・自分のよさや得意なことが伝わるものを見つけ，ポートフォリオに入れる。
1	これまでの自分をみつめ，よさや得意なことを知る	・ポートフォリオを俯瞰しながら，自分のよさや得意なこと具体的に説明できるようにすることをねらう。 ・ワークシートに自分の良さや得意なことを書きだし，友人と意見交換する。 ・学習を振り返り，自分の良いところをシートに記入する。
1	自分らしさを友人にプレゼンテーションする	・自分の良さや得意なことの秘訣を友人に説明し，友人からの評価をもらう。
1	自分のよさを再認識し，未来へのやる気宣言をする	・友人からの評価や家族からの手紙を読み，自分のあり方を見つめ，なりたい未来の自分の姿をイメージする。

指導案① 4時間目

自分らしさを友人に
プレゼンテーションする

●教師の思いと授業のねらい，そのねらいを設定した理由

　ポートフォリオに集めた，自分のよさや得意なことについての素材を振り返り，友人にその秘訣や魅力を伝え，互いのよさや個性を知る機会を設けました。そして，友人から自分についてのプラスの評価をもらい，自分自身のよさについて再認識し，新しい気づきを得て，人とは違う自分の持ち味に自信をもってほしいと考え，単元を設定しました。

●資料（教具・教材を含む）
- 各自のポートフォリオ
- 前時に記入したワークシート（自分のいいところ）
- ワークシート3枚……111，113ページ

●授業の工夫

　自分の得意なことをプレゼンテーションしやすいように，「秘訣を共有することが互いの役に立つ」という意識をもたせるようにしました。そして，評価カードには，プレゼンテーションした友人のよさや新しい気づきなど，プラス面を記入することを強調しました。教師もグループに参加し，笑顔で評価カードに記入しました。

●授業の評価の観点
- 友人の評価から，自分自身のよさについて再認識することができたか。

●授業の様子や生徒たちの声

　最初はプレゼンテーションする内容に不安をもっていた生徒も，友人から認められて自信をもつようになりました。例えば体が小さくて消極的だった生徒は，自分が大きくなるための健康法について詳しく，特にヨーグルトの効果的な食べ方について説明しました。多くの友人に感心され，自分のために調べていたことが人の役に立つことがわかり，将来，いろいろな健康法について勉強し，多くの人のためにがんばりたいと感想を述べました。生徒たちに自分の好きなことや得意なことを人のために生かしていこうという気持ちが生まれました。

ポートフォリオで育む夢と自信

	学習活動と生徒の様子	ポイントと留意点
導入	①本時のねらいを簡単に説明する。 「今日は，自分の得意なことや詳しいことについて，みんなにプレゼンテーションをします。プレゼンテーションの目的は，自分の得意なことや詳しいことを共有して，みんなの役に立つようにすることです。恥ずかしがらず，わかりやすく教えてあげてください。」	・プレゼンテーションする目的を理解させ，和やかな雰囲気をつくる。
展開	②前時のシートから，プレゼンテーションする得意なことや知っていることを一つに絞り，秘訣や魅力，得意になった理由，発表の方法をシートにまとめる。 ③グループ内で「自分の得意なことや詳しいこと」についてプレゼンテーションする。 ・発表時間3分程度，質問時間2分程度。 ・発表者以外は，評価カードに発表者のよさや新しい気づき（「なるほど」と思ったこと）を具体的に記入する。 ・「サッカーのシュートがうまくなるためには，毎日シュート練習をすることが大切なんだね。それに，毎日必ず練習しているなんて努力家だね」 ④評価カードを交換し，シートに貼り，友人に評価された自分のよさに印をつけておく。 ・「サッカーのシュートがうまくなるためには，**毎日シュート練習をする**ことが大切なんだね。でも，毎日必ず練習しているなんて**努力家**だね」	・何が得意なのか（何に詳しいのか）を一言で表し，その秘訣を具体的にまとめさせる。 ・男女混合のグループ（6人程度）をつくる。 ・発表内容を深化する質問をするよう促す。 ・発表者のよさのみを具体的に記入し，もらってうれしい評価になるようにする。 ・もらった評価カードが見えるように貼る。
まとめ	⑤本時の自己評価を記入する。 ・「自分がサッカーが得意なことをみんなが認めてくれてうれしかった。シュート練習をしていることが努力家といわれて，自分が好きなことには，努力していることがわかった」	・シートに記入させる。

プレゼンテーション用ワークシート
氏名：　　年　月　日（　）no
　　　　の秘訣教えます！
「ズバリこれだ！」
○その理由は…
○その魅力は…
○もっと伸ばすためにどうしたらいいと思う？
自己評価

評価カード
　　　　さんへ

指導案② 5時間目

自分のよさを再認識し，未来へのやる気宣言をする

●教師の思いと授業のねらい，そのねらいを設定した理由

家族からの手紙をじっくり読み返すことで，あらためて自分の内面を見つめます。そして，これからの生活の中で，どのように自分らしさを伸ばしていくかを考え，ありたい未来へのビジョンを「決意宣言」という形で描くようにしました。過去にとらわれる必要はないことを理解し，自分を生かせる未来に目を向けることをねらいとしました。

●資料（教具・教材を含む）
- 各自のポートフォリオ
- 家族からの手紙
- ワークシート1枚‥‥‥116ページ
- 前時にもらった評価カードをまとめたもの

●授業の工夫

家族からの手紙の内容は，事前に家族に依頼して，よいところを認め，読んで嬉しい，やる気の出る内容となるようにお願いしました。さらに，封をして手渡してもらい，授業ではじめて開封し，じっくりと一人で思考ができるように工夫しました。

●授業の評価の観点
- よさや得意を生かせる未来への具体的なアクションプランを描くことができたか。

●授業の様子や生徒たちの声

生徒たちは，もってきた家族からの手紙をはやく開けてみたくて朝からワクワクしていました。中身を読んで，自分がほめられていたり，あたたかく励まされていたりして，笑顔が浮かびました。そして，友人や家族から認められたことが自信になり，これからの生活の目標を具体的に描くことができました。

ある生徒の自己評価に，「今までは，できなかったことをできるようにしようという目標を立てていたけど，できることをもっと伸ばそうという目標が立てられた」と書いていたことが印象的でした。友人や家族からプラスの評価をされることが，「自分をより成長させたい」という前向きな気持ちを促すことにつながることを実感できました。

	学習活動と生徒の様子	ポイントと留意点
導入	①本時のねらいを簡単に説明する。 「今日は，プレゼンテーションのときにもらった友だちの評価カードや家族からの手紙を読み，あらためて自分のよさや得意なことを見つめ直しましょう。そして，未来の自分のあり方を考えてみましょう」	・友だちの評価カードや家族からの手紙から，日ごろ気づかない自分を発見し，どう伸ばすかを考えることを意識させる。
展開	②前時の評価カードを読み返し，友人の評価から気づいた自分らしさをシートに記入する。 ・「サッカーのシュートが得意」 ・「サッカーのシュートを決めるために毎日シュート練習している。」 ・「努力家」 ③家族からの手紙の封を開け，じっくりと読み，感想や気づいた自分らしさをシート（116ページ）に記入する。 ・「小学校から続けているサッカーについてお母さんも頑張ってほしいと思っていることがわかった。ロングシュートをマスターし，高校でも活躍したいと思った。」 ④ポートフォリオを俯瞰し，「なりたい自分の姿（これから伸ばしたい自分の得意やよさ）」とその理由をシートに記入する。 ・「サッカーの技術をもっと身につけ，より高いレベルの選手になる」 ⑤自己認識した「自分の得意やよさ」をこれから伸ばしていくために，今日からの自分のあり方を具体的にシートに記入する。 ・「シュート練習は毎日続ける」 ・「強い体になるためにスナック菓子を食べ過ぎない」 ・「サッカーの盛んな高校を探す」	・前時に記入した評価カードの印をもとに，よいところを書き出させる。 ・自分を見つめさせるためにじっくり一人思考ができるような雰囲気をつくる。 ・自分が集めたよさや得意，友人や家族の評価から得たよさや得意から，よりよい未来の自分を考えさせる。 ・「これからも続けていくこと」，「もうやめること」，「今，新たにスタートすること」を具体的にあげさせる。
まとめ	⑥本時の自己評価を記入する。	・シートに記入させる。

単元指導の実際

```
               未来のビジョン
         夢 生き方
    個性 センス      ┌──────┐
  自己理解  ポートフォリオ→│なりたい│
 ┌────┐         願い  │ 自分 │
 │今の自分│    仕事      └──────┘
 └────┘  自信 得意
```

❶ 実践の記録と成果

　未来の夢や希望から進路を考えるには，まず自分のよさや得意を知り，自分を好きになることから始めなければならないと考えました。そこで自尊感情について11項目の意識調査を実施し，各項目について「わりと思う」，「とても思う」と認識した生徒の割合を，学習の前後で比較したものが下のグラフです。

　この結果から，自己理解を深め，自分のあり方を考える学習が，生徒の自尊感情に揺さぶりを与えているといえるのではないでしょうか。項目別に見てみると「よいところがわかっている」が24.8%増加しました。よさや得意なことに注目してポートフォリオをめくりながら，毎時間自分を見つめる学習を継続した成果といえるでしょう。また，「自信のあることがある」は，15.7%増加しています。これは，よさや得意なことを認識できた結果，自分への自信が高まったと考えられます。

　このように，自分を肯定的に理解し，自信やよりよくなりたいという気持ちを高めることにポートフォリオを用いることができます。ある生徒が「ポートフォリオを見ていると自然に自分のことを考えている。しかも，よいところばかりだからうれしい」と感想を述べました。ポートフォリオを見返すことは，それまでの自分や学びを振り返り，自己評価している行為なのです。しかも，改める点を探すのではなく，プロセスからプラスを見いだす自己評価です。

　この自己評価をさらなる課題や目標に発展させるのは教師との「対話」です。「対話」とは，生徒が作成しつつあるポートフォリオをもとに，教師が生徒と学びを振り返

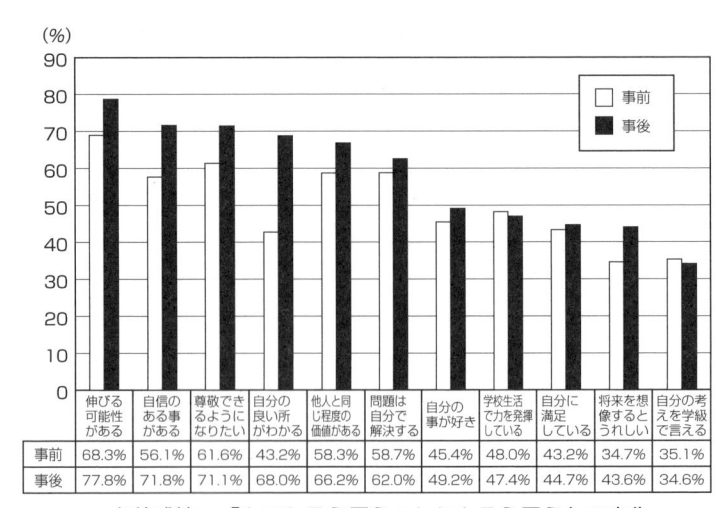

	伸びる可能性がある	自信のある事がある	尊敬できるようになりたい	自分の良い所がわかる	他人と同じ程度の価値がある	問題は自分で解決する	自分の事が好き	学校生活で力を発揮している	自分に満足している	将来を想像するとうれしい	自分の考えを学級で言える
事前	68.3%	56.1%	61.6%	43.2%	58.3%	58.7%	45.4%	48.0%	43.2%	34.7%	35.1%
事後	77.8%	71.8%	71.1%	68.0%	66.2%	62.0%	49.2%	47.4%	44.7%	43.6%	34.6%

自尊感情：「とてもそう思う＋わりとそう思う」の変化

り，支援する時間です。「対話」をするときに大切なことは，教師がポジティブな気持ちで問いかけることです。詰問的な問いかけでは，生徒もポジティブな気持ちで答えることができなくなってしまいます。普段からおおらかな気持ちで生徒を見つめ，教師自身が心を開いていることが大切です。

　生徒に対して共感的な立場で接し，目の前の生徒の可能性を探し出し，伸ばしてあげたいという気持ちをもつことが大切なのです。そして，「曖昧なまま終えてしまわない」ということが重要です。賞状などが1枚もない生徒が「賞状とか全然ないし，いいところなんて見つからない」と嘆きました。そのとき，「ずっと続けてることは？」と問いかけると，おじいちゃんと続けている野菜作りの話をはじめました。「おいしくするコツは？」「どんなときが嬉しい？」と問うと，イキイキした表情で水のあげ方や収穫の喜びについて語りはじめました。プレゼンテーションでも友人に認められ，最後には，これからも農業のあり方について考えてみたいと感想を述べるまでになりました。

　教師自身のポジティブな視点や声かけが，生徒の内面からポジティブな行動を引き出すのです。そして，このようなことを繰り返すことで，生徒たちは得意なことや好きなことからありたい自分の姿を描くことができるようになります。人は自分の好きなことや得意なことにはがんばれるものです。自分の好きなことや得意なことを仕事にしている大人がイキイキと働いているように，生徒たちも自分の好きなことや得意なことから職業を考えていければ，主体的に進路を考えられるのではないでしょうか。

❷ 課題

- この学習は，自分のよいところなどプラス面に目を向けることが大切です。日ごろ，教師は，生徒のできていないことやよくないことなど，マイナス面に目を向けて指導する意識が強くなりがちです。そうではなく，「生徒を受け入れ，いいところを探し，ほめてあげよう」というおおらかな気持ちをもつなど，共感的に理解し，支援する立場をとる必要があります。生徒とできる限り「対話」し，積極的に個々のよさを引き出すように努めることが重要なポイントです。
- この学習では，ポートフォリオの中身を集めるところも重要です。夏期休業の期間を利用して中身探しを実施しましたが，1週間程度の期間を設定し，これまでの自分に関するものを対話をしながら集めさせるのも有効です。
- プレゼンテーションについては，自分の得意なことをシートにまとめる時間を十分にとったり，シートではなく掲示物にしたり，グループの人数や発表形態を変えるなど，学級の実態に応じてさまざまなアレンジが可能です。

❸ 引用・参考文献

- 鈴木敏恵『ポートフォリオで進路革命！』学事出版

年　　月　　日（　）　　　氏名：＿＿＿＿＿＿＿＿　　No.＿＿＿＿

今月の目標：

○友人の評価カードから気づいた自分らしさや自分のよさ

○家族からの手紙を読んで（感想・気づいた自分らしさ）

○私の未来へのやる気宣言！

理由：

自分のよさを伸ばすための具体的なアクション

自己評価

学級風土・学校風土

いじめ・言葉の暴力をなくす「学級評価20項目」の取り組み

中学校全学年　学活・その他　3～4時間

廣部昌弘

諸富祥彦が語る
この実践　ここがポイント！

■学級内だけでは解決できないいじめ問題■

　近ごろの子どもには本音と建前の区別がなく，それを使い分けることができません。建前はよくないもののように言われがちですが，じつは相手を傷つけないために必要なものです。しかし，相手への思いやりがなく自分が思ったことをそのままストレートに口にする子どもが増えているようです。

　多かれ少なかれどんな学校にもいじめや言葉の暴力はあります。特に中学校では，クラス内にとどまらず学年全体のいじめに発展しやすいようです。学年をあげて取り組むべき問題ですが，なかなか正面から取り組まれていないのが実状です。

　クラスにいじめや暴力で悩んでいる生徒はいるかと尋ねられて，いると正直に答えられる教師は少数派です。裏返せば，いじめの問題があっても自覚したくない，避けて通りたいという教師の無意識の現れと言えるでしょう。廣部先生の実践は，クラスの現実にしっかりと向き合っています。

■押しつけではないが毅然とした態度で■

　廣部先生はこのプログラムのために学級評価20項目調査用紙を用意しました。廣部先生も書かれていますが，項目すべて自分なりの判断で評価をつけることによって生徒たちの自己評価です。自分自身を見つめることが学級全体での気づきにつながるのです。

　授業のなかでは，調査項目のひとつ「いじめや言葉の暴力で悩んでいる人はいない」の回答得点が低いことをあげ，これについて考えていきます。数字としてあらわれていますから，生徒も認めざるを得ません。無視してはいけない現実を教師が毅然と示し，問題を共有化・言語化する機会を与えます。

　なお，このような問題を扱うときには，教師がしっかりリードして，押しつけがましくない配慮，生徒が安心して発言できる雰囲気づくりをぜひ心がけていただきたいと思います。

単元全体の計画　　全学年　学活その他　3〜4時間

いじめ・言葉の暴力をなくす「学級評価20項目」

廣部昌弘
木更津市立木更津第一中学校

❶ 単元（ユニット）設定の理由

　学級担任が自分の学級に、「『いじめ・言葉の暴力』で悩む生徒」は、「いる」と考えるか「いない」と考えるかが、生徒にとって「生活しやすい学級」になるか、「生活しづらい学級」になるかの分かれ道だと思います。

　私が担任をしたある学級には、男子生徒から「汚い、くさい」などと言われ、避けられている女子生徒がいました。聞くところによると、小学校の低学年のころから継続していたようです。最大の問題は、そのことが学年、学級内の日常の風景となり、だれも問題視していないことでした。

　私は、その異常な状況を打破するためには、「級友を傷つけている自分」「傷ついている級友を見過ごしている自分」に気づかせることが必要だと考えました。そして考えついたのが、「学級評価20項目」を中心とした取り組みです。

❷ 単元（ユニット）の目標

- 学級内の、「いじめ・言葉の暴力」で悩む生徒を救う。
- 「自分の言動で他人を傷つけることがないようにしよう！」という思いを育てる。
- つねに、自分の所属する集団をよりよくしようとする思いを育てる。

❸ こころを育てる仕掛け

　自分のさびしさやイライラを他人への攻撃に向けることで、それらが解消されるという錯覚には、だれしも陥りやすいものです。「他人を傷つけることが、自分のプラスにはならない」ことに気づかせることが大切です。

　そのためには、自分の弱いこころに目を向けさせることが必要ですが、これがむずかしいのです。それができれば、すでに目標の90％は達成です。

　そこで、「学級評価20項目調査用紙」（124ページ）を使って自分の学級を評価させます。学級評価は自己評価なくしてはあり得ません。自分の学級を評価することは、自分の言動

や心にも目を向け，自分自身も評価していることになります。その上，学級評価は，級友の言動や心についても考えることにつながるので，一石二鳥の取り組みといえます。

❹ 指導上の工夫

- 「学級評価20項目調査用紙」は無記名で書かせるが，回収方法を工夫することにより，だれがどの調査用紙に記入したかはわかるようにしておく。
- 調査票の集計は，後掲（123ページ）のように，パソコン等を使用するとよい。集計プログラムを作成しておくと便利である。なお，生徒たちに提示する際には，個人が特定されない配慮が必要である。

❺ 単元（ユニット）の指導計画　全3〜4時間

1次	学級アンケート調査	学級アンケート調査用紙に記入する。	帰りの会
	教師が学級アンケート調査を集計する。		
2次	学級アンケート調査「項目8」の数値について考える。	「項目8」の数値が低い原因を考え，書き出す。 自分のいじめられ体験，言葉の暴力体験を考え，書き出す。	1時間 （学級活動）
3次	「いじめ・言葉の暴力」への対応策を考える。	学級役員が宣言文を提案し，採択する。（「いじめ・言葉の暴力」撲滅宣言）	1時間 （学級活動）

■アンケートの集計のしかた

　1次の集計については，A：2点，B：1点，C：0点，D：－1点，E：－2点で集計する。学級によって人数が異なるので，本来は割合（百分率）で比較しなければならないが，同学年の学級を比較する場合には，大きな差にはならない。

■3次の内容

　3次については，2次の「『項目8』の数値が低い原因」と「自分のいじめられ，言葉の暴力体験」をまとめたものを資料として提示し，次の3点を確認する。
　①学級内に「いじめ・言葉の暴力」で悩んでいる人がいる。
　②「いじめ・言葉の暴力」は，他人を深く傷つけることになる。
　③自分の無意識の言動が，他人を傷つけることもある。
　3次で，「いじめ・言葉の暴力」撲滅宣言を学級役員に提案をさせ，採択をすることでより強い意識化が図れる。

| 指導案① | 1時間目 | 2次 |

学級アンケート調査「項目8」の数値について考える

●**教師の思いと授業のねらい，そのねらいを設定した理由**
　学級から「いじめ・言葉の暴力」をなくすことがねらいです。「いじめ・言葉の暴力」が横行する学級内では，真の人間的成長は望めないと考えるからです。
　学級からいじめや言葉の暴力をなくすためには，自分自身の言動の友人への影響を知ることと，自分自身のいじめられ体験，言葉の暴力を受けた体験を振り返り，被害者の心情に共感させることが大切です。そのために，学級評価を使用した授業は，有効であると考えます。

●**資料（教具・教材を含む）**
- 学級アンケート調査（学級評価20項目）集計表……123ページ
- プリント……考えたことや意見を記入するもの

●**授業の工夫**
- 学級アンケート調査（学級評価20項目）の集計結果を，グラフ等でわかりやすくまとめておく。
- 教師の体験談を用意しておく。

●**授業の評価の観点**
- いじめられ体験，言葉の暴力を受けた体験を全員が書くことができたか。

●**授業の様子や生徒たちの声**
　テーマがいじめと言葉の暴力なので，重苦しい雰囲気で授業は進みます。生徒からの積極的な発言はあまり期待できません。そのため，生徒にはプリントに記載させ，教師が読み上げる形をとっています。
　生徒の反応としては，「みんなイヤな思いをした経験があるんだなあ」という共感や「もしかしたら，自分の言動が他人を傷つけていたかも」という振り返りが多くみられます。

	教師の活動と生徒の活動・様子	ポイントと留意点
導入	①学級アンケート調査の結果を提示する。 　「この結果を見て，どう思いますか？」 　〈生徒〉 　　・明るく楽しい雰囲気がある。 　　・いじめや言葉の暴力で悩んでいる人がいる。	・自由な雰囲気で発表させる。 ・よい面，悪い面の両面から発表させる。
展開	②本時のねらいを簡単に説明する。 　「項目8『いじめや言葉の暴力で悩んでいる人がいない』について，考えてみたいと思います」 ③項目8の数値が低くなったのはなぜか？考える。 　「みんなは，学級内のどんな様子を見て，そう思ったのか？」をプリントに記入する。 　〈生徒〉 　　・いつも○○さんが，○○君に嫌がらせをされている。 ④全員のものを読みあげる。 　「この学級には，いじめで悩んでいる人がいるんだね」 　「互いに知らないうちに傷つけ合っていることもありそうだね」 ⑤いじめられ体験，言葉の暴力体験について考える。 　「他人にされたり，言われたりしたことで，イヤだったこと」をプリントに記入する。 ⑥全員のものを読みあげる。 　「みんな，イヤなことをされた経験はあるんだね。そのときの気持ちはどうだった？」	・発表しづらいテーマなので，教師が代読する。 ・両親や教師，兄弟，友人，だれからのものでもよい。 ・被害者の気持ちに共感するような働きかけをする。
まとめ	⑦教師の体験談を話す。 　・友人や親，先生に言われて傷ついたこと ⑧本時の感想を記入する。 　〈生徒〉 　　・自分の言動が，だれかを傷つけているかもしれない。 ⑨いくつかの感想を読み上げる。	・だれでもイヤな思いをしていることに気づかせる。 ・日常の自分の言動に目を向けさせる。

単元指導の実際

❶ 実践の記録と成果

　この取り組みをきっかけとして、学級内の「いじめ・言葉の暴力」は確実に減少していきました。それは、2回目、3回目の学級アンケート調査の結果を見れば明らかです。

　授業の中で、学級内の「いじめ・言葉の暴力」の実態が明らかになり、被害者の苦しい心に共感できたことが大きいと思います。授業後の感想として、「自分の言動で他人を傷つけることがないようにしよう」とか「みんなイヤな思いをした経験があるんだ」等々の感想はたくさん聞かれます。

　また、「いじめ・言葉の暴力」撲滅宣言を全員で採択することにより、「みんで決めたことは守ろう」という雰囲気が浸透するのです。そのことは、以後の指導においても大きな力を発揮します。

❷ 課題

詩を生かしたまとめ

　授業のまとめの部分で、詩を使うと効果があがります。教師が気に入っている詩でよいでしょう。私は、北原敏直の詩集『星への手紙』(新書館)をよく使いました。進行性筋ジストロフィー症のため、14歳で亡くなられた人の詩なので、中学生には共感できる部分が多いようです。

具体的な対応策

　単元最後の「いじめ・言葉の暴力」への対応策で、学級内に子どもたちの手による相談機関を設置したことがあります。相談箱を設けたり、相談へのアドバイスを書いた新聞を発行したり、学級内に「いじめ・言葉の暴力」を絶対に許さないという雰囲気をつくるのに有効でした。

学年で協同した取り組み

　学級評価の集計を持ち寄り、学年会議などで、学級担任同士で検討できればどんな取り組みが「いじめ・言葉の暴力」を抑止するかが明らかになると考えられます。

いじめ・言葉の暴力をなくす「学級評価20項目」の取り組み

集計結果の例

	1	2	3	4	5	6	7	8	9	10	11	12	13	14	15	16	17	18	19	20	21	22	23	24	25	26	27	28	29	30	31	32	33	34	35	36	37	A	B	C	D	E	計
1 時間を守って行動できる。	C	A	B	B	C	B	B	B	B	C	A	A	A	A	B	C	B	B	B	B	B	B	D	C	C	C	C	C	A	C	A	A	A	A	B	A	B	8	16	9	1	3	25
2 明るく楽しい雰囲気がある。	C	A	A	B	C	B	B	E	A	E	A	A	A	A	A	B	A	A	A	B	A	A	C	C	C	C	C	C	E	C	E	A	A	A	B	C	B	22	6	7	1	1	47
3 教科委員や係の仕事が確実に行われている。	C	A	C	C	B	B	E	B	A	A	B	A	B	A	A	C	C	D	A	B	B	A	B	B	E	C	B	C	D	C	C	B	A	B	B	C	C	11	14	10	0	2	32
4 協力しようという雰囲気がある。	C	A	D	B	C	B	D	C	E	A	C	C	A	B	A	D	A	C	A	C	C	A	E	D	D	C	E	D	D	D	A	B	B	B	D	D	B	6	9	14	9	2	11
5 授業中、落ち着いて学習できる雰囲気がある。	D	A	E	C	B	A	C	E	A	A	E	A	B	C	C	C	D	C	C	C	C	B	A	E	C	A	C	D	A	C	B	E	A	B	E	B	B	6	4	16	6	4	−15
6 議長を中心に話し合いができる。	C	A	D	D	C	B	C	C	A	A	C	C	B	A	A	C	B	E	A	B	C	A	B	D	E	A	C	C	A	A	E	C	B	C	E	A	E	4	7	16	6	4	1
7 あいさつができている。	B	A	A	A	B	A	B	B	A	A	B	A	A	A	B	A	A	A	A	A	A	B	B	A	B	A	B	A	A	D	C	A	A	A	A	A	A	20	13	3	1	0	52
8 いじめや言葉の暴力で悩んでいる人はいない。	C	A	C	E	D	B	C	D	E	B	C	C	C	D	C	C	D	C	C	D	D	D	C	E	C	D	C	E	E	C	D	C	C	E	C	C	C	1	5	19	7	0	−9
9 男女の区別なく話ができる。	B	A	C	E	D	B	B	A	A	B	A	B	A	A	B	C	B	E	A	B	B	C	B	A	D	D	C	C	C	E	B	A	A	D	B	A	B	17	4	9	3	4	31
10 自分のわからないところを質問すると、友達が教えてくれる。	C	B	B	C	B	C	C	D	A	B	B	A	A	A	C	D	C	B	C	C	D	D	D	D	C	C	D	E	E	D	A	B	D	B	A	C	C	10	12	10	4	1	26
11 清掃では、みんなが自分の分担を果たしている。	D	B	C	C	A	B	A	B	A	A	A	A	A	A	B	A	C	C	B	A	B	B	B	B	D	D	D	D	A	E	A	B	A	A	A	C	C	13	6	10	5	0	23
12 担任の先生と気軽に話ができる。	C	A	D	B	C	C	A	A	B	A	A	A	A	A	A	C	A	A	A	A	A	A	B	B	C	C	B	C	B	A	C	A	A	B	B	A	B	24	6	5	0	2	50
13 行事などでは、みんながーつになって取り組める。	C	A	B	C	B	A	A	C	C	A	B	A	A	A	C	C	C	A	A	C	D	B	C	A	A	A	C	C	E	A	E	A	C	A	B	B	B	14	7	13	1	2	30
14 給食の準備にみんなが協力している。	B	A	C	A	B	C	C	B	B	D	A	B	C	C	B	B	C	B	B	B	C	E	C	D	A	A	C	D	C	E	A	A	B	A	A	B	B	14	14	7	2	2	24
15 みんなが温かく接してくれて不安はない。	A	A	E	A	C	B	A	A	B	B	A	A	A	A	B	D	B	A	A	A	A	A	A	A	E	B	B	D	E	A	E	A	A	A	B	C	A	20	7	4	2	4	22
16 テスト前など、みんなが学習に前向きに取り組んでいる。	A	A	C	D	C	A	B	A	B	D	C	A	B	A	A	C	B	D	B	A	B	B	B	B	B	D	A	A	E	A	C	A	A	A	A	B	A	12	13	4	3	2	26
17 移動教室や席替えの時など、テキパキと行動できる。	A	B	A	A	C	B	A	B	A	A	A	C	C	C	B	A	B	C	A	E	B	B	C	C	C	B	B	A	E	C	B	A	A	A	B	E	A	12	7	12	2	2	23
18 教室内の美化に心がけている。	B	A	B	B	B	B	B	E	D	B	C	E	C	D	B	E	C	B	B	C	D	E	B	B	E	C	C	C	E	B	D	B	B	B	B	D	B	4	10	3	9	7	7
19 リーダー（学級役員や班長など）を支えようという雰囲気がある。	A	A	A	C	C	E	A	C	A	C	D	D	C	B	A	D	E	A	C	C	D	D	A	C	A	C	D	A	D	C	E	B	E	E	E	D	D	7	4	13	7	7	5
20 自分の悪いような点は、注意してくれる。	2	4	3	4	1	0	2	5	7	2	4	6	4	4	5	4	3	4	5	7	1	3	6	0	1	6	0	9	1	1	3	6	4	4	1	4		4	11	5	7	1	2
A (2)	2	18	4	3	1	6	17	2	14	2	18	4	6	4	10	4	6	4	10	4	7	5	2	4	4	3	6	4	1	4	5	1	1	9	4	11	4						
B (1)	6	2	8	3	6	17	2	3	1	2	1	2	4	2	5	10	3	5	3	6	4	7	10	3	1	4	7	4	3	1	6	3	4	1	3	6	4						
C (0)	9	0	5	11	9	1	2	3	5	8	0	6	4	8	4	6	12	5	4	3	10	3	3	17	15	10	7	3	3	4	7	3	2	1	2	1	1						
D (−1)	3	0	0	1	4	0	0	8	0	4	1	2	3	4	1	0	0	4	2	3	0	2	5	4	0	2	0	7	6	10	2	6	7	0	0	1	1						
E (−2)	0	0	1	2	0	0	4	3	0	0	0	1	1	2	0	0	1	0	0	1	0	0	3	0	0	0	0	1	6	1	0	6	7	0	0	1	1						
無回答	0	0	2	0	0	2	0	1	0	4	0	5	2	0	0	0	6	2	1	3	0	3	0	0	0	1	0	1	1	0	0	1	0	0	0	0	0						
計	20	20	20	20	20	20	20	20	20	20	20	20	20	20	20	20	20	20	20	20	20	20	20	20	20	20	20	20	20	20	20	20	20	20	20	20	20						
合計	7	38	12	4	4	7	17	−9	6	−6	17	5	10	3	7	23	0	7	17	7	23	10	6	3	7	11	23	10	−9	3	18	−9	−11	33	27	23	10						

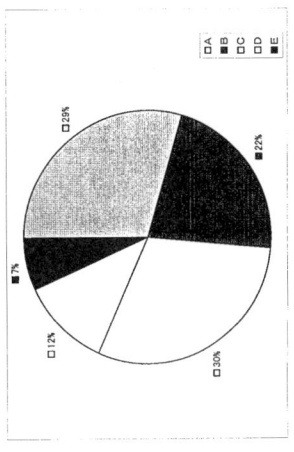

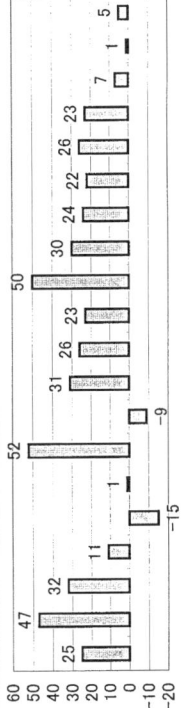

棒グラフ（合計値）

- 自分の悪いような点は、注意してくれる: 5
- リーダー（学級役員や班長など）を支えようという雰囲気がある: 7
- 教室内の美化に心がけている: 7
- テスト前など、みんなが学習に前向きに取り組んでいる: 26
- みんなが心あたたかく接してくれて不安はない: 22
- 給食の準備にみんなが協力している: 24
- 行事などでは、みんながーつになって取り組める: 30
- 学級担任の先生と気軽に話ができる: 50
- 清掃では、みんなが自分の分担を果たしている: 23
- 自分のわからないところを質問すると、友達が教えてくれる: 26
- 男女の区別なく話ができる: 31
- いじめや言葉の暴力で悩んでいる人はいない: −9
- あいさつができている: 52
- 議長を中心に話し合いができる: 1
- 授業中、落ち着いて学習できる雰囲気がある: −15
- 協力し合おうという雰囲気がある: 11
- 教科委員や係の仕事が確実に行われている: 32
- 明るく楽しい雰囲気がある: 47
- 時間を守って行動できる: 25

円グラフ

- A: 29%
- B: 22%
- C: 30%
- D: 12%
- E: 7%

123

学級アンケート調査

あなたの学級の様子をお聞きします。下の項目について，あてはまる欄に○をつけてください。

| A よくできている | B まあできている | C ふつう |
| D あまりできていない | E ほとんどできていない | |

NO	項目	A	B	C	D	E
1	時間を守って行動できる					
2	明るく楽しい雰囲気がある					
3	教科委員や係の仕事が確実に行われている					
4	協力し合おうという雰囲気がある					
5	授業中，落ち着いて学習できる雰囲気がある					
6	議長を中心に話し合いができる					
7	あいさつができている					
8	いじめや言葉の暴力で悩んでいる人はいない					
9	男女の区別なく話ができる					
10	自分のわからないところを質問すると，友達が教えてくれる					
11	清掃では，みんなが自分の分担を果たしている					
12	学級担任の先生と気軽に話ができる					
13	行事などでは，みんなが一つになって取り組める					
14	給食の準備にみんなが協力している					
15	みんなが心あたたかく接してくれて不安はない					
16	テスト前など，みんなが学習に前向きに取り組んでいる					
17	教室を移動する時や着替えの時など，テキパキと行動できる					
18	教室内の美化に心がけている					
19	リーダー（学級役員や班長など）を支えようという雰囲気がある					
20	自分の悪いような点は，注意してくれる					

あなたが，学級にとって大切だと思うことを，上の20項目から選び，番号を下の欄に書きなさい。

5つ書いてください ☐☐☐☐☐

学級風土・学校風土

全員参加型の生徒会活動で育てる自治能力

中学校2年生　道徳・学活　5時間

小川幸男

諸富祥彦が語る
この実践　ここがポイント！

■学校全体の取り組みが学校を変える■

　この実践は生徒たちの自主的な活動を通して，心を育てることを目的としたものです。この1つの実践のなかに，自治能力を高めるさまざまなノウハウが詰まっています。

　たしかに，荒れた状態から立ち直った学校を見ると，自主的な生徒会活動を教師が支援し，生徒の間に自治的な雰囲気が生まれることによって，学校全体の風土が変わる例が多々見られます。生徒が抱いていた「どうせダメだ」という諦めが消え，自分たちが主体的に学校を変えていくことができるという自己信頼感が育っていくためです。学校全体での取り組みは確実に学校風土を変えます。風土の変化に生徒は反応するのです。

　小川先生の実践は，ノウハウに基づいて行えば，だれでも学校の自治能力を高めることができることを示した好例と言えます。

■全員参加型のシステムで高める自治能力■

　例えば実践の中に，学級委員を選出するプロセスがあります。自分の意志で立候補する生徒がいないからと教師が押しつけてしまうと，その生徒は非常につらい思いをしてしまいます。

　そこで教師がうまくはたらきかけ，みんなでそれを支えていくという構造ができています。そのプロセスで生徒たちは候補者にどんな願いを託したいのかを真剣に考え，願いを託したい人を選ぶことを通して，自分も参加できることを学んでいきます。

　この取り組みは長い目で見ると，政治不信，社会不信に陥りやすい世の中で，自分たちが願いを持ち，それを託すに値するリーダーを選んでいくことによっていい方向に変えていくという体験につながります。社会そのものに対する信頼感を育むことになります。

　こうした民主的な社会の仕組みを実感として学んでいける全員参加のシステムになっているところが，まことに秀逸。学校の風土臨床のモデルになりうる実践だと思います。

単元全体の計画　2年生　道徳・学活　5時間

みんなでリーダーを選ぼう

小川幸男
大田区立安方中学校

❶ 単元（ユニット）設定の理由

　私が現任校に異動し，生徒をはじめて目の前にした着任式のことです。「歓迎の言葉」を述べる生徒会長の名前が呼ばれると，生徒席から「また，○○かよ」と野次がとびました。それには，次のようないきさつがありました。中央委員会の議長選挙では立候補は出ず，公の場で「推薦」が始まりました。推薦された生徒は，本人の意思とは関係なく立候補者として扱われ，選挙が行われてしまいました。

　自分たちの「願い」を実現するために，自分たちが信頼するリーダーを選ぶという仕組みができていなかったのです。リーダーを自分たちで選び，自分たちの代表という思いをもっているならば「また，○○かよ」などの野次はとばないはずです。

　自治活動は，生徒の心を育てる大きな武器となります。リーダーを他の生徒が信頼し支える。リーダーは多くの生徒の「願い」を実現するために行動する。そして，生徒の「思い」を生徒自身で実現できたとき，生徒に大きな自信が生まれてきます。

　自治活動を通して生徒の心が育つ仕組みをつくるために，この授業を組みました。

❷ 単元（ユニット）の目標

- リーダーにふさわしい人物像を理解する。
- 自治活動を通して実現したい「願い」を共有する。
- 共通した目標に向かった共同作業を経験する。

❸ こころを育てる仕掛け

- 実際に「人事」「立案」作業をすることで，自分や他人の能力を見つめる。
- 自治活動への「思い」を語り合い，共通のものにしていくことで，学校生活の中で夢をもてるようになってくる。また共同作業の中で，つながり感覚が育ってくる。

❹ 単元（ユニット）の指導計画　全5時間

1次	1学期の 学級委員選挙の前に	リーダーにふさわしい人物像を考えよう ・能力とやる気 ・必要な能力 ・人事と立案	2時間（道徳）
		学級委員を選ぼう（※下記参照）	1時間（学活）
2次	生徒会選挙の前に	みんなの「願い」を出し合おう	1時間（学活）
		選挙運動の作戦タイム	1時間（学活）
		選挙運動	登校時等　随時

■学級委員の選び方（1次3時間目）

　私の受け持つ学年では，自ら立候補の意志を示した生徒しか，学級委員の候補者として認めません（当たり前のことですが，多くの学校現場ではないがしろにされています）。

　問題は，立候補者がいない場合です。私たちは次のようにしています。

ルール　生徒の中で，立候補者を立てる

・自由時間を保障し，その時間で学級委員になってほしい人にお願いし，説得する。

・お願いや説得のときの言葉遣いを指導する。

　　　　　×「やれよ」……これは命令

　　　　　○「やってくれない？」……お願い

　　　　　○「あなたがやってくれたら，私は××するからやろう」……説得

・立候補する場合，黒板に本人が名前を書くなど，必ず自ら立候補の意志を表明する。

・必ず，選挙（信任投票も含む）で選ぶ。

　このような選び方は，みんなに支えられたリーダーを選ぶためのものです。生徒は命令されて押しつけられると「ムカツク」けれども，みんなから頼りにされ，お願いされるのとうれしそうです。学年があがると最初から立候補者があがるようになります。

　学年で共通しての実践が望ましいでしょう。なお，計画で学活の時間となっているところは，私の実践では総合の時間に行いました。

| 指導案① | 1〜2時 | 1次 |

リーダーにふさわしい人物像とは

●教師の思いと授業のねらい，そのねらいを設定した理由

作業を通して，リーダーとしてふさわしい人物像を考える活動です。

仕事があるのに帰ってしまうA君が学級委員に立候補しました。学級委員になることでA君が成長できればよいのですが，このような多くの場合，かえって自信をなくしてしまいます。周りの生徒は，A君を「学級委員なのに」と責めるのです。中学校では，自分や他人の能力を見つめていくことも大事です。

●資料（教具・教材を含む）

- 人事構想のためのシート（委員会，学級の係などが記入できるもの）
- 立案のためのシート（学年の行事などで何をするかが記入できるもの）
- 仕事の能力表……134ページ
- ランキングの表……134ページ

●授業の工夫

- できるだけ作業を通して考えさせる。
- 実際の学級委員選挙につなげる。

●授業の評価の観点

- リーダーにふさわしい人物像を考え，自分の適性を振り返ることができたか。

●授業の様子や生徒たちの声

「能力はないが，やる気はある」と「能力はあるが，やる気はない」で対立し，前者が後者を上回りました。生徒は，「やりたい人がするのでよい」という感覚が強いのです。能力がある人をやる気にさせる，という意識が少しでもつけばよいと思っています。

運動会や移動教室の立案作業は，夢が広がり楽しそうでした。「早く移動教室に行きたい」などの声があがりました。

全員参加型の生徒会活動で育てる自治能力

	学習活動と生徒の様子	ポイントと留意点
導入	①本時のねらいを簡単に説明する。 「この時間は，どんな人が学級委員などのリーダーにふさわしいのかを考えます」	
展開	②次の四つを望ましい順に，1から4までの順位をつける。 　a　能力もあり，やる気もある人 　b　能力はあるが，やる気はない人 　c　能力はないが，やる気はある人 　d　能力も，やる気もない人 ③グループをつくり，順位を一致させる。 　・「やる気がある人がやるのがいちばんいい」 　・「きちんとできない人がするのは困る」 ④各グループの意見を発表する。 ⑤説明。 　・大人の社会の中では，能力がない人がリーダーになると困る。 　・学校の中では，学年があがるにつれて「やる気」だけでなく「能力」も重くみるようになっていく。適材適所になる。 　・能力がある人に，やる気になってもらうよう説得するのが大人の社会の常識。 ⑥学級委員として，重要な能力をランキングしてみよう。 ⑦「人事」と「立案」をしてみよう。 　・学級の係について，適材適所で記入する。 　・1学期に行う行事について，「こんなことができたら」というものを書く。ここでは「運動会」と「移動教室」について記入。	・まず，個人作業で自分の考えをつくらせる。 ・理由も考える ・理由を言う。 ・意見が分かれたときには，相手の意見に対する思いを言う。 ・「やる気があればまかせてしまえ」という考えが無責任であることだけおさえる。 ・グループ作業で行う。 ・シートに記入。 ・グループ作業で行う。 ・シートに記入。 ・立案について，おもしろい発想のものは皆に紹介する。
まとめ	⑧本時の感想を記入する。 　・「リーダーは考えて選ばなければと思った」 　・「移動教室が楽しみになってきた」 　・「自分は，どの役割が望ましいのか考えた」 　・「自分はケア能力はあると思うが，牽引力が足りない」 ⑨実際の学級委員選挙につなげる。 「学級委員にふさわしい人を考えておいてください」	・振り返り用紙に記入させる。

| 指導案② | 1時間目 | 2次 |

みんなの「願い」を出し合おう

● 教師の思いと授業のねらい，そのねらいを設定した理由

　みんなの「思い」を出し合うことで，夢をふくらませることをねらいとしました。

　私が現任校で初めての生徒会担当となったとき，生徒会役員にききました。「この学校の自慢できることってなあに」。しばらく考えたあと，一人の役員が言いました。「校庭が広いことです」。彼らには，自分たちの活動の成果への自負がなかったのです。

　自負ある活動をつくるための第一歩が「夢をふくらませる」ことです。そして，多くの生徒の夢を実現するための生徒がリーダーとなり，みんながリーダーを支える状態になったとき，自治活動が心を育てる武器となります。

● 資料（教具・教材を含む）
・記入用紙

● 授業の工夫
・みんなで「願い」を出し合うことで，夢を広げていく。

● 授業の評価の観点
・みんなで共通した「思い」をつくりあげ，自分のすべき役割を考えられたか。

● 授業の様子や生徒たちの声

　「願い」を出し合う作業は，とても楽しそうです。特に，本校では「夏に水筒を持ってきてよいことにする」という案が，前期の生徒総会で「現状では，危険だ」と否決されたこともあり，夢を達成する具体的手だてが多数出されました。

　生徒会役員に立候補しようと考える，だれかを推そうとする，などの動きが見えるようになりました。

	学習活動と生徒の様子	ポイントと留意点
導入	①本時のねらいを簡単に説明する。 　「この時間は，みんなにとってとても重要な生徒会役員選挙をよりよいものにするために使います」 ②説明 　「選挙では，みんなの願いを立候補者にしっかりと示すことが大事です。みんなの願いを実現してくれる人を自分たちの代表として選び，当選したときにはその活動を支えていく必要があります」 　「生徒会の活動は役員だけでなく，生徒全員で行います。役員はそのリーダーです。ですから，願いは〈だれかにやってほしいこと〉ではありません。自分が〈実現したいこと〉を考えます。	・大事な前提であるので，明確に伝える。
展開	③生徒会活動で，今年度「実現したいこと」を書く。 　・「水筒を持ってこれるようにしたい」 　・「いじめや嫌がらせをなくしたい」 　・「全校でのレクレーションを活発にしたい」 ④説明 　「選挙で選ばれた役員はまず，自分の公約・抱負と，他の役員の公約・抱負を調整します。こうして，まず，役員会の活動方針案を作成します。これをみんなも体験してみます」 ⑤班を役員会だと考え，班の中で活動内容を作成する。重要度の高いものから，1位〜5位をつける。 ⑥クラスの中で活動方針を決める。 　・班の中で決まった活動内容三つを理由をつけて発表する。 　・発表の理由をきいたうえで，クラスとしての順位をつける。 　・重要だと思うものに2回手を挙げる。 ⑦学年の中で「役員としてふさわしい」人を，考えさせる。 ⑧自分たちの願いを実現するために，自分が負うべき役割を考えさせる。 　・「自分は，週番委員長として活動したい」	・個人でまず書く。 ・一人，三つは考える。 ・役員会の活動を理解させる。 ・グループ作業で行う。 ・多数決では決めない。 ・討論はしない。 ・結果はすべての立候補者へ渡す。（※下記参照） ・個人で書くだけにとどめる。

※クラスでまとまった「願い」（活動内容）は，すべてのクラスのものをまとめて立候補者に渡す。立候補者は，それを参考にして自分の公約・抱負づくりをしていく。
・具体的な選挙運動を，協働の活動として組んでいくことにつなげる。

単元指導の実際

❶ 実践の記録と成果

　２次の活動は，生徒会選挙の受付期間中に行いました。生徒の中に，立候補を考える生徒，だれかを推そうとする動きなどが見られるようになりました。最終的には，２年生の４クラスだけで，10名の生徒が立候補をしました。

全員参加の選挙活動

　立候補者が揃った段階で，応援運動を組織しました。クラスにかかわらず，自分が応援したい候補者の運動を共に行う形です（ただし，だれかの応援運動に必ず加わるという規制は設けました）。１時間だけ作戦タイムを設け，どんな活動ができるかいくつか事例を紹介しました。

　分担して，ポスターを作る生徒，たすきを作る生徒，応援演説をする生徒，ビラを刷ったり配ったりする生徒，演出を考える生徒など，放課後や登校時の活動にもかかわらずほとんどの生徒が，候補者のために熱心に活動しました。

　９月の残暑が厳しい時期だったので，表面に候補者の名前，裏面に公約・抱負をいれた「うちわ」を配るグループなどがいて，とても楽しい選挙運動になりました。

　生徒も達成感があったようで，選挙運動後の振り返り用紙には，次のような言葉が多くありました。

・初めて，○○さんを当選させたいと思った。
・初めてこんなふうに選挙運動を体験してみて，選挙って，一生懸命応援したりすると，楽しいものなんだ!!　と思えた。がんばってポスター係をやれて，よかったです。いまだに力作で捨てられない。
・今回の選挙運動は，一人の人をみんなで支えて応援するのでみんな一体となってがんばったと思う。それに応援していた人が当選したときはその人だけでなくみんなで喜べた。
・みんなが選挙に参加していて，すごくいいふんいきだった。自分達だけで考えて，いろいろできたから，参加して楽しかった。

立候補者の変化

 大きく変わったと思うのが、立候補者の公約・抱負が具体的になってきたことです。「いじめや嫌がらせをなくすための活動」「水筒を持ってこられるようにすること」「ルールを守る活動の活性化」「レクリエーション活動の活性化」など、抽象的でない項目を訴えるようになりました。

 選挙後の実際の活動でも、「レクリエーション委員会の設置」「全校でのベル着運動」「美化デーとして校外美化活動を行う」「いじめ撲滅宣言の全校採択」など、わずか半年で、具体的な活動を生徒会主催で行うことができています。

 なによりも、こうした「社会のため、他者のための活動」に多くの生徒が参加できるようになったことが大きな成果だと思います。

❷ 課題

 これらの成果は、本単元（ユニット）のみで達成できたものではありません。学年として一致した、自立や自律をめざすさまざまな活動の複合的成果です。クラスだけでなく、一致して学年で取り組むことが成果をあげています。授業はその下地づくりです。

 学年としては、「今日は何をするの？」「何時までかかる？」などと聞く生徒がいなくなり、生徒の手で企画・運営をすすめていく状態になっています。

ルールも自分たちの手で

 生徒会選挙でこの実践を行うのは効果も大きいですが、校内の波紋も大きくなることがあります。生徒のアイデアは、ときとして教師の予想を超えるので、どこまでの活動を学校として許可するかはむずかしい問題となることがあります。

 理想としては、問題が出たときにきちんと生徒に返し、自分たちでルールを作らせていくことです。

学年を越えたサイクルを

 うまくすすんだときには、先輩の姿を見ている1年生はさらに成長します。次年度、生徒会選挙に立候補できない3年生が後輩の応援をする体制ができると、学校として心が育つ状態がうまくできてきます。学級・学年の温度差を調節し、学校としてすすめていく体制がとれることが望まれます。

リーダーに必要な能力ランキング

1位 □

2位 □ □

3位 □ □ □

4位 □ □ □ □

※一つの枠に一つの項目を入れることを原則としますが、どうしても分けられない場合には、一つの枠にいくつかのものを入れても結構です。

仕事の能力表

1	組織行動力	仕事に必要な組織として行動する能力
2	礼儀・マナー・規律性	社会人として必要な礼儀マナー
3	実行力・決断力	実際にどれだけ行動できるか
4	責任感・使命感	自分がやらなければという思い
5	自制力・緻密さ	地道に根気強くねばり強く取組む力
6	計画力・段取り力	計画をきちんとつめていく力
7	創造力	新しく独自なことを発想する能力
8	課題発見解決能力	問題を見つけ解決していく能力
9	学習力・向上心	新しいことを学ぶ能力と意欲
10	伝達力	必要なことを正確に表す能力
11	表現力	興味をひくようにうまく表現する力
12	説明力・要約力	かみくだいてわかりやすく説明する力
13	パブリック パフォーマンス能力	人前で物怖じせず発表する能力
14	牽引力	声を出し、他人に影響を与える力
15	ケア能力	他人を癒やし励ます能力
16	協調性	他人とうまく行動していこうとする態度
17	主張能力・交渉力	自他ともに気持ちよく、自分の気持ちを伝える能力

自己主張

アサーショントレーニングによる自分も相手も大切にする表現

中学校1年生　　学活　　5時間

高橋百合子

諸富祥彦が語る
この実践　ここがポイント！

■表現力に乏しく排他的な子どもたち■

　最近の中学生の人間関係を見ていると，排他的な傾向が強いと感じます。少人数のグループの中でだれかを排除することによって結束を高める一方で，いつ自分がその対象になるのかわからずにおびえる。そのため周囲に同調せざるを得ないというピアプレッシャーに苦しんでいます。

　多くの子どもたちの最大の悩みは人間関係にあります。言いたいことも言えずにストレスをため込むか，ついに爆発して他人を傷つけてしまうかという，耐えるかキレるかの狭間でゆれているのです。

　これを打開するためには，自分も相手も大切にするコミュニケーションスキルを身につけることです。自分の気持ちを上手に伝えられるようになることは，ピアプレッシャーに悩む中学生には必須のトレーニングです。

■自分も相手も大切にする■

　アサーショントレーニングの発想をベースに，耐えるでもなくキレるでもなく，自分も相手も大事にして，言うべきことをきちんと言う姿勢をアサーティブな自己表現と言います。

　高橋先生の実践ではアサーショントレーニングの手法をベースに，感情の表現方法をロールプレイを通して学んでいます。

　まず，自分がふだんどんな話し方をしているのか，これに気づかせることから始まり，どのようにしたら言いたいことを表現できるのか，段階を追って一歩一歩進めていきます。

　こうした実践を行うには，生徒全員が安心して受け入れられる雰囲気づくりや，セルフエスティームの低い生徒も抵抗なく参加できるような細かな配慮が大切です。それについても，この実践から学んでほしいと思います。

単元全体の計画

1年生 / 学活 / 5時間

友だちと楽しい会話をしよう

高橋百合子
千葉県多古町立多古中学校

❶ 単元（ユニット）設定の理由

　中学生の会話は，「うざってえ」「やばい」「○○じゃん」など，自分の気持ちや考えをきちんと伝えるには言葉足らずで，会話にならない単語の羅列に終始しています。友だちとの会話ができず，集団の輪の中に入ることもできず，ごく小さなグループの中で居場所づくりに苦労している生徒が増えているのも現実です。また，一方的に自分の考えを言い，友だちの話をまったく聞いていない生徒も増えています。こうした，コミュニケーション能力が不足している生徒に，友だちとの良好な関係を築いていく方法を身につけさせることが必要だと考えました。

　相手の気持ちを損なわずに，自分の気持ちを伝える方法を練習してスキルとして身につけることで，人間関係をよりよく築けることを体験させたいと思ったのです。

❷ 単元（ユニット）の目標

- 「わたしメッセージ」を通し，他者とのかかわりを円滑にする体験ができる。
- セルフエスティームを高め，人間関係をスムーズにする。

❸ こころを育てる仕掛け

　「さわやかな自己表現」すなわちアサーショントレーニングの考え方と方法を基礎に，相手のことを大切に考えながら，自分の内面にある感情を，素直に表現することをロールプレイで練習します。

❹ 指導上の工夫

　「友だちと楽しい会話をしよう」の事例では，ロールプレイの場や状況は，日常場面で起こりうることを設定したい。また，相手の気持ちを大切にしつつ，自分の気持ちを伝える「わたしメッセージ」の話し方を取り入れ活動が進むように工夫したい。

❺ 単元（ユニット）の指導計画　全5時間

1次	グループエンカウンター 　　みんな輪になろう！	1時間（学級の時間）
2次	自分を知ろう 　　もじもじ・ズケズケ・さわやか　あなたはどのタイプ？	1時間（学級の時間）
3次	さわやかな話し方 　　さわやかコミュニケーション	1時間（学級の時間）
4次	表情を豊かに 　　視線・表情・しぐさ・声でこんにちは！	1時間（学級の時間）
5次	さわやかな自己表現 　　つくろう友だちとの心地よい関係を	1時間（学級の時間）

■ 1，4，5次について

　本単元は，第1次〜第5次の5時間構成です。本稿では，2・3次の展開を指導案として次ページ以降に掲載します。指導案のない時間については，以下に簡単な内容を記します。

1次：「みんな輪になろう！」
　今後の活動に向けての人間関係をよりよくするため，学級がなごやかな雰囲気の中で，エクササイズを行う。

4次：「視線・表情・しぐさ・声で　こんにちは！」
　ここでは，非言語的表現に留意し自分の気持ちを相手に伝えることをねらいとする。2人組になり①視線・②表情やしぐさ・③声の大きさなどを変えながらロールプレイを行い，やった感想を話し合う。

5次：「つくろう　友だちとの心地よい関係を」
　「わたしメッセージ」で粘り強く自己表現し，友達との心地よい関係をつくることをねらいとする。5〜6人のグループをつくり，視線・表情・声の大きさなどに意識を向けながら，事例にそって「わたしメッセージ」でロールプレイを行い，感想を話し合う。

指導案① 　1時間目　2次

もじもじ・ズケズケ・さわやか
あなたはどのタイプ？

●教師の思いと授業のねらい，そのねらいを設定した理由

　相手のことを考えない発言があるいっぽう，言いたいことはあっても言えないで悩んでいる生徒が少なくありませんでした。私は，自分の話し方が相手にどう受け止められているかを実感させたいという思いがあり，次のようなねらいを設定しました。

- 学校生活の中で起こるできごとをロールプレイで演じることを通して，自分の言葉づかいが，攻撃的（ズケズケ）・非主張的（もじもじ）・アサーティブ（さわやか）のどのタイプかを知る。

●資料（教具・教材を含む）

- 事例（学級の人間関係の場面を，事例として作成）
- 生徒用ワークシート……144ページ　　・振り返り用紙

●授業の工夫

- ロールプレイの事例は，学級の実態に応じて作成する。

●授業の評価の観点

- ロールプレイを通して，自分の話し方がどのタイプの話し方だったのかに気づく。

●授業の様子や生徒たちの声

　生徒は，いつになく表情が明るく，友だちと積極的に攻撃的（ズケズケ）・非主張的（もじもじ）タイプの話し方を体験しました。感想には，「自分の話し方のタイプを考えると，友だちのことを考えていなかった」「やってみて，言われる側のことがわかる」「自分が体験してみて初めてわかることだと思う」などがあり，体験することで，自分の話し方が相手に不快感を与えていたかに気づいたことがわかります。

●引用・参考文献

- 園田雅代・中釜洋子「３つの話し方」，『子どものためのアサーショングループワーク』日本・精神技術研究所発行

	学習活動と生徒の様子	ポイントと留意点
導入	（1）ウォーミングアップをする。 　・グルーピングゲーム 　「動物の足の数で，グループをつくろう」	・学級内の雰囲気づくりに心がける。
展開	（2）本時のねらいを簡単に説明する。 　「自分の話し方に注目してロールプレイをするよ。さて，どんな話し方になるかな？」 　・車座にすわり，生徒の気持ちを高める。 （3）事例から，3つの話し方タイプを知る。 　┌─────────────────────────┐ 　│事例A：1年生が部活動の後かたづけを行うことになっ│ 　│　　　ています。しかし，Y君はやらずに遊んでいま│ 　│　　　す。さて，あなたならどう言いますか？　　　│ 　└─────────────────────────┘ 　①自分ならどう言うかを，シートに記入する。 　②それぞれ，どのように言うか発表する。 　・「ちょっと！何やってるのよ！」 　・「あの〜，え〜と〜，その〜」 　・「私困っているの。後かたづけ一緒にやろうよ。」 　③ペアを組んで，それぞれの言い方で言い合う。 　④2〜3のグループが，前に出てロールプレイをする。 　⑤言われた側はどんな気持ちだったか，感じたことを発表する。 　・「何を言いたいのかわからない。イライラする。」 　・「言われて，頭にきた。」 　・「悪いかな？それなら手伝おうかなと思った。」 　⑥どの言い方が心に響いたかを振り返る。 　⑦心に響くさわやかな言い方・アサーションについて説明を聞く。 　　「アサーションは，自分のことをはっきり言いながらも，相手を傷つけない言い方です」 　⑧心に響くさわやかな言い方を練習する。	・自由に活動できるように，広い教室で行う。 ・事例は状況を把握できるように，模造紙に記入して掲示する ・同性同士2人ずつのペアをつくる。 ・生徒の記入内容から3タイプに分ける。 ・生徒がロールプレイを行う前に，それぞれのタイプを教師がモデルとして示す。 ・自分のことをはっきり言いながらも，相手を傷つけない言い方があることに注目させる。
まとめ	（4）本時の感想を振り返り用紙に記入し，発表する。 　・「自分の言い方が，友だちを傷つけていたかも…。」 　・「言い方にもいろいろあるんだ。」 　・「心に響く言い方が，あるんだ。」	・振り返り用紙に記入させる。

指導案② ｜ 1時間目 ｜ 3次

さわやかコミュニケーション

●**教師の思いと授業のねらい，そのねらいを設定した理由**

　生徒の学校生活の悩みは，人間関係であるといいます。この悩みは，ちょっとした言葉の行き違いから生まれることが多いのです。相手を傷つけず自分の言いたいことも話せる話し方を，生徒に伝えたいとの思いから次のようなねらいを設定しました。

- 自分の言いたいことが言え，相手を傷つけない言い方はないか考える。ロールプレイを通して，「わたしメッセージ」で話をすることで，互いにさわやかなかかわりができることをアドバイスする。

●**資料（教具・教材を含む）**
- 事例（学級の人間関係の場面を，事例として作成）
- 生徒用ワークシート……144ページ
- 振り返り用紙

●**授業の工夫**
- 「わたしメッセージ」を具体的に提示し，繰り返しロールプレイで行う。2人組のロールプレイを繰り返し行い，さわやかなコミュニケーションができるようにする。

●**授業の評価の観点**
- ロールプレイを通して，自分も相手も大切にしながら話すよう心がけたか。

●**授業の様子や子どもたちの声**
- 生徒は，「わたしメッセージ」で話をしようと，真剣に友だちとロールプレイを行っていました。感想には，「自分の話は友だちを傷つけていた」「わたしは〜だと思う。それは〜だからというのは具体的でわかりやすい言い方」「わたしメッセージで言えるようにがんばった」などがあり，自分の話し方を改め，自分も相手も大切にする言い方で話しをしようとしていたことがわかります。

●**引用・参考文献**
- 園田雅代・中釜洋子『子どものためのアサーショングループワーク』日本・精神技術研究所発行

	学習活動と生徒の様子	ポイントと留意点
導入	（1）ウォーミングアップをする。 　・カラーで集まれ！ 　・みんなで拍手 （2）本時のねらいを説明する。 「今日は，心地よいコミュニケーションをとるための話し方をみんなで考えてみよう！」	・自己表現しやすい雰囲気づくりに配慮して，ミニゲームを行う。 ・リラックスした雰囲気の中で，ねらいを確認する。
展開	（3）事例から，心地よいコミュニケーションをとるための話し方を考える。 　事例B：Xさんは給食委員です。給食委員は昼休みに配膳室で後かたづけをすることになっています。しかし，Xさんはよくさぼります。私は，いい加減イライラしています。 ①シートに記入後，発表者の発言を3つのパターンに分ける。 　「あなたならどう言いますか？」 　・「ねえ～。忙しいならいいけど～。でも～。」 　・「いい加減自分の係くらい覚えておいてよ！　私だっていろいろやりたいことあるんだから」 　・「後かたづけは給食委員の仕事，みんな分担でやっているのわかっているよね…。」 ②ペアを組み，それぞれの言い方でロールプレイを行う。 ③どの言い方が心に響いたか振り返る。 ④「わたしメッセージ」で，ロールプレイを行う。 ⑤2～3のグループが前に出て，ロールプレイを行う。 ⑥心に響くさわやかな言い方を練習する。	・事例の状況が把握できるように，模造紙などに記し，黒板に提示しておく。 ・同性同士2人ずつのペアをつくる。 ・どんな言い方があるか考えさせる。 ・生徒がロールプレイを行う前に，それぞれのタイプを教師がモデルとして示す。 ・「わたしメッセージ」の言い方を繰り返し練習させる。
まとめ	（4）本時の感想を発表する。 　・「わたしメッセージは役に立つ。使ってみようと思う。」 　・「友達がイヤだなと思う言い方をしていたかも」 　・「友達のこと，もっと大切にしたい」	・本時で気づいたことを発表させ，学級全体でシェアリングする。

単元指導の実際

❶ 実践の記録と成果

　ロールプレイによる活動を重視した実践のため，生徒の中には当初とまどいがありました。しかし，5時間の単元構成を，言語的表現→非言語的表現→言語的表現という段階を追って展開することにより，次第に自己開示できるようになり，自分のことや友だちのことを考えるようになりました。

　授業後，ある生徒から「こんな言い方で言えばいいのかな？」という問いかけがありました。また，「友だち関係で今悩んでいます。それは，友だちが一人でいるときに，どうしたら声をかけられるか…。わたしメッセージでやってみようと思いました」という言葉も聞かれました。

攻撃的な生徒の変化

　生徒は今までの自分自身の言動に，さまざまな気づきや振り返りを行うようになりました。特に，攻撃的な話し方をしていた男子に見られる変化として，「友だちを傷つける言葉を平気で使っていたんだ」という気づきがありました。このような気づきから，次第に非言語的表現にも意識が向くようになり，「自分がどのような話し方をすればよいのか，友だちにわかってもらえるように表情や態度にまで注意する必要があることに気がついた」「相手の顔を見て話すことで，自分の気持ちが伝わると思った」と，攻撃的な生徒の意識が変化しました。

非主張的な生徒の変化

　さらに，最大の成果は，非主張的な生徒の変化だと言えます。自分の気持ちをうまく伝えることができず黙ってしまう生徒や，「イヤだ」と思っても自分の気持ちを言うことができず，友だちにあわせてしまう。また，学級の中では人間関係で悩みが多く配慮しなくてはならない生徒たちでした。

　特に，A子は友人とのかかわりがつくれず，自分の気持ちを伝えることにためらいを持っている生徒でした。授業実践の前後で意識変容を分析すると，どの領域でも事後ののびが事前を上回っています。日常生活の中でも，自分に自信をもつようになり，5時間展開（約2か月）の間に意識変容だけでなく，実践化への変化も徐々に見られるようになりました。そして，「断り方がわかった。わたしメッセージの話し方を学習したので，それを

生かしてやってみようと思う」と，前向きに実践に役立てようとする意欲につながったようです。

A子のカテゴリー平均値

項　目	事　前	事　後	差
考えの伝達	2.8	3.8	+1.0
頼　　む	3.2	4.2	+1.0
感情の伝達	3.2	4.0	+0.8
断　　る	3.6	4.4	+0.8

❷ 課題

他人の視線を気にしがちな中学生が，自分の感情や考えを安心して表現できる場づくりに十分に考慮する必要があります。まず，学級の素地として，クラスの友だちを受け入れる集団であることが前提となります。また，自尊感情（セルフエスティーム）の低い生徒には，2人組をつくる際，親しい友人とグルーピングするなどの工夫をする必要があります。

このような前提のうえで，読者が授業の追試をする際には，以下の点を改善して計画的に実践するとよいでしょう。

①ロールプレイは繰り返し行う

　アサーションは，繰り返し行うことで徐々に身についてくるものです。

②学級の実態に合う事例を用意する

　取扱う事例・内容は，深刻な葛藤場面を含むことのないよう配慮することが必要です。

❸ 引用・参考文献

- 相川充・津村俊充『社会的スキルと対人関係』誠信書房
- 園田雅代・中釜洋子『子どものためのアサーショングループワーク』日本・精神技術研究所発行
- 小林正幸・相川充『ソーシャルスキル教育で子どもが変わる　小学校』図書文化

ワークシート①

あなたはどのタイプ？
もじもじ・ズケズケ・さわやか

（　）組（　）番・氏名（　　　　　　）

事例A：テニス部では、1年生か部活動の後かたづけを行うことになっています。しかし、Y君はやらずに遊んでいます。さて、あなたはどういいますか？

●あなたなら、どういいますか？

●3つの話し方タイプを知ろう。

もじもじ
ねえ〜、あの〜、ちょっと〜できなければいいんだけど……
→言われてどんな気持ち？

ズケズケ
何やっているのよ！ 少しは手伝ったっていいじゃないの！
→言われてどんな気持ち？

さわやか
Y君に後かたづけをやってほしいんだ。手伝ってくれるとたすかるよ
→言われてどんな気持ち？

●授業の感想を書いてみよう

ワークシート②

さわやかな話し方
さわやかコミュニケーション

（　）組（　）番・氏名（　　　　　　）

◎わたしメッセージ（さわやかタイプの自己表現）
「私は〜と感じる」・「私は〜だと思う」・「私は〜だと考える」・「私は〜おこっている」というように、自分がどんな感じ・感情をもっているかのメッセージ。

◎あなたメッセージ（もじもじ・ズケズケタイプの自己表現）
「あなたは〜だ」・「あなたが悪いのよ」というように、相手に中心をあてた言い方。

事例B：Xさんは給食委員です。昼休みに配膳室に配膳台の後かたづけをすることになっています。しかし、Xさんはよくさぼります。私はいい加減いらいらしています。

●あなたならどう頼みますか？

●「わたしメッセージ」で頼んでみよう。

[ロールプレイシナリオ]

A（さわやかタイプ）
私：昼休みにやることはあると思うけど先に係の仕事をやってからにしてほしいな。
友：
私：私は、あなたの係の仕事をやってほしいんだ。だってあなたに頼むことになるんだもん。
友：

NA（もじもじタイプ）
私：ねえ〜いいかな〜あのさ〜
友：
私：あのさぁ…昼休みの当番あなたなんだっけ？
友：

ズケズケ（攻撃的）
私：何やってんだよ！ 当番の仕事くらいやれよ！
友：
私：俺だって昼休みくらい遊びたいんだよ！
友：

●今日の感想を書いてみよう。

自己主張

自己理解から始めて日常に生かせるアサーショントレーニング

中学校1〜2年生　　学活　　3時間

植草伸之

諸富祥彦が語る
この実践　ここがポイント！

■自己主張できる子・できない子■

　ひとつのクラスのなかには，我が強く自分の意見を強硬に押し通そうとする生徒と，自分の意見をあまり主張できない生徒，ふたつのタイプが混在しています。それぞれのタイプに「相手の気持ちを考えなさい」とか「自分の意見はちゃんと言いなさい」と表面的な指導をしても，根本的な解決にはなりません。

　また，自己主張の弱い生徒は，本来言うべき意見だとわかっているのにそれを言えないという抑圧的な人間関係の中で苦しんでいるのです。

■効果的なレーニングの組み立て■

　植草先生は，「生徒たちの人間関係の根底には，お互いが相手の個性や気持ちを十分理解せず表面的な関係しか築いていない事実がある」と考えました。そこで，今回のようなアサーショントレーニングの実践を試みたのです。

　植草先生のうまいところは，いきなりアサーショントレーニングそのものをもってくるのではなく，エクササイズを簡単なものから段階的にうまく配列しているところです。まずはじめは自分自身の行動を振り返り，その特徴や傾向を理解させると同時に友達との共通点・相違点を把握します。

　お互いの違いを知ったうえで，相手に配慮した気持ちのいい会話について，簡単なロールプレイを織り交ぜながら考えさせます。

　最終段階では，ロールプレイで自分の意見や気持ちの伝え方をトレーニングしています。とくに，中学生が遭遇しがちで，また悩んでしまうような場面を上手に取り込んでいます。

　このように自己理解→他者理解→自己主張という流れが自然です。また，ロールプレイの場面設定をよく練ることで，必要最小限の時間で効果をあげることに成功しています。

| 単元全体の計画 | 1～2年生 | 学活 | 3時間 |

自分の気持ちを伝えられる生徒を育てる

植草伸之
千葉市立葛城中学校

❶ 単元（ユニット）設定の理由

　学級には，おとなしく自己主張できない生徒がいます。反対に自己主張が強く，どんなときでも自分の気持ちを通そうとする，押しの強い生徒もいます。学級では両者が入り交じって生活しています。

　ある日の給食時間，押しの強い男子生徒は「プリンちょうだい，いいよね」と，おとなしい女子生徒に一方的に話しかけてきました。女子生徒は困ったようにも見えましたが，結局「うん」と小さくうなずきました。そして次の瞬間，男子生徒は「ありがとう」と言ってプリンを持っていきました。

　次の日，その男子生徒はおとなしい男子生徒に「牛乳ちょうだい，いいだろー」と話しかけました。おとなしい男子生徒は精一杯の声で「ダメ」と断りました。すると「じゃーいいよ」と怒るようにあきらめて行ってしまいました。

　さて，何が問題なのでしょうか？　押しの強い生徒は「イヤ」と言えば無理強いはしないと答えます。おとなしい生徒は「何となくあの生徒には断れない」と答えます。

　つまり，互いがそれぞれの特性や相手の気持ちを理解し合わない，表面上だけの関係がそこにはあります。

　こんな状況のとき，おとなしい生徒に「自分の気持ちははっきり伝えなさい」，押しの強い生徒に「相手が嫌がっているのがわからないの」と指導しただけでは，本質的な問題の解決には至りません。そこで，互いの特性や個性を理解し，気持ちをうまく伝え合うためのプログラムを設定しました。

❷ 単元（ユニット）の目標
- 自己の行動の特徴を知り，他者との違いに気づく。
- 互いにとって気持ちのよい会話について考える。
- 自己主張の訓練を通して自分の気持ちを表現できる。

❸ こころを育てる仕掛け

- 互いを理解する手法として構成的グループエンカウンターの手法を使う。
- エンカウンターのエクササイズは，①自己理解・他者理解→②自己主張（ロールプレイを生かす）の順番に展開するよう計画を組み立てる。

❹ 指導上の工夫

- 自己主張のエクササイズでは，ロールプレイの手法を取り入れる。

❺ 単元（ユニット）の指導計画　全3時間

1次	自分を知る「こんなとき，私は…」	10の場面について，自分がどんな行動や態度をするか考えさせる（「ほめられたとき」「からかわれたとき」など）グループ発表などの後，仲間の意見を参考に，こうありたい自分を書かせる。	1時間（学活）
2次	どの会話が楽しい？「ねぇ，聞いて」	いろいろな会話から，気持ちの違いを考えさせ，自分や相手にとってどの会話がよいか考えさせる。	1時間（学活）
3次	自己主張へ「こんなとき，私はこう言う」	具体的な場面での対応をロールプレイの手法を使い，自分の言葉で仲間に伝えさせる。	1時間（学活）

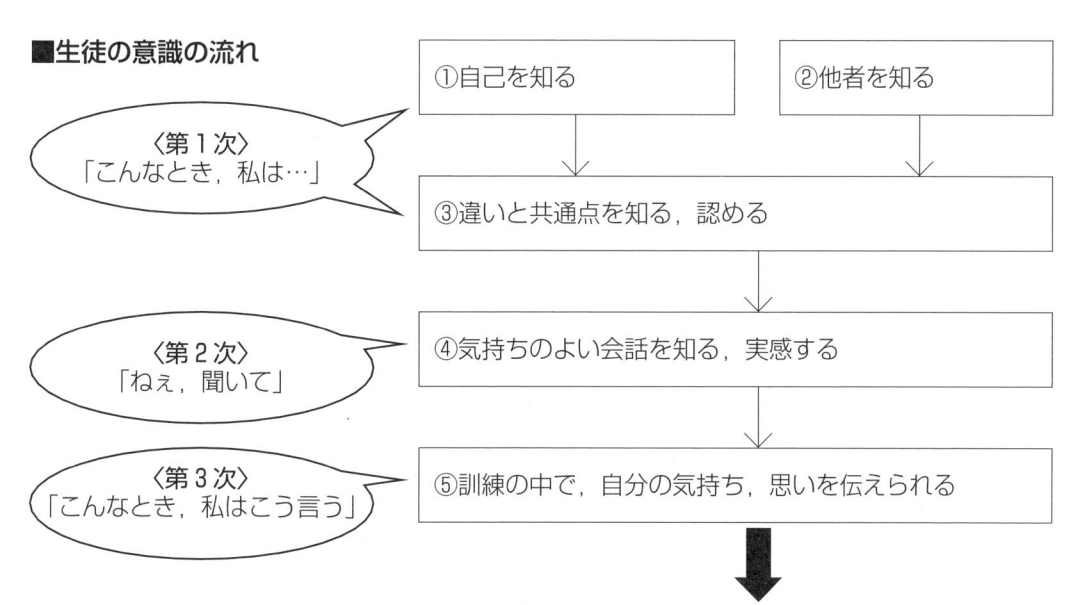

■ 生徒の意識の流れ

〈第1次〉「こんなとき，私は…」
　①自己を知る　　②他者を知る
　→③違いと共通点を知る，認める

〈第2次〉「ねぇ，聞いて」
　④気持ちのよい会話を知る，実感する

〈第3次〉「こんなとき，私はこう言う」
　⑤訓練の中で，自分の気持ち，思いを伝えられる

↓

互いの特性や個性を考えながら気持ちを伝えられる関係へ

指導案① 1時間目 2次

ねえ，聞いて

●**教師の思いと授業のねらい，そのねらいを設定した理由**
　子どもたちは，ふだんの何気ない会話の中で，相手にどんな思いをさせているかということを，あまり意識していないようでした。しかし，何気なく発する一言が，相手を喜ばせたり傷つけたりしています。そこで，どんな気持ちで話すと相手が楽しいか，あるいは嫌な気持ちになるかということについて，「遠足前日」の場面を設定し，3パターンの会話（①否定的，②共感的，③無関心）を演じながら考えました。

●**資料（教具・教材を含む）**
- ワークシート……154ページ

●**授業の工夫**
- 簡単なロールプレイの手法を取り入れて行う。

●**授業の評価の観点**
- 気持ちのよい会話はどのような会話か気づくことができたか。

●**授業の様子や生徒たちの声**
　会話のよいところ，悪いところを考える場面で（次ページ⑥⑦参照），生徒たちは，圧倒的にB2の会話が「弾んでいる，楽しそう」ととらえました。また，B1は「相手を傷つける」「意地悪」，B3は「会話になっていない」「いい加減」と評価をしました。この評価は当然であり，日常生活のなかで会話をしたり，観衆から見ていた実体験から出てきたものでした。

　最後の振り返りでは，「これから会話には気をつけよう」とか「意外と冷たくしているかもしれない」等，自分への反省が多数見られました。もちろんこのエクササイズだけで，全ての生徒が相手を完全に受け入れる会話ができたわけではありません。しかし，どの会話が会話として成り立っているか，実体験として感じてくれました。

●**引用・参考文献**
- 金光律子・小室桃子「第1章　コミュニケーション」，安達昇ほか編『みんなとの人間関係を豊かにする教材55』小学館
- 植草伸之「『イヤだ』と言える子を育てる」，諸富祥彦ほか編著『エンカウンターこんなときこうする！中学校編』図書文化

	学習活動と生徒の様子	ポイントと留意点
導入	①本時のエクササイズのねらいを簡単に説明する。 「今日は，会話の中でどのような会話が楽しそうか考えてみましょう」	・一斉で行う。
展開	②ワークシートを配布する。 ③6人程度のグループづくりを行う。 ④役割を決める。 「役割は，遠足に行くことを楽しみにしているA役（話し手）とそれについて答える3人（B1＝否定的，B2＝肯定的，B3＝無関心）の4つです。他の2人は聴衆役として話を聞いていてください。互いに役割を交代して演じてください」 ┌─ シナリオの一部 ──────────────────┐ │　A　役＝「明日は遠足だね…うれしいね」　　　　　　　│ │　B1役＝「そんなにうれしいの…」　　　　〈否　定〉　│ │　B2役＝「うんうれしいね…」　　　　　　〈肯　定〉　│ │　B3役＝「まぁね…」　　　　　　　　　　〈無関心〉　│ └────────────────────────────┘ 「会話をするときは，言葉の意味を考えて，手振り，身振り，表情をつけながら行ってください。また，シナリオの言葉以外に加えてもかまいません。では始めてみましょう」 「時間は全体で20分です」 ⑤時間で終了させ，それぞれの役を演じてみての感想と聴衆として聞いてみての感想をワークシートに記入する。 ⑥それぞれの会話のやりとりの中で「楽しそうな会話」と「嫌な感じの会話」はそれぞれBの何番か決め，その理由も考える。 ⑦グループでそれぞれの会話のよいところや問題点を話し合い発表する。 ⑧活動の振り返りをワークシートに記入する。	・くじ等でグループをつくり，男女混合6名程度のグループをつくるのがベスト。 ・シナリオは別に印刷しておく，また，拡大コピーを黒板に貼り付けてもよい。 ・必ず役割を交代させながら，全員が演技に参加できるようにする。 ・座席を一斉授業の隊形に戻す。振り返りは静かな雰囲気で行う。
まとめ	⑨今日の授業で感じたこと，気づいたことなど振り返りを発表する。 ⑩生徒の発言を振り返り，教師が授業全体の感想を話す。	・自由に発表させる。 ・エクササイズの意義を再確認する。

指導案②　1時間目　3次

こんなとき，私はこう言う

● 教師の思いと授業のねらい，そのねらいを設定した理由

　子どもたちの仲間関係を見てみると，「言いたいけれど言えない」「自分の気持ちとは反対のことを言ってしまう」など，仲間との微妙な力関係のなかで自己主張のできない子どもがいることが目につきました。そこで，「言いたいことを言ってみる」「自分の気持ちに正直に答える」という訓練を行いました。

● 資料（教具・教材を含む）
- ワークシート……154ページ

● 授業の工夫
- ロールプレイの手法を取り入れ，役割を交代しながら自己主張の訓練を行う。

● 授業の評価の観点
- 役割に応じて自己の気持ちを表現できたか。

● 授業の様子や生徒たちの声

　「仲間はずれの友人を前にして」（場面2），二人はいじめる側，一人は仲間はずれでいじめられる側，そして自分という設定です。いじめる側が二人のため，心理的に微妙な差が見られました。例えば，ロールプレイでは「いじめはやめろよ」と言っていても，振り返りでは「相手は二人いるので言いづらかった」とか「実際の場面で言えるか不安」とか「言うのは簡単だけど……」等の感想が出てきました。

　ただ，いじめられ役，いじめ役での振り返りでは，「いい気分がしなかった」「本当に嫌な気持ちになった」「苦しかった」「早く助けてという感じ」「助けられると何となくうれしかった」等，やはりそれぞれの立場の気持ちを感じとったようです。

● 引用・参考文献
- 植草伸之「『イヤだ』と言える子を育てる」，諸富祥彦ほか編著『エンカウンターこんなときこうする！　中学校編』図書文化

	学習活動と生徒の様子	ポイントと留意点
導入	①本時のエクササイズのねらいを簡単に説明する。 「今日は，２つの場面の中でどのような言動をすればよいかみんなで考えてみましょう」	・一斉で行う。
展開	②ワークシートを配布する。 ③６人程度のグループをつくる。 ④グループごとに場面１，場面２について考える。 【場面１】友達に貸したＣＤを今すぐ返してもらいたい。 　・時間は15分 　第一段階　いつもの自分の言い方で言ってみる。 　第二段階　相手を傷つけないようにＣＤを返してもらう言い方をグループで考えを言ってみる。 　第三段階　２人組で役割を決め，練習してみる。 　・実際に言ってみてどんな気持ちがしたかワークシートに記入する。 【場面２】４人グループでいつも遊んでいた，でも最近Ａさんが仲間はずれにされ，いじめられている。 　　　　　Ａさんへのいじめをやめるように，みんなにどのように伝えればよいか。 　〈役割〉Ａ＝いじめられ，Ｂ＝いじめリーダー 　　　　　Ｃ＝いじめサブリーダー，Ｄ＝自分 　・時間は20分 　第一段階　いつもの自分の言い方で言ってみる。 　第二段階　グループで相談して，どう言えばよいか考えて言ってみる。 　第三段階　役割を交代して言ってみる。 　・実際に言ってみてどんな気持ちがしたかワークシートに記入する。 ⑤場面２について，いくつかのグループが演技発表を行う。	・くじ等でグループをつくり，男女混合の６名程度グループをつくるのがベスト。 ・場面やシナリオは別に印刷しておく。また，拡大コピーを黒板に貼り付けてもよい。 ・演技は身振りや手振り，顔の表情も含めて行うことを指示する。 ・特にいじめられるタイプの子どもが，いじめられ役にならないように，日ごろのイメージと違う役を演じるように子どもたちの中を見て回りしながら指示していく。 ・机を一斉授業の隊形に戻す。
まとめ	⑥今日の授業で感じたこと，気づいたことなど振り返りを発表する。 ⑦生徒の発言を振り返り，教師が授業全体の感想を話す。	・自由に発表させる。 ・エクササイズの意義を再確認する。

単元指導の実際

❶ 実践の記録と成果

はっきり言うことが大切

　最後に実施したエクササイズ「こんなとき，私はこう言う」での「CDを返して」の設定（場面1）では，多くの生徒がはっきりと「早く返して」をうまく伝えられました。中には，借りる役が「嫌だ」とか「なくした」とか，なかなか「返す」と言わないため，「返さないと親に言うよ」「返せないなら弁償して」などと具体的に訴えることで，「じゃー返すよ」と言わせる場面もありました。

　振り返りでは，「はっきり伝えることが大切」「自分は悪くないのだから自信をもって言う」等が出されました。

本当に言えるかが課題

　「仲間はずれの友人を前にして」（場面2）での振り返りでは，「本当に言えるか」が課題となりました。いじめに関しては，それが子どもたちの本音です。「いじめが悪いのは，当然わかっている。でも……」です。

　しかし，多くの生徒は，「止める勇気」「自分が正しいと思ったことは伝えるべき」等，前向きにとらえられたようです。

教師や親には言えるのに

　毎日の生活の中で子どもたちは何気なく会話をしています。その中で教師や親には「……して」とか「……はできない」等，わがままや甘えの要求を訴えます。しかし，意外と仲間の中では自分を抑え，仲間に合わせており，本音の部分で会話が行われず，思っていることが言えないようです。結局，肝心なところで，「嫌われたくない」と感じ，自己主張を抑えてしまうのです。

自己主張の大切さ

　今回の実践を通して，互いに言わなくてはいけないことについては，「自分を抑えず，自己主張したほうが気持ちよかった」「はっきり言ったほうが相手のためになる」等，生徒たち自身の体験から振り返ることができました。また「実際の場面で言えるか」「いじめの場面では自信がない」等，葛藤や不安も見られました。この3回のエクササイズを通して，少しは自己主張の大切を感じてくれたのではないでしょうか。

給食での会話……雰囲気が変わった

　3回のエクササイズ後の給食時，押しの強い生徒が，おとなしい女子生徒に「ねえ，この焼き肉ちょうだい」と話しかけました。女子生徒は困ったような顔をしていましたが，すかさず周りの班員が「ダメだよダメ」と間髪入れずに応えました。押しの強い生徒は，「だったら自分で言えよ」と言い，あきらめましたが何となく罰が悪そうでした。

　「いや」と言えない生徒は，自分の口から「いや」と言えるまでには，まだ時間がかかりそうですが，確実に周りの仲間は，相手の個性に合わせて手助けすること，応援することを覚えたようです。

　「いや」と言えない子も，周りの仲間に支えられながら，いつか「いやなものはいや」と言えるようになるはずです。また，押しの強い生徒も相手の個性に合わせて言葉を使えるように成長するはずです。

❷ 課題

　本実践は，学級内に自己主張の差が見られたことから試みたものです。しかし，どんな学級でもおとなしい生徒，押しの強い生徒はいます。つまり学級の状況に関係なく，取り組むことが効果的です。

　また，自己主張のエクササイズは，ある程度，他のエクササイズ（自己理解，他者理解）を経験してから行うことが必要だと思います。

　授業はあくまでも「きっかけ」です。この授業を通して，相手の気持ちを考えた「自己主張」の必要性をふだん説いていかなければなりません。

❸ 引用・参考文献

- 金光律子・小室桃子「第1章　コミュニケーション」，川崎史人・川村朝子・清水智子「第3章　自分とみんな」，安達昇ほか編『みんなとの人間関係を豊かにする教材55』小学館
- 植草伸之「『イヤだ』と言える子を育てる」，諸富祥彦ほか編著『エンカウンターこんなときこうする！　中学校編』図書文化

エクササイズ　**こんな時、私はこう言う**　　年　組　名前　　　　　

今日の演習は、それぞれの場面で皆さんがどういう言動をすればよいかお互いに考えてみましょう。

◆次の場面で自分だったらどう言うか考えてみましょう。

[場面1] 友達に貸したCD、(A君・Aさん)に返してもらいたいのだけど…

①いつもの自分だったらどう言いますか？

◆グループで相談して一番良い言い方を考えよう。

②はっきりと相手を傷つけないようにCDを返してもらうにはどう言いますか。

◆二人組を決め、役割を交代しながら言い方の練習をしてみよう。

③実際に言ってみて相手へのいじめを止めさせましたか。

[場面2] 4人グループでいつも遊んでいた。でも最近(A君・Aさん)が仲間外れにされている。A君・Aさんへのいじめを止めさせたいが…

役割 (A＝いじめられ、B＝いじめリーダー、C＝いじめサブリーダー、D＝自分)

①いつもの自分だったらどう言いますか。

◆グループで相談して一番良い言い方を考えよう。

②A君・Aさんへのいじめをみんなに伝えるように止めるには、どのような言い方、態度をとればよいかを考えましょう。

◆役割を決め、言い方の練習をしてみよう。

③実際に言ってみてどんな気持ちがしましたか。

◆場面2について、それぞれのグループで演じした内容を全体に発表しましょう。
★ふりかえり…今日の授業全体で感じたこと、気付いたことは…

エクササイズ　**ねぇ、聞いて**　　番　名前　　　　　

課題
遠足へ行く前の会話で、AとBそれぞれ3人の会話を比較して感じたことをお話しあってみましょう。

1. グループを決めましょう。(6人グループ)
2. グループが決まったら反対の相手をしましょう。
3. 役割を決めましょう。同じ事を2回行いますので2回分の役割を決めましょう。必ず違う役割になるようにしましょう。(ジャンケンで決めてもよい)

<1回目>
A役	
B1役	
B2役	
B3役	
観衆役	

<2回目>
A役	
B1役	
B2役	
B3役	
観衆役	

4. 役割が決まったら次の会話を役になりきって演技してみましょう。商品の雰囲気を足してもかまいません。商品の雰囲気を足してもかまいません。

A＝明日は遠足だ。うれしいよね
B＝(ア)

A＝明日のおやつ、何買おう・・・？
B＝(イ)

A＝ぼく(わたし)ラムネを買おう。
B＝(ウ)

A＝ねぇ、一緒におやつ買いに行こうよ
B＝(エ)

B1　ア‐そんなにうれしいの
　　ウ‐ばっかみたい
　　エ‐あんなのどこがいい

B2　ア‐うん、うれしい！
　　ウ‐チョコうんど
　　エ‐ゼリーもおいしいよね

B3　ア‐うまそうだね
　　ウ‐うんいいね。行こう行こう！
　　エ‐うーん・・・ん

5. それぞれの会話練習をやってみて感じたことを書いてみて下さい。
役

6. 2人のやりとりの中で一番「楽しそうだな」と思ったのはBの何番でしたか、その理由も書いて下さい。また、一番「いやな感じ」と思ったのはBの何番でしたか、その理由も書いて下さい。

「楽しそうだな」　番　理由

「いやな感じ」　番　理由

7. グループで、それぞれの会話の良い所や問題点をまとめ発表してみましょう。

B1	B2	B3

発表者はジャンケンで決めましょう。

★ふりかえり…今日の授業で感じたこと気付いたことを書きましょう。

家族と生命

総合単元的学習「家族愛」ディベートとふれあい体験を生かした道徳

中学校1年生　道徳・教科・特活　9時間

中村正志

諸富祥彦が語る
この実践　ここがポイント！

■道徳でディベート■

　中村先生は道徳がご専門で，私の研究室に長期研修生として来られた先生です。非常に細やかな指導のできる希有な存在と言えます。今回の授業では，「おじいちゃんの病気」という道徳資料を使ったディベート的な授業を展開しています。

　ディベートの授業では，この実践のようにさまざまな葛藤が存在するリアルな題材を選ぶことが大切です。それは，建前と本音の間で葛藤しながら，さまざまな視点で問題を見ることができるからです。

　また，道徳の時間にディベートを取り入れる場合，ディベートに終始しないようにすることも大切なポイントです。この実践では，ディベート的な話し合いの後に立場を解除して，今度は自分自身の本音の考えをワークシートに書き込ませています。さらに，友人としてできる具体的なアドバイスを書き入れるという工夫をこらすことで，生徒は自分の思考を深めることができるのです。

■ディベート後の展開■

　この実践では，介護の問題について考えたあとで，家族の意味に目を向けさせ，家族愛を実感できるような展開をしています。ゲストティーチャーを迎え，赤ちゃんとふれあい，家族からの手紙を読むという，感動体験の基本パターンを押さえています。

　こうした体験をすることで，今回のテーマは二者択一だけで解決する単純なものではなく，家族全体でしっかり向き合うべき問題だという考えにいたった生徒が多かったようです。このことは，まずディベート的な立場に立っての話し合いを行い，その後で立場を解消し，当事者の身になって考えるという工夫をこらすことで，子どもの気持ちを刺激し，問題をリアルにとらえるようになったことの証と言えます。

単元全体の計画 　1年生　道徳 教科 特活　9時間

家族の中の私・家族愛

中村正志
千葉県蓮沼村立蓮沼中学校

❶ 単元（ユニット）設定の理由

　数年前，社会科（公民）の授業の導入部で，その当時に起きた家族ぐるみによる幼児虐待事件を取り上げたところ，生徒たちから次のような声が聞こえてきました。

　「子どもを育てるって面倒くさそう」「イライラすると叩いたりするかも」。

　私はこれらの言葉に愕然としました。しかし，そのいっぽうで「そう思うのも仕方がないか」とも思いました。彼らは，いわゆる「バーチャル世代」の申し子です。

　「命」はテレビゲームのようにリセットはできない，という理屈はわかっているのでしょうが，核家族化・少子化が急速に進んでいる現在，あまりにも実体験が不足している彼らは，「命」が何物にも代えることのできない，かけがえのないものであるという実感がもてないのでしょう。

　「なぜ人を殺してはいけないのか？」などという恐ろしい疑問が青少年から発せられるようになったのも，必然かもしれません。

　中学生の早い段階で，生命の誕生の仕組みを正確な知識として身につけさせるとともに，自他の生命を尊重する態度を養うことはきわめて大切だという思いに駆られて，本単元を構想しました。

❷ 単元（ユニット）の目標

- 家族と自分とのかかわりを理解し，家庭生活をよりよくしていこうとする態度を育てる。
- 生命誕生の仕組みを理解し，子どもを育てる意義を考えさせる。
- 自分が生まれたときの様子を知り，自他の生命を尊重しようとする意欲を高める。

❸ こころを育てる仕掛け

（1）総合単元的学習として構成する

　本単元は，複数の教科と道徳を結びつけた総合単元的学習の構成をとっています。家庭内における自分の役割を考える学習からスタートし，保護者と生徒が手を携えて行う「親

子奉仕作業」を間にはさみ，道徳の授業を補充，深化，統合の場として位置づけました。
　この一連の流れの中で，キーポイントとなるのは保健体育の授業です。「生命の誕生」をメイン・テーマとし，養護教諭がサポートに入る形で，とかく敬遠されがちな性教育を正面から見据えて実施しました。性に関する誤った情報が氾濫している現状を打破するためには，生命の誕生のシステムとプロセスを，科学的な目を通して指導する必要があると考えたからです。短期間のうちに，さまざまな角度から同じテーマにアプローチする学習を通して，生徒の心にゆさぶりをかけていきました。

(2) 現実の問題として実感させる
　2か月近くにわたって実践した中で，道徳を2回にわたって実施しました。初めに，ディベート的話合いの手法を採用して，実際にどの家庭でも起こりうる問題を話し合わせました。ここで，物事を多面的に考える力を育むと同時に，現実に起こりうる問題に自分がどのように対処していくべきかを考えさせました。
　次の授業では，赤ちゃんを実際に育てている地域のお母さん方をゲストティーチャーとしてお迎えし，子育ての苦労や喜びをお話しいただくことにしました。身近な方の体験談は，生き方のモデルとして生徒の心に響く力をもっています。

❹ 単元（ユニット）の指導計画　全9時間

次	主題名	おもな内容・ねらい	実施区分
1次	家族と家庭生活	家庭と家族の機能について調べ，家族関係をよりよくする方法を考える。	技術・家庭科（4時間）
2次	親子奉仕作業	親子共同で，校庭の除草作業や学校周辺の美化作業を行う。	学校行事
3次	おじいちゃんの病気	家族の絆について考え，家族の中で必要な信頼関係や愛情を実感させる。	道徳（1時間）
4次	生命の誕生	生命誕生の仕組みを理解し，子どもを育てる意義を考える。	保健体育（3時間）
5次	私が生まれたとき	自分の生まれたときの様子を知り，自他の生命を尊重しようとする態度を育てる。	道徳（1時間）

※親子奉仕作業は時数としてカウントしていない。

指導案① 1時間目 3次

おじいちゃんの病気

（吹き出し）家族だし…／専門家の方が…

● **教師の思いと授業のねらい，そのねらいを設定した理由**

「家族の絆について考え，互いを支え合っていくために必要な信頼関係や愛情を実感としてとらえる」をねらいとしました。かつては，家庭の中で家族の「死」を看取り，新しい「命」の誕生を喜ぶといった光景が，どの家庭でも日常的に見られたものです。こうした経験を通して，家族間の愛情や命の尊さに思いをはせることもできました。

核家族化が進み，生活体験の乏しい子どもたちが当たり前になってしまったいまだからこそ，実際に起こりうる場面を想定して，家族愛について考えを深めさせようとしました。

● **資料（教具・教材を含む）**
- ワークシート1枚……164ページ

● **授業の工夫**
- 4，5人の小グループに分かれて「ディベート的話合い」を行う。
- 小グループに分けるときは，男女のバランスを考えて，簡単なエクササイズを行う。
- いわゆる「仲良しグループ」になることを避け，さまざまな見方や考え方にふれられるようにする。

> **おじいちゃんの入院（概要）**
>
> 明は両親と祖父と妹の5人家族。両親共働きで暮らしていたが，ある日祖父が倒れ，言語障害と右半身不随の後遺症が残る。リハビリ訓練をしても介助が必要だという。
>
> 入院から2週間後，父が「家で面倒をみるか，それとも介護施設で世話してもらうか迷っている」と言い出した…。

● **授業の評価の観点**

家族の中に起こりうる問題を，自分のこととしてとらえて考えることができたか。

● **授業の様子や子どもたちの声**

少人数に分かれて話し合う場面では，「介護施設のほうが，十分なリハビリができるはず」「やっぱり家族なのだから，家庭内で介護するべきだ」といった意見が交わされ，論題に対して真剣に向き合う姿が随所に見られました。

● **引用・参考文献**
- 諸富祥彦『道徳授業の革新――「価値の明確化」で生きる力を育てる』明治図書

	学習活動と生徒の様子	ポイントと留意点
導入	①家族の中での，自分の役割を発表する。 「お風呂掃除をいつもやっている」「皿洗いをしている」 ②エクササイズを行い，小グループに分かれる。 ・ジャンケンゲームで，4人程度のグループになるようにする。（男女混合）	・家庭科の授業を想起させる。 ・できるだけ偶数になるようにする。教師が加わってもよい。
展開	③資料を読んで要点をつかむ。（教師が範読） ・家族構成　・両親の共働き　・祖父の突然の病気 ④論題を提示する。 　　おじいちゃんは自宅で介護すべきである ⑤グループを機械的に〈賛成派〉〈反対派〉の2つに分け，それぞれの立場で意見をワークシートに書く。 〈賛成派〉 「おじいちゃんが寂しがる」「家族で交代で介護すればよい」「施設にあずけるとお金がかかる」 〈反対派〉 「専門的な介護施設のほうが，よく面倒を見てもらえる」「自宅での介護には限界がある」「みんなは忙しいから，介護をするのは無理」 ⑥〈賛成派〉〈反対派〉の順で，グループごとに意見を発表する。 ・同じ内容の意見でも発表させる。 ⑦出された意見に，反論する。 「やっぱり家族なんだから自宅で介護すべきだ」「おじいちゃんの考えを尊重する」	・現実問題として，資料に類似した家庭が存在することもありうる。現状を把握しておきたい。 ・要点を板書で整理する。 ・グループごとに立場を確認する。 ・意見が出にくい生徒には，考え方の方向性を示す。 ・発表の途中で横やりを入れたり，冷やかしをしないことをあらかじめ呼びかけておく。 ・板書で，両派の意見を整理する。 ・揚げ足取りにならないようにする。
まとめ	⑧「明くん」へのアドバイスをワークシートに書く。 ・各自の立場を解除し，明の友人と仮定してアドバイスを考える。 ・各自の考えを発表する。 「家族の一員として，自分にできることを見つけよう」	・できるだけ時間をとりたい。他の意見と同内容であってもよいことを告げる。

| 指導案② | 1時間目 | 5次 |

私が生まれたとき

●教師の思いと授業のねらい，そのねらいを設定した理由
（1）ゲストティーチャーから，子育てについての話を聞き，子育ての苦労や喜びについて考える。
（2）自分の生まれたときの様子を知り，周囲の愛情に支えられて育ってきた自分自身を見つめ直す。

　本時の授業は前後半に分かれます。前半は，生後間もない赤ちゃんを実際に育てている地域のお母さん方を，ゲストティーチャーとしてお迎えし，子育ての苦労や喜びを語っていただきました。後半では，保護者の方に，生徒の生まれたころの様子を手紙形式で書いていただき，その手紙を資料としました。本物のもつ力は何物にも代えがたいという思いから，このような構成を考えました。

●資料（教具・教材を含む）
・保護者宛てに返事を書く用紙（赤ちゃんのイラスト等を添えたほうが効果的）
・授業を振り返るワークシート（自由記述形）
・生徒の赤ちゃんのときの写真
・保護者からの手紙（あらかじめ保護者会等の際に，趣旨を説明して依頼しておく）

●授業の工夫・留意点
・ゲストティーチャーをお迎えする際に，赤ちゃんをいっしょに連れてきていただく。これが授業の成否を握る。
・ゲストティーチャーはできるだけ地域に居住する方を選ぶことが大切である。

●授業の評価の観点
・ゲストティーチャーの話をしっかりと聞き，自分の思いを込めて保護者に返事を書くことができたか。

●授業の様子や子どもたちの声
　ゲストティーチャーが赤ちゃんといっしょに教室に入ってきたときは，驚きの表情と笑顔が入り交じった何とも言えない表情でした。ゲストティーチャーの話を聞いた後に，男子生徒の一人が照れくさそうに赤ちゃんを抱っこしている様子はとても微笑ましいものでした。

総合単元的学習「家族愛」 ディベートとふれあい体験を生かした道徳

	学習活動と生徒の様子	ポイントと留意点
導入 15分	①「私はだれでしょう？」というゲームを行う。 ・実物投影機で，生徒の赤ちゃんの頃の写真を見せ，だれのものかを当てる。 「目元が〇〇さんに似ている」「今とあまり変わってない」 「あ，B先生だ」（一同爆笑） ②「私の名前の由来」（プリント）を配り，全員で読んで感想を発表する。 「いい名前だね」「そんな理由があったのか」	・名前の由来をヒントにするなどの工夫をこらし，ゲーム感覚で雰囲気を和らげる。 ・「なるほど」と思った点を発表させる。
展開 20分	③ゲストティーチャー（2名）をお迎えして，子育ての苦労や喜びを聞く。 　生まれたときはとても小さかったので，無事に育つかどうか不安だった。夜泣きをしたり，突然病気になったりと，子育ては重労働だと思うが，すくすくと育っていく姿に，毎日発見と喜びがある。 ④2人のお母さんに子育てに関する質問をする。 「ぐずったときはどうしてますか」「いちばん困ることは何ですか」「名前の由来は何ですか」 ⑤赤ちゃんとふれ合う。（赤ちゃんをだっこする） 「初めてだよ，抱っこしたのは」「意外と重いんだね」 ・教室内が，和やかな雰囲気になる。 ・ゲストティーチャーにお礼を述べて，退室していただく。	・生徒にはあらかじめ知らせておき，失礼のないように配慮させる。 ・話を聞いた後に，質問してもよいことを告げておく。 ・プライバシーに配慮するように示唆する。 ・教師が抱き方を見せてから，生徒にだっこさせる。床に座って行わせる（危険防止）。
まとめ 15分	⑥自分の生まれたときの様子を知る。 ・おうちの人に書いていただいた手紙を読む。 ・手紙を読んで，返信を書く。 ・こっそりと読んだり，友だちに見せる生徒もいる。 「手紙を書くのが恥ずかしい」 「どんなことを書けばいいのかな」 「知らなかったことがたくさん書いてある」 ⑦授業を振り返り，ワークシートに感想を書く。 「自分を育ててくれた親に感謝したい」	・生徒にとっては，他人に知られたくない内容が多いと思われるので，この場面は静かに行わせたい。 ・手紙があることは，伏せておいたほうが効果的だろう。 ・時間があれば発表させたい。

単元指導の実際

❶ 実践の記録と成果

ここでは，保健体育と道徳の授業を中心に述べていくことにします。

保健体育の実践から

保健学習の「第二次性徴」は，現場ではもっとも教えにくい内容のひとつです。ともすれば，教科書を読むだけといった平板な授業で済ませてしまいがちです。しかし，それでは子どもたちの疑問に正しく答えることはできません。本実践では，子どもたちに正しい性知識を与え，神秘的な生命誕生の仕組みや感動を味わわせることを主眼としました。

授業では，実際の卵子の大きさを図で確認し，展示式の資料やＶＴＲをもとに男女の体の違い，受精のメカニズム，胎児の成長の様子を理解させました。授業中生徒は，初めは顔を赤らめたり，照れ隠しからか性器を示す言葉に過剰な反応をしたりしていましたが，次第に真剣な表情になっていきました。以下は，授業を振り返って書かれたワークシートからの抜粋です。

- だいたいの言葉は知っていたけど，卵子に精子がたどり着く瞬間や，その細胞がだんだん育って赤ちゃんになっていくビデオを見て，感動しました（男子）。
- 私が今ここに生きている大切さがとてもよく分かりました。これからも，命の大切さを大事に思えるようになりたいです（女子）。
- 今まではあまり気に止めていなかったけど，生まれてくるまでは，すごく大変なんだなと思った。これからは，父と母がつくってくれた自分の命を大切にしようと思った（女子）。

これらの記述には，正しい知識を科学的な視野で学ぶことの大切さを実感した様子がうかがえます。また，興味本位でしか考えなかった自分を恥じる者も見られました。

また，仲介の労をとっていただいた保健師さんからは，保健体育と道徳の授業に参加したいという申し出があり，たくさんの方を巻き込んで授業が展開される運びとなりました。期せずして，学校，家庭，地域が一体となって，命の大切さや親子関係の望ましいあり方を考える絶好の機会になりました。

道徳の実践から

　3次の授業では，高齢者の介護という，現在の社会が抱える大きな問題を論題として取り上げました。事前に，生徒たちの家族構成と，実際にお年寄りを介護している家庭の有無を把握しておきました。資料の内容と似通った状況にある家庭にとっては，他人事ではすまされない問題であるだけに，授業中の生徒の様子にも細心の注意を払う必要があるからです。生徒の話合いの場面では，「なるほど，そういう考え方もあるのか」「おじいちゃんの身になって考えるべきだよ」といったように，問題を解決していこうとする意欲が感じられました。また，じゃんけんゲームで偶然できたグループに分かれたため，ふだんよりも活発に意見を交換する様子が見られました。

　以下は，立場を解除した後のワークシートの記述です。

- 私の家では，おばあちゃんを施設にあずけているけど，おばあちゃんは友だちがたくさんできて喜んでいる。だから，おじいちゃんの考えをよく聞いて決めるといいよ。
- おじいちゃんの面倒を見るのは大変かもしれないけど，君にできることはたくさんあるはず。みんなで協力してがんばって。

　施設に預けるか，自宅で介護するかという二者択一にこだわることなく，家族全員で取り組むべき問題なんだ，という考えにいたった生徒が大勢を占めていました。

　5次の授業では，赤ちゃんをだっこするときの何とも言えない笑顔と，保護者からの手紙に涙を流す生徒の姿を見ることができました。右は，授業の終わりに書かれたメッセージの一つです。

　本単元を通して，生徒の心に確かな変化が見られました。1次から積み重ねてきた成果が，このメッセージに込められていると言えるようです。

> **マイ・メッセージ**
> いつも怒られてばっかりで，仕事で大変なお母さんの役にもたたない私だけど，お父さん，お母さんからもらった命をむだにしないように，いっしょうけん命夢に向かってがんばるからね。もちろん家のこともしっかりやるよ。おばあちゃんのことで大変だけど，家族全員協力してがんばろうね。

❷ 課題

　この単元をさらに充実させるためには，体験活動の位置づけを明確にすることが求められます。本実践では，親子奉仕作業を例年行われているＰＴＡ活動の一環として実施しました。年度当初に，保護者会等を通して活動のねらいについて理解を図っておき，実施前後に生徒の心の変化をつかんでおけば，事後の指導に大いにプラスになるに違いありません。

❸ 引用・参考文献

- 笹田博之編著『総合単元的道徳学習の実践』明治図書

おじいちゃんの入院

　明の家族は，両親，祖父，妹，そして明の5人家族である。
　両親とも働いており，父はある会社の課長で，日曜日も出勤することがあるほど忙しい。
　母は，農協の事務員をしている。祖父は，地区の老人会の役員としてゲートボール大会の役員などをしている。明は中学校1年生で，毎日サッカー部の練習にはげんでいる。妹は小学校2年生である。家は，新築したばかりで，ローンは残っているものの，みんなで仲良く暮らしていた。
　ところが，12月のある寒い日に困ったできごとがおきた。夕食後，テレビを見ていると，となりの部屋で寝ていた祖父が，突然うめき声をあげて苦しみはじめた。父が急いでとなりの部屋にいくと，すでに意識がなく，母があわてて救急車を呼んだ。
　病院に着いても意識不明の状態が続いた。医者の診断では，脳に出血があるということだった。緊急手術が行われ，どうにか一命はとりとめたものの，祖父には言語障害と右半身不随という重い後遺症が残ってしまった。祖父も，かなりの高齢なので，リハビリ訓練を行ったとしても，身の回りの世話をする介助が必要になるということだった。
　祖父が入院してから2週間が過ぎた日に，父が家族を集めて次のような話をした。
　「じつは，おじいちゃんのことだが，家で面倒をみるか，それとも介護施設でお世話してもらうか迷っているんだ」
　父の言葉に，家族全員がだまりこくってしまった。

1年（　）組（　）番　名前（　　　　　　　）

おじいちゃんは自宅で介護するべきである

〈賛成派〉
-
-
-
-

〈反対派〉
-
-
-
-

〈明くんへのアドバイス〉

家族と生命

プレパパ・プレママ体験プロジェクトによる生と性の教育

[中学校3年生] [総合] [6〜10時間]

青木 一

諸富祥彦が語る
この実践 ここがポイント！

■既成概念にとらわれない優れた発想■

本実践の小中台中学校は，総合的な学習が導入される以前から，水曜の午後は生徒が企画し選択する「水後Time」の取り組みを行っていました。当時から意欲的な取り組みには定評があります。今回もテーマの切り口が新鮮で面白く，素晴らしい授業になりました。プレパパ・プレママという提示の仕方が見事です。

授業は，千葉市の保健センターが主催する思春期保健対策事業と連携し，家庭科の保育の単元とリンクさせて行われました。

まず目につくのは，妊婦体験や赤ちゃんのだっこ体験です。ポイントは，生命を観念的に学習させるのではなく，「リアルに体感すること」。これによって，リアルな学習が定着していきます。そのあと助産師さんや男性教師の育児体験のヒアリングを経て，思春期の心理や性の知識について学ぶという流れで進んでいきます。

この実践で特筆すべき点は，総合的な学習の評価において，子どもたちによるフリー記述を取り入れているところです。自分で自分を振り返る書き込みを生徒手帳にするという斬新さ。生徒手帳を使うことで，いつでも持ち歩き，目を通すことができます。生徒手帳をワークシートとして使っているわけです。ユニークな発想だと思います。

■将来ビジョンがこころを支える■

最近の中学生と話していて感じるのは，自己肯定感の低さです。考え方が非常に刹那的で，瞬間瞬間しか生きていないのです。したがって将来のビジョンも描きようがありません。

こうした生徒のこころを支える助けとなるのは，いつの日か親となって家族を持つという視点から自分をとらえることです。親になるかもしれないという自覚を持たせることで，自己肯定感と責任感が高まります。その意味でこのプレ体験は，非常に効果が期待できる実践と言えるでしょう。

単元全体の計画

プレパパ・プレママ体験プロジェクト

3年生　総合　6〜10時間

青木　一
千葉市立小中台中学校

❶ 実践への教師の思い　—こころが育っていない—

　養護教諭の安藤知栄先生は，保健室を訪れる生徒と接するにつけ，漠然と「こころが育っていない」と感じています。でも「こころが育っていない」とは一体どういうことなのか，安藤先生自身もよくわかりません。そこで職員室の何人かの教師に聞いてみました。

　「それは人の気持ちがわからないとほぼ同意語なんじゃないかなぁ」

　腑に落ちるところがありました。日頃よりもっともっと生徒に"自分も大切だけど相手も大切にする心"や"親をありがたく思う心"さらに"自己肯定感"を育んでほしいと願っていたからです。加えて「性」に関する問題が多様化し止まることを知らず氾濫していることに心を痛めていました。中学生や卒業生が多くの悩みを抱えて秘密で保健室にやってきます。その都度，きちんとした性教育の必要性を痛感していました。しかし，現実には養護の教師が直接授業を行える時間などありません。忸怩たる思いで過ごしていました。

　そんなとき，千葉市の6区の保健センターが主催する思春期保健対策事業として中学生の「性」に対する指導を行いたいと申し出がありました。願ってもないタイミングです。

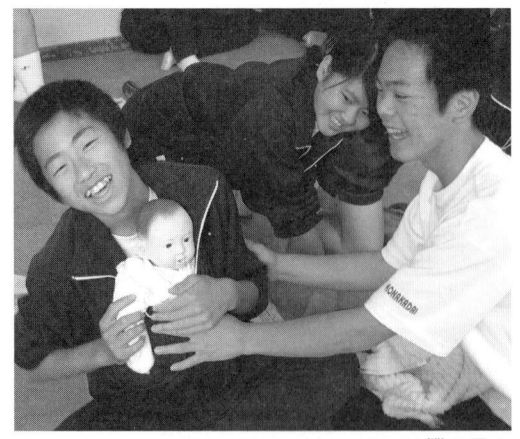

これは僕の子！

❷ 「総合的な学習」と家庭科のクロスカリキュラム

　安藤先生はこれをプロジェクト化したいと考え，両者は一致しました。そこで家庭科の佐々聡子先生に相談し，家庭科の保育の単元とリンクさせて「水後Time」（総合的な学習）で行うことにしました。

　普段のプロジェクトはこの指とまれの公募方式ですが，義務教育の中で全員がこのプロジェクトをきちんを受講してほしいという強い願いから，卒業間近の3年生全員を対象としました。プロジェクト名は「プレパパ・プレママ体験プロジェクト」です。

　プロジェクト実施が決定すると，保健センターの方と綿密な打ち合わせを行いました。大まかな流れは次のようになりました。

	内容		目的
第1ステージ	①妊婦体験 ②赤ちゃんだっこ体験 ③保健師さんの話 ④男の先生による育児体験談 　（指導案170ページ参照）	1／4 2／4 3／4 4／4	・子どもを生む親の気持ちを知る。親が生むと決めて生まれてきたこと。一人一人がかけがえのない命であること。育児は両性でともにすること。 ・赤ちゃんの扱い方を学ぶ。
第2ステージ	①保育所訪問体験（家庭科）	2時間扱い	・赤ちゃんのイメージ・思いを豊かにする。乳幼児を育てる親を通して子どもとしての自分を知る。生徒だけでなく，乳幼児の母親や地域の方々の感想も共有して体験を深める。
第3ステージ	①心理士による思春期の心の話 ②助産師による学校では聞けない避妊の話 ③ビデオ「性感染症」 ④振り返り	1／3 2／3 3／3	・自分を大切にする性と，相手も大切にする性を知る。その上で性感染症予防を含めた性に対する正しい情報を伝える。 ・自己評価をもって振り返る。

| 指導案 | プロジェクト第1～3ステージ |

❶ プロジェクト第1ステージ　こりゃ妊婦さんは本当に大変だ！

いよいよ「プレパパ・プレママ体験プロジェクト」の始まりです。

まず，小中台保健センターの保健師さんから，これから始まるプロジェクトの説明を受けました。次にセンターから持ってきた妊婦ジャケットを装着しました。これは妊娠8か月を想定して作られたもので重さは何と7kgもあるのです。

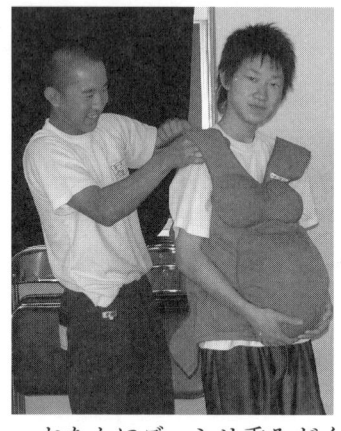

> おなかを守りたいって気がしてくるね

生　徒「ひゃー重い。おなかにズッシリ重みがくるね。こりゃ妊婦さんは本当に大変だ」
生　徒「何かおなかを守りたいって気がしてくるね」

もう生徒たちは興奮状態です。男子は照れくさそうに，しかし神妙な面もちでジャケットを着けています。不思議と歩き方まで妊婦さんのようになってきました。

生徒はジャケットを着けて椅子に座ってみました。大きなおなかが邪魔するので，深く腰掛けることができません。また，座っていてもおなかの重さがズッシリと伝わり，思わずため息をつく生徒がいます。ジャケットを着けたまま寝転がってみた生徒がいました。簡単には起きあがれないのです。妊婦さんの本当の苦労を実感していました。

保健師「大きなおなかは両手で支えないとかなり重いでしょう。人の親となる責任と同じくらいの重さなのですよ」

次に赤ちゃんの扱い方を学びます。これはふれあいオリエンテーションといって，沐浴人形を使ってだっこの仕方やオムツの取り替え方を学びます。

保健師「オムツは2か月まで1日に10回，つまり600回替えます。6か月になると1日8回，24か月まで1日6回，合計で4800回も替えるんですよ」
生　徒「オムツ替えってむずかしいね。これを5000回近くやるのか。こりゃぁ大変だ」

プレパパ・プレママ体験プロジェクトによる生と性の教育

生　徒「うちは紙オムツだけじゃなくて布も使ってたんだって。洗濯だって大変だよね」
生　徒「ウンチとか付いているんだぜ」
生　徒「たしかに愛情がなければできないことだよな」

一人の人間の成長の裏には深い愛情があることに少しずつ気がついてきます。

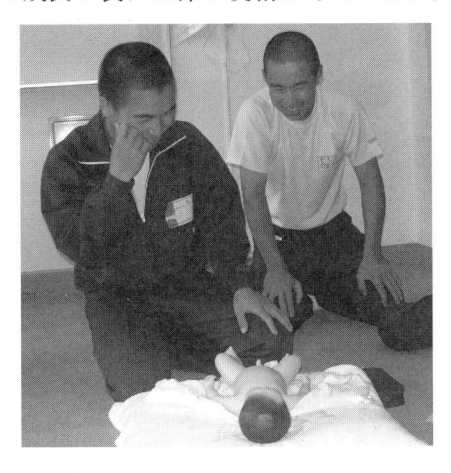

> どうやっておむつかえんだ？

生　徒「保健師さん，ミルクは何回ぐらい？」
保健師「4140回です」
生　徒「ずいぶん細かいね。ああ，食事だから計算できるのかな。それにしても大変だ」
先　生「みんながだっこしたりオムツを替えた人形の身長は50cm，体重は3kgでした。みんなも生まれたばかりの頃はこのくらいだったんだよ。そして今，身長は約3倍，体重は15～20倍に成長しました。すごいことだよね」

妊婦ジャケットを着けて人形のオムツを替えている生徒もいました。
生　徒「僕は年子の弟がいるからこんな感じだったのかな。夏は2人目が生まれるのよ。なんちゃって」

> 夏には2人目が生まれるのよ，なんちゃって

プロジェクト第1ステージの最後は，男の先生による育児体験談です。多くの男の先生がビデオで語ったところで，現在，育児の真っ最中である芦田大介先生がおもむろに現れ，子育て談義を始めます。

　芦田先生の育児体験談。「子どもの面倒は主に僕がみます。なぜかというと好きだから。食事を作ったり，一緒に遊んだり，楽しくてしょうがありません。好きで楽しいからやってます。遊びというと，まだ小さいから放り投げて受け止めるとか，公園でヨーイドンと走らせて，後から追いかけるとか。父親なんで，少々荒っぽくても危険じゃなければ，体と体がぶつかり合うみたいな遊びが多いです。あと，まだ小さいけど，いけないことはいけないということをしっかり教えています。家に帰ると玄関まで出てきて『パパお帰りなさい』っていってくれます。あと，わがまま言ったとき，ダメなことはダメと怒ると，泣いてすねてても『パパごめなさい』って言ってくると，あー本当にかわいいなぁって思います。家庭の仕事は男女にかかわらず分担しています。2人で働いているんだから当然のことだと思います」

　いつもの顔とちょっと違う照れくさそうな顔で育児体験談を話す芦田先生に，生徒はみなニコニコして聞いています。話が終わった後は盛大な拍手です。「芦田先生のような人と結婚したい」と女子生徒が口々に囁いています。芦田先生，人気沸騰です。

■男の先生による育児体験談　第1ステージ4/4指導略案

	内容	目的
導入・展開・まとめ	①先日の授業（赤ちゃんだっこ体験・助産師さんの話）を振り返り，本時のねらいをつかむ。 ②小さいころのお父さんとのふれ合いを思い出し，ブレーンストーミングを行う。 ③パパビデオを見る。 ④実際の男の先生の話を聞く。 ⑤アクティビティカードに感想を書く。	●先日はママの立場でいろいろ体験しましたが，今日はパパの立場になって考えてみましょう。 ●みんな，小さいころ，お父さんとどんな遊びをしたかな。思い出してごらん ●多くの男の先生方に出演してもらい，子育ての話を聞かせる。途中1回ビデオを止め，数人の生徒に感想を聞く。 ●じゃあ，今日特別ゲストを呼んでいます。子育て真っ最中の芦田先生です（以下，本文参照）。

プレパパ・プレママ体験プロジェクトによる生と性の教育

❷ プロジェクト第2ステージ ─保育所訪問─

佐々聡子先生は第1回目の「プレパパ・プレママ体験プロジェクト」を受け，「総合的な学習」と家庭科のクロスカリキュラムとして第2回目を行いました。保育所訪問です。

3年生では家庭科で「幼児期を振り返り，幼児について理解する」という単元があります。近隣の幼稚園や保育所を訪問して，幼児とかかわり，さまざまなことを感じたり考えたりする授業です。

3年生全員が5回に分かれ，数か所の幼稚園・保育所に赴きます。学習の観点は①「幼稚園・保育所などは，子どものためにどのようなことが配慮されているか調べる」，②「幼稚園・保育所を訪問して，自分で何ができたか」，③「子どもと遊んでどのようなことがあったか」，④「子どもと接して，予定の行動と違ったり，困ったり疑問に思ったこと」などです。

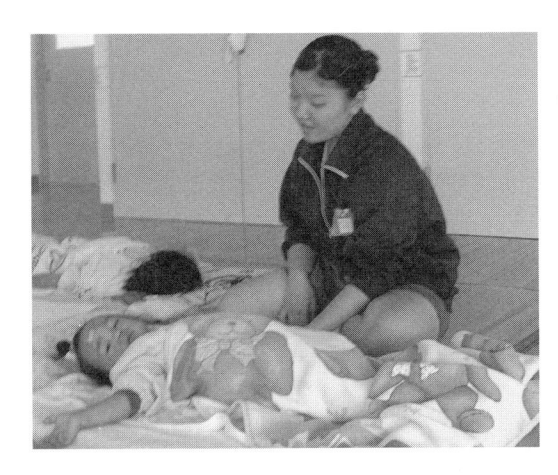

> お昼寝のお時間ですよ。ネンネしましょうね

❸ プロジェクト第3ステージ

第3ステージは「心理士による思春期の心の話」と「助産師による学校では聞けない避妊の話」，ビデオによる「性感染症」の学習会です。保健センターが思春期保健福祉対策事業としてしっかり正確な知識を伝授し，正しい行動を促すことを目的とした時間としています。

自分を大切にする性と，相手も大切にする性を知り，その上で性感染症予防を含めた性に対する正しい情報を伝えられました。

単元指導の実際

❶ なんか優しい気持ちになれる（プロジェクトの振り返り）

実際に妊婦体験をしたり，幼稚園・保育所訪問を通して幼児とかかわったりして，おもしろい発見や驚きの体験ができました。このような体験を通して，生徒たちは今の自分になるまでに，自分にかかわってくれた人の存在に気づきました。この思いは今後，さまざまな人々と交流するときに生かされることでしょう。

「プレパパ・プレママ体験プロジェクト」を終えて生徒たちはこんな感想をもちました。

（振り返りカードより）

（妊婦・おしめ体験）
- 赤ちゃんってもっと軽いと思ったけど，ズシリ。今日，体験してみて，まだまだ，先のことだと思っていたけど，早くてあと5年くらいと思うと，けっこう焦ります。
- 赤ちゃんは頭が大きくて体が小さい。首が落ち着かないので抱き方が大変ということがわかった。将来，僕は赤ちゃんを大事に育てたい。
- ジャケットを着けて階段を上がり下りしたら少し怖かった。お腹のせいで下が見えない。塾に行く途中，妊婦さんに駅であった。買い物袋を持ってゆっくり歩いていた。持ってあげたくなった（できなかったけど）。

（幼稚園・保育所訪問）
- 子どもと同じ背の高さにしゃがんで話をしました。なんか優しい気持ちになれて不思議な思いになりました。子どもから力をもらったような気がします。
- もう元気よすぎてマイッタ！ジャングルジムやおにごっこ，かくれんぼと次から次へと遊びまくった。幼稚園の先生も大変と思ったけど，楽しい職場である。
- 保育士の先生は子どもと一緒に遊びながら悪いこと，いいことをたくさん教えていました。いろいろな子どもがいます。ワンパクでものすごい元気な子ども。ぼーっとしている子ども。すぐ泣き出す子ども。どのような子どもでも一人ひとり公平に接することが大事だと思いました。

❷ その道のプロにもっと力を借りよう

　本プロジェクトは「総合的な学習」のカリキュラムの一部を家庭科が担うクロスカリキュラム型をとっています。このような形式は学習の幅が広がり，リアリティのある知識として確かな定着が図れました。しかし，もしもセンターや保育所の協力なくして，座学で保育を学習したとしたら，おそらく成果は薄っぺらなものになったことでしょう。

　最近は，保健センターが行ってくれた「思春期保健対策事業」のように，中学生を対象とした独自プログラムを作成し，出前授業を行ってくれる機関が増えてきました。

　この方たちはその道のプロですので専門的に学習できます。「総合的な学習」に利用できるものは積極的に取り入れるべきでしょう。本プロジェクトは外部プログラムを本校独自のカリキュラムの中にうまくアレンジして取り入れ，運用させたことによって大きな成果があげられたのでした。

❸ やっぱり振り返りはフリー記述

自分に向き合うフリー記述

　「総合的な学習」の評価の観点は「自分で自分の活動を通して"自分はこんなに成長した"という変容に気づいたり，"今度チャンスがあったら○○したほうがいい"という反省を通して新しい興味・関心を創造する」と位置づけています。したがって，感じたことをさまざまな場面で自分なりに振り返り，記述させる「フリー記述」のほうが本来の趣旨にあっています。

　一つ一つ自分の行動を振り返り，真っ白なページに何を書こうか思い悩むときこそ，心の育成が図れるのだと思います。"自分に向き合う心の対話"なのです。

生徒手帳の活用

　当初は振り返りカードを作りました。しかし，どうもしっくりいきません。そこで生徒手帳に目をつけ，ポートフォリオ風に改良したのです。そうするといくつものメリットが生まれました。まず，生徒手帳が身近になります。持ち運びが便利です。どのような活動のどの場面で何を行ったのか記録しやすくなります。手元にあるので振り返りやすくなります。

　担任は自分のクラスの生徒のプロジェクトがどのように進んでいるか把握しやすくなります。これは通知表等の記述のデータとしても生かされます。結果は上々でした。

　次ページは，生徒に配布した「総合的な学習の自己評価・生徒手帳記入について」です。

生徒手帳内のアクティビティカードページ

Let's水後Time	講座名	（記述例） 講座名　プレパパ・プレママ体験
アクティビティカードの使い方 ①日付を入れる ②講座名を書く ③担当者名を書く ④活動内容・反省・感想など自己評価を書く ⑤担当者からスタンプ・印をもらう ※活動3日以内にもらう	日付　／ （20ページ分） 担当者　　　　　　印	日付2／4 赤ちゃんは頭が大きくて体が小さい。首が落ち着かないので抱き方が大変ということがわかった。将来，僕は赤ちゃんを大事に育てたい。 担当者　〇〇〇〇　　印

生徒に配布した「総合的な学習の自己評価・生徒手帳記入について」

「アクティビティカード」で「総合的な学習」の自己評価を

講座名　　　　　　　　
日付　／

（生徒手帳大）

担当者　　　　　　印

　生徒手帳の25ページから始まる「アクティビティカード」を使って「総合的な学習」の自己評価をしましょう。自分で自分の活動を通して"自分はこんなに成長した"という変容に気づいたり，"今度チャンスがあったら〇〇したほうがいい"という反省や新しく興味・関心がわいたことなどを記述しましょう。形式にはこだわらず，どのような場面でも気が付いた時点で書き込んでください。これは学習履歴・ポートフォリオとして1年間の記録となります。
　「アクティビティカード」へは自己評価のみならず，他の生徒への評価や感想なども可能なかぎり書いてください。
　活動が終了したらアクティビティカードを担当の先生に提示し，時数に合わせてスタンプを押してもらってください。年間15スタンプが最低基準です。

〈引用・参考文献〉
・青木一著，上杉賢士編『中学校・総合的な学習　学力を育てる単元のアイディア』明治図書
・青木一著，上杉賢士編『総合的な学習の評価』明治図書

家族と生命

リアルな体験で生命に対する感覚をみがく

中学校2年生　学活・道徳　3時間

笠井善亮

諸富祥彦が語る
この実践　ここがポイント！

■生命に対する感覚を磨く■

　笠井先生のこの実践は，生命は多くの人によって支えられているという事実に目を向けさせ，そこに生徒自身の生命を重ね合わせて考えさせるものです。ストレートな展開のなかで，生徒たちに生命を実感してもらう仕掛けが非常にうまくできています。

　例えば，赤ちゃんを抱く，産声を聴かせる，胎児の心音を聴く。こうした経験と，生徒それぞれが事前取材した自分自身が生まれたときのことを重ね合わせることで，生徒は生命のかけがえのなさをリアルに実感していくことができます。

　生徒は心音を聴いたときの，目には見えないけれど生きているんだという感覚を通して，不思議な何かを感じています。生命の大切さは理論で説明するよりも，「何かよくわからないけどすごいなぁ」という実感として伝わっていきます。

　こころを育てるには，教師は言葉主義から脱却し，リアルな体験の機会を設けることが大切なのです。

■心のノートの上手な使い方■

　笠井先生は，この授業のなかで心のノートをたいへんうまく使っています。心のノートには，ワークシート的な部分と，価値をストレートに伝えるメッセージ的な部分があります。先生はこの両方をうまく組み合わせています。

　なかでも工夫が見られるのは，心のノートに記載されているシートを1時間目に朗読し，3時間目でまた取り上げているところです。よいと思えるものは何度も繰り返し取り上げることによって，学習が心の内面にしっかりと定着するのです。

単元全体の計画

2年生 / 学活道徳 / 3時間

「かけがえのない生命」を考える

笠井善亮
流山市立東深井中学校

❶ 単元（ユニット）設定の理由

　幼いころ，生まれたばかりの仔猫を拾ってきたことがあります。何とかミルクを飲ませようとしましたが，仔猫はミルクを飲んでくれません。やがて，鳴き声が小さくなっていきます。次の日，仔猫は冷たくなっていました。あのとき，私は子ども心ながら，自分の手が届かないものに対し，何もできないというやるせなさを感じていました。

　遠い記憶の中にある幼いころの体験です。小さなころは生き物に愛着をもったり，悲しんだりすることも多くあります。しかし，成長するにつれ，自分を取り巻く環境は変化します。体験の機会は減り，記憶も薄らいでしまいます。だから，生命の尊さなどと言っても，「ただ，何となく」というあいまいな理解で終わってしまっていることが多くあります。

　そこで，本単元では体験を通して，「かけがえのない生命」に対する感覚をみがきたいと思います。

❷ 単元（ユニット）の目標

- 生命を尊重する態度を養うために以下の2つを目標として設定した。
  ①生命に自分を重ね合わせて生命の誕生を考える
  ②生命は多くの人に支えられていることに気づく

❸ こころを育てる仕掛け

　体験は生徒の心に，感動や驚き，疑問などをわきおこさせます。さまざまな体験の蓄積は具体的なイメージをもち，思考を深める手助けにもなります。しかし，生徒の体験を通した感じ方はさまざまです。そのさまざまな感じ方を大切にし，互いに分かち合う中で，重なりや対立，矛盾も生まれます。そこには解決すべき問題も生じてきます。この授業は，生徒の思考の流れを大切にし，体験での思いを人間としてのあり方や生き方という視点からとらえ直し，自分のものとして発展させていくものです。

リアルな体験で生命に対する感覚をみがく

❹ 単元（ユニット）の指導計画　全3時間
（保健体育や理科の生命にかかわる学習の直後に実施するとより効果的である）

1次	その日のこと	赤ちゃん人形を使った体験活動	1時間 （学級活動）
2次	かけがえのない生命	母親の思いにふれる読み物資料を使った授業	1時間 （道徳） ※指導案なし
3次	自分への思い	ゲストティーチャーとつくる授業	1時間 （道徳）

授業展開と生徒の意識の流れ

教科等の生命にかかわる学習　　　　　　　**客観的な知識としての生命への思い**
- 保健体育や理科の生命にかかわる学習
- 家庭科の保育の学習等につなげて一連の学習を構想したい

1次　学級活動「その日のこと」　　　　　　**各自の視点で感じた生命への思い**
- 事前に『心のノート』に自分の出産時の体重等を家庭で取材
- 自分の出産時の体重と赤ちゃん人形を比較して抱く体験活動
- 赤ちゃん人形を抱いた全員の感想を黒板に並べる
- 『心のノート』にある生命にかかわる詩の朗読

2次　道徳「かけがえのない生命」　　　　　**生命の尊さへの想像の思い**
- 内容項目3－(2)「かけがえのない生命の尊重」
- 母親の思いにふれることのできるような読み物資料を使った授業

3次　道徳「自分への思い」　　　　　　　　**生命の尊さへの事実にふれた思いの深まり**
- 授業のねらいに直結したゲストティーチャーの生の話
- 教師はインタビュアーとして一緒に授業をつくる
- 『心のノート』にある生命にかかわる詩の朗読（1次の授業と同じ詩）

| 指導案① | 1時間目 | 1次 |

その日のこと

●教師の思いと授業のねらい，そのねらいを設定した理由
　保健体育や理科での生命の学習や，家庭科での保育の学習などで，生徒は知識として生命を学びます。その授業後の，赤ちゃん人形を抱くという学習活動で，生命の誕生に自分を重ね合わせることにより，生命を尊重しようとする態度を養うことをねらいとします。具体的体験により感じる生徒の思いはさまざまです。そのすべての感じ方を認めてあげたいと思います。

●資料（教具・教材を含む）
- 赤ちゃんの産声（録音テープ，録音CDなど）
- 赤ちゃん人形　　※市町村にある保健センター等で借用することができる。
- 感想をまとめるカード（生徒が赤ちゃん人形を抱いた感想を書いて黒板に掲示できる紙）

●授業の工夫
- 体験での生徒全員の感想を黒板に並べ，それぞれが感じた思いを振り返り，分かち合う。
- 授業の最後には，生徒全員の感想が並んだ黒板を完成させる。

●授業の評価の観点
- 生徒それぞれの視点で，生命についての思いを抱くことができたか。

●授業の様子や生徒たちの声
- 赤ちゃん人形を抱いて感じたことを，生徒は次のように紙にまとめた。

　　驚き　　　　「思ってたより重かった」「頭が重かった」「小さいけど重い」
　　か弱さ　　　「首が折れそう」「すごく弱そう」「落としそうでこわい」
　　いとおしみ　「大事にしたい」「かわいい」「絶対に産んで育ててみたい」
　　興味　　　　「おもしろかった」

リアルな体験で生命に対する感覚をみがく

	学習活動と生徒の様子	ポイントと留意点
	生徒は事前に『心のノート』68ページ「その日のこと」の欄を家庭で取材をしておく（自分の出産時の体重を必ず取材するように指示をしておく）。	
導入	①赤ちゃんの産声（録音ＣＤ等）を聴く。 　「みんな、自分だったら泣き声にどんな気持ちをこめて産まれてくるかなあ」 　・「がんばって出てきたよ」「こわかった」「やったー」 ②本時のねらいを簡単に説明する。 　「今日は自分の生まれた日のことを考えてみたいと思います」	・静かに耳を傾ける雰囲気づくりをしてから始める。 ・『心のノート』への取材を想起できるようにする。
展開	──座席を班にする── ③赤ちゃん人形を抱っこする 　「本物の赤ちゃんだと思って順番に抱いてみてください」 　・「なんか、緊張する」「すごく重い」 　「生まれたばかりの赤ちゃんは頭がぐらぐらしています。赤ちゃんを手渡すときは気をつけて、互いに席から立って手渡してください」 　・「落っことしちゃいそう」 ④『心のノート』68ページ「その日のこと」の欄に取材した内容を各自で確認する。 ⑤自分の出産時の体重と比較して、赤ちゃん人形を再度抱っこする。 　「この赤ちゃんは本物と同じように作られています。重さは3000グラムあります。自分が生まれたときの体重と比べて抱いてみてください」 　・「私は生まれた時はもっと重かったんだ」 ──座席を前向きにする── ⑥赤ちゃん人形を抱っこした感想をまとめる。 　「紙を１枚配りました。赤ちゃん人形を抱いて自分が感じたことを１行で書いてください」 　・（生徒は前ページに記載したような感想を抱いている） ⑦赤ちゃん人形を抱いた感想を発表し、黒板に紙に書いた感想を掲示して生徒全員の感想が並んだ黒板にする。	・生徒それぞれの感覚での感想を大切にできるようにする。 ・人形を抱く者は座席から立つことで緊張感を持てるようにする。 ・各自の記録なので個人確認にとどめる。 ・体験後は赤ちゃん人形を回収し、人形を長時間放置する状況をつくらない。 ・同様の内容ごとに黒板に掲示する。
まとめ	⑧『心のノート』74ページの詩を朗読する。 ⑨本時の感想をまとめる。	

| 指導案② | 1時間目 | 3次 |

自分への思い

●教師の思いと授業のねらい，そのねらいを設定した理由
　読み物資料を使った母親の思いにふれる授業の後に実施します。前時にふれた母親の思いと同様の思いが，ゲストティーチャーの母親の口から語られることとなります。この授業は，学習後に自分の学習したことを確認する体験活動です。ここでは，生命は多くの人に支えられていることに気づかせ，生命を尊重しようとする態度を養うことをねらいとします。

●資料（教具・教材を含む）
- ワークシート……184ページ
- ゲストティーチャー（妊婦，保健師）

※市町村にある保健センターの保健師の方の協力により，母親学級などに参加している妊婦の方や，医師，助産師の方をゲストティーチャーとして紹介していただくことができる。医師や保健師，助産師の方の協力により，教室で心音を聴かせる授業なども可能となる。

●授業の工夫
- 教師がインタビュアーとなり，ゲストティーチャーと共に授業を進める。母親の思いにふれるという視点で，生徒の質問とその答えで授業を構成する。一問一答式の会話とならないように，ゲストティーチャーが思いを語ることができる場面を設定したい。

●授業の評価の観点
- 生命への想像ではない事実にふれて，自分の考えを深めることができたか。

●授業の様子や生徒たちの声
- 生徒が自分の疑問を解決しながら授業が進み，なごやかなムードが教室に漂った。
　教師「お母さんのお腹の中のこと，覚えてる人っている？　どんな感じだった？」
　生徒「えー，覚えてない」「3歳までは覚えてた。だけど，今は忘れちゃった」

リアルな体験で生命に対する感覚をみがく

	学習活動と生徒の様子	ポイントと留意点
	事前に「私の疑問」（184ページ）を使用し，生徒の「赤ちゃんについて質問」と「お母さんへの質問」を教師が把握する。授業前に「私の疑問」を「道徳ノート」（184ページ）に貼り，本時ワークシートを完成させておく。	
導入	①本時のねらいを簡単に説明する。 　「今日はゲストティーチャーの方へ，学習の中でわいてきた疑問についてお伺いしたいと思います」	※本時は妊娠の苦労ではなく，母親の生まれてくる赤ちゃんへの思いが伝わるように授業を進行する。
展開	②ゲストティーチャーの自己紹介を聞く。 ③赤ちゃんへの疑問をインタビューする。 　・「赤ちゃんはおなかの中で何を食べているのですか」 　・「へその緒はどれくらいの長さですか」 　・「羊水の中に入っている時，おぼれないんですか」 　・「おなかを刺激すると赤ちゃんって死んじゃうんですか」 　・「外の声が聞こえるんですか」 　・「おなかの中でのことって覚えてるんですか」 ④胎児の心音を聴く。（保健師や助産師の方の協力で，ドップラー計等の機器の準備が可能であれば，ぜひ行いたい） 　「これが，いま，おなかの中で一生懸命生きている赤ちゃんの心臓の音だよ」 　・「すごく速い」「ポンプの音みたい」 　「自分の脈をとってみて，速さを比べてみようか」 ⑤母親への疑問をインタビューする。 　・「出産は怖くないのですか」 　・「つわりとはどんな感じになるのですか」 　・「陣痛ってどれくらい痛いのですか」 　・「赤ちゃんを生んだらおなかはもとにもどるのですか」 　・「初めて妊娠したときはどんな気持ちでしたか」 　・「赤ちゃんが生まれたときはどんな気持ちでしたか」	・同じような内容をまとめたり，深めることができるように，生徒の疑問を事前に把握して進行する。 ・ドップラー計の音量をあげ，生徒の目の前に息づいている胎児の心音を感じられるようにする。 ・一問一答に終わらないように，出産にまつわるエピソードを聴くという形で，母親の思いにふれて，考えを深めることができるようにする。
まとめ	⑦『心のノート』74ページの詩を朗読する。 ⑧今日の学習を振り返っての感想をまとめる。	・単元の学習で二度目の朗読をする。

単元指導の実際

❶ 実践の記録と成果

関連づけの工夫

「かけがえのない生命」に対する感覚をみがくために、さまざまな思いを抱く学習前の体験と、学習したことを確認する学習後の体験の特質を生かせるように単元（ユニット）を構成しました。学校全体での計画でない場合、複数の教科と大きく関連を図る総合単元の構想は難しいため、担任が実施する「学級活動」や「道徳の時間」を、「教科等の生命にかかわる内容」につなげることで実施可能なものとしました。

単元構成の実際

この単元で学習前の体験にあたるものは、赤ちゃん人形を抱くということです。生徒は「重さ」や、「か弱さ」「いとおしさ」など、さまざまな感想を示しています。生徒の思考の流れを大切に、これらすべての思いを大切に授業を進めたいものです。

そして、次の道徳の授業では「かけがえのない生命」を母親の思いを感じ取れる資料での学習を行います。いままで、自分の思いからしか生命を考えていなかった生徒がほとんどです。周囲の思いにふれることで生徒の視点は転換されます。そして、これ以降の単元の学習は、周囲の思いから「かけがえのない生命」を考える流れとなっていきます。

学習後の体験にあたるものは、ゲストティーチャーを招いての授業です。生徒の心には、前時の道徳の授業で学習した母親の思いが残っています。その母親の子どもを思う気持ちが、実際に目の前で語られるのです。資料の中で想像をめぐらせたものが現実となる、この体験は生徒の心を大いにゆり動かしました。

自由記述に見る生徒の変容

この単元の学習の前後に、生徒は生命についての考えを記述しました。

単元の学習前には、「生命は大切」「一つしかない」などの、客観的に知識や学習内容として記述していた内容が多くみられました。しかし、単元の学習後には、「生命を大切にしたい」「悔いのない人生を送らなくてはいけない」など、自分の決意や行動としての記述が格段に増加しています。次ページの記述は、単元の学習後に書いた生徒のものです。

> 　心音を聴いた時，目に見えないけど「生きてるなー」と感じました。妊婦さんはもう一人の命を持ちながら生活するけど「すごくうれしいものなんだ」と思いました。
> 　私にはまだこの気持ちがわからないし，とても不思議です。でも，その喜びは大きいものだと思いました。
> 　生命って，だれでも持っているものだけど，人それぞれだと思います。はかなかったり…いろいろ…大切にすればするほど生命はいいんだと思います。
> 　道徳の授業での話に出てきたお母さんも「生命を大切にね」と言ってたけど，私も大切にしたいと思いました。もっともっといまを大切に生きていこうと思いました。

　生徒は「かけがえのない生命」を自分の問題として考えを深めています。

学習後の聞き取りから

　また，単元の学習後に今回の学習について聞き取りを行いました。その結果，生徒は自分の意識の変化に大きな影響を与えたものとして，「単元の学習の途中での視点の転換」と，ゲストティーチャーの母親の思いや，目の前に息づく胎児の心音などの「本物にふれるという体験」をあげていました。また，赤ちゃん人形を抱くという疑似体験では，ほとんどの生徒は，本物の赤ちゃんを想像したり，比較しながら抱いていたことがわかりました。

❷ 課題

　地域にはさまざまな施設があります。そして，さまざまな先生がいます。われわれ教師は，地域と一緒に生徒を育てるという姿勢をもつことにより，授業の可能性を大きく広げることができます。

　この単元の学習は，地域の情報をもっている市町村の保健センターなどの保健師の方とどうコーディネートしていくかが鍵です。保健師の方と連携をとることで，身近な施設に生徒の体験活動のための道具が，どのくらいあるのかを知ることができます。また，母親学級などに参加している妊婦の方へ，授業参加の声かけもお願いできます。医師や助産師の方を紹介していただくことで，授業時にドップラー計等を使って心音を直接生徒に聴かせるなどの専門的なアプローチも可能となります。

　次に大切なことは教師の姿勢です。授業のねらいに迫るためには，教師がゲストティーチャーと共に授業づくりをしたいものです。一定の時間をゲストティーチャーに任せるということではなく，教師が授業にリアリティをもたせるために，当事者の生の声を必要に応じておりまぜていくのです。生徒の思考の流れに合わせた授業づくりが，このことにより可能となります。

私の疑問

（　）組（　）番　氏名（　　　　　）

「生命」の授業を何時間か行いましたが、その中で「実際のところはどうなのだろう？」などと思うことはなかったでしょうか。考えてみてください。そして、そのことを質問の形で箇条書きにしてください。（いくつでもかまいません。）

1　赤ちゃん（お腹の中にいる時のことも）について
・
・
・

2　お母さん（妊娠中のことも）について
・
・
・

3　その他（何かあったら書いてください。）
・
・
・

道徳ノートの使用例

※プリントを貼る

（○）組（○）番　氏名（○○○○）

私の疑問

（○）組（○）番　氏名（○○○○）

「生命」の授業を何時間か行いましたが，その中で「実際のところはどうなのだろう？」などと思うことはなかったでしょうか。考えてみてください。そして，そのことを質問の形で箇条書きにしてください。（いくつでもかまいません。）

1　赤ちゃん（お腹の中にいる時のことも）について
・お腹の中でどうやって呼吸しているのか。
・赤ちゃんがお腹をけったりすると痛いのか。
・
・

2　お母さん（妊娠中のことも）について
・つわりになると苦しいのか。
・初めて赤ちゃんができた時の気持ちは。
・
・

3　その他（何かあったら書いてください。）
・
・

〈メモ〉
へその緒から栄養と酸素が運ばれている。
へその緒は30センチ〜1メートル。切っても痛くない。
大人の倍位呼吸をしている。　羊水は赤ちゃんを衝撃から守る。
産む前は不安もあったけれど…

〈今日の授業の感想〉
今回の授業でゲストティーチャーの話を聞いて…

養護学校

大きな視点から自分を見つめ病気と向き合う

養護学校3年生　自立活動　12時間

佐々木祐子

諸富祥彦が語る
この実践　ここがポイント！

■**病気の子どもの心を支える**■

　佐々木先生が当時に勤務されていた病弱養護学校は，完治できない重い病気と闘う子どもたちのための学校です。ここでは，自分の病気と向き合い，自分の人生をどう生きるかということを真剣に考えざるを得ません。困難な病気に立ち向かうなかで，健康な子どもとは違う自分を感じ，強い孤独感に苛まれ，心理的に不安定になる子どもも少なくありません。

　そうした子どもたちが，ありのままの自分を受け入れ，前向きに生きる意欲を持てるよう考えられたのが今回の実践です。

■**「立脚点の変更」という手法**■

　自分自身の生死と向き合うと，そこには自ずと自分を超越した視点が浮上してきます。少し離れた地点から自分を見つめることによって，この世に存在する自分を相対化できる。そういう大きな視点から自分をとらえるようになるには，自分がいま生きていることを支えてくれるもの―例えばベッドや枕など―の視点で自分を見つめるという手法が役立ちます。つまり，自分を見つめる際の立脚点を変更するのです。

　このエクササイズには，押しつけがましくなく，深いテーマに目を向けさせるノウハウがびっしりと詰まっています。これは病気を持つ子どもだけでなく，健康な子どもにも使える手法です。

　自分を見つめるという作業には苦痛が伴います。しかし，人間ではないものの視点を組み込むことによって，不要な葛藤で心を消耗することなく，安心して取り組むことができます。

　どんな子どもでも，自分のことをだれもわかってくれないという孤独感を感じます。そんなとき，自己否定に陥り自暴自棄になってしまいがちな子どもたち。けれど，そんな彼らも無条件に自分を支えてくれるものの存在に気づくことによって，心の安定を手に入れることができるのです。

単元全体の計画

3年生 / 自立活動 / 12時間

自分の病気とうまくつき合おう

佐々木祐子
もと千葉県立仁戸名養護学校

❶ 単元（ユニット）設定の理由

　本校は，小児癌や骨疾患，腎臓疾患などの病気で入院生活を余儀なくされた，小学校1年生から高校3年生の子どもたちが在籍している病弱養護学校です。養護学校の教育課程の中に「自立活動」という領域があり，ここでは，自己の病気について理解し，病状に応じた生活を実践しながら主体的に生活・行動できる生徒をめざして指導にあたっています。本実践は，中学部腎臓疾患の生徒を対象に実施したものです。腎臓疾患の場合，病気が寛解すれば退院し前籍校に戻れますが，やはり病気になった自分，友達と違う自分を感じ，対人関係に不安をもっています。さらに，病状の変化への不安や薬による副作用（脱毛，ムーンフェイス），治療のための制約などから心理的に不安定になりやすい傾向もみられます。このような生徒たちに，「生徒相互の人間関係を円滑にし，病気をもつ自分自身を肯定的に受容し，前向きに生きていこうという意欲を高めていってほしい」という願いをこめて本単元を設定しました。

❷ 単元（ユニット）の目標

- 自分の病気と一生つき合いながら生きていく病気療養児が，病気をもつ自分自身を肯定的に受容し，前向きに生きていこうという意欲を高める。

❸ こころを育てる仕掛け

- ありのままの自分を肯定的に受けとめてもらえる体験や，病気をもつ者同士の本音を語り合う体験を通して，生徒の自己肯定感を高め，それが病気をもつ自己の受容や自立への意欲につながっていくのではないかと考え，エンカウンターを実施した。
- 背景となる理論・技法 ——— 自己受容・自己肯定・プロセス指向心理学

❹ 指導上の工夫

- 生徒の心理的レディネスを考慮し，エクササイズの内容と配列を工夫した。

- 自分の思いを十分に書き込めるようワークシートの内容を工夫した。
- 授業の評価の一つとして、振り返りシートを作成し、次時の授業の参考とした。

❺ 単元（ユニット）の指導計画　全12時間

1次（対人関係の形成）	三種の神器を探せ（1時間）	・3人1組のグループになり、宝物を隠してある地図を貼り合わせてその場所をグループで協力して探し出す。
	春夏秋冬（1時間）	・自分の好きな季節が書いてある所に集まり、その季節が好きな理由を話す。仲間と協力して、その季節を題材とした絵を一言も話さずに描く（連想絵画）。また、その季節で健康管理上留意する点を話し合う。
2次（病状の理解と生活管理）	料理対決（3時間）	・好きな料理の所（和食、洋食、中華、イタリアン）に集まり、何故好きなのかを伝え、その料理のよさをグループで主張し合う。また、自分の病状に合わせてメニューを考えて、発表する。
	私はレポーター（1時間）	・レポーター役とインタビューされる役の2人1組になり、お互いに質問し合う。思いがけない質問から自分の隠された一面に気づき、自分や友達について理解を深める。
	もしも…だったら（1時間）	・退院後の生活や高校生活で起こる場面を想定して、2人1組になりロールプレイする。
3次（病気の受容や意欲の向上）	先輩から学ぶ（1時間）	・白血病で、薬の副作用のため全身がケロイド状態になってしまった大学生の手記を読み、どのように病気を受容し生活しているのか、学んだことをグループで話し合う。
	私のライフライン（1時間）	・中3までの自分の歴史を振り返り、楽しかった時期、苦しかった時期を曲線でグラフ化し、どういう出来事があったのかまとめていく。互いにそのころの様子を話し合う。
	自分を支えてくれているもの（1時間）	・いままで、自分が生きてきた中で自分を支えてくれていたものを思い浮かべ、そのものがどんな言葉を自分に与えているのか想像し、これからの生活に生かしていく。
	高校生になった私からの手紙（2時間）	・高校1年生になった自分から、いまの自分に手紙を書き、1年後そうあるためにいますべきことについて考える。グループで回し読みをして、手紙の下にその人がこれからの励みになるようなメッセージを贈る。

指導案① 2時間目 3次

私のライフライン

●**教師の思いと授業のねらい，そのねらいを設定した理由**

　自分の歩んできた15年という生活を振り返り，発病，入院，再発などの辛い経験も乗り越えていまの自分（友達）があることを理解させます。そして，辛い経験も乗り越えられた自分（友達）に気づくことで，自己肯定感を高め，今後前向きに生活していこうとする意欲を高めることをねらいとしました。

　1歳に満たないころから病院と縁の切れない生徒，中3まで部活三昧で，ある日突然入院と言われた生徒と，入院にいたる経過はさまざまですが，どの生徒も病気になった自分や入院生活を否定的にとらえています。そこで，病気になった自分を含めて，いままでの自分を否定せず受け入れてもらいたいという思いでこのエクササイズを実施しました。

●**資料（教具・教材を含む）**
- 提示用ライフライン（見本）
- 生徒用ワークシート1枚，振り返りシート1枚……194ページ

●**授業の工夫**
- ライフラインを作成しやすいよう，見本を用意した。
- 自分の過去を振り返りやすいような教示内容を工夫した。
- ワークシート，振り返りシートの内容は生徒が自由に書き込めるようにした。

●**授業の評価の観点**
- 発病，入院という辛い経験や楽しい経験をして，いまの自分（友達）があることを知り，この経験を今後の生活に前向きに生かそうという意欲がもてたか。

●**授業の様子や生徒たちの声**

　「なかなか昔のことは思い出せないよ」といいながらライフラインを作成していましたが，どの生徒も初発の入院時に落ち込み，再発した生徒はさらに落ち込んだ曲線を描いていました。「入院してから，楽しいことはないと思ってたけど，楽しいこともけっこうあるじゃん」「いままで以上に長い人生をいっぱいうれしくなって喜んで，そういう思い出をいっぱいつくって生きたいです」「たまには昔のことを思い出すのもいいと思った。悪いこともあった。でも落ち込んだままいかないことがいいと思った」「友だちに新しい発見があって新鮮だった。友だちも同じようなことで悩んでいて，少し安心した」などの感想が，振り返り用紙に書かれていました。

大きな視点から自分を見つめ病気と向き合う

	教師の活動・指示（○）と生徒の様子（☆）	留意点
導入	○☆円陣に座り，小さいとき何と呼ばれていたか自己紹介する。 「私の名前は○○なのでゆうちゃんと呼ばれてました」 ○本時の活動内容を説明する。 「今日はいままでの自分の人生を振り返ることによって，簡単な自分史を作り，自分というものを見つめ直してみてください」	・教師がデモンストレーションを示すと話しやすくなる。
展開	○ワークシートを配布し，ライフラインの説明をする。 「グラフの横軸には0歳から16歳までの数字が書いてあり，縦軸は自分の充実感を表しています。自分がこのときにどんな気持ちでいたか曲線で表してください。そして，その下にどんなことがあったからそういう気持ちになったのかじっくり思い出して書いてください」 ☆目を閉じて教示を聞く。 教示「皆さんは中学生ですが，小学生のころに戻ってみましょう。目を閉じてください。いま小学生です。何年生でもかまいません。皆さんが通っている小学校の校門の前に立っています。校門を入り，教室まで向かいます。教室までの間にどんな部屋があって，どんな先生や友だちとお話をするのでしょうか？ 授業が始まりました。もしかしたら運動会などの行事の日を思い浮かべた人もいるでしょうか？ 皆さんはどんな感じで勉強していたのでしょう？ お昼になりました。給食です。メニューは何でしょう？ そして，午後の勉強を終えて，家に帰ります。どんな方法で通学していたのでしょう。家の玄関を開けるといい匂いがしてきます。あなたを迎えてくれているのはいまよりちょっぴり若いおかあさんでしょうか？ お風呂は？ トイレは？ 夕飯を一緒に食べているのはだれでしょう？ お母さんから時々自分の子どものころを話されませんでしたか？ 幼稚園のころはどんな遊びをしていたでしょうか？ 歩き始めたのは何歳でしょうか？ おむつがとれたのはいつだったでしょう？ ミルクはたくさん飲んだのでしょうか？ 生まれたばかりの皆さんはどんなだったでしょう？ まるまる太っていたでしょうか？……」 ☆ライフラインを作成する。 ○「二人組をつくってください。互いに曲線を見せて，自分の歴史をパートナーの人に話してください。話せる範囲でかまいません。互いに冷やかしたり笑ったりしないようにしてください」 ○「相手の話を聞いてどう感じたか伝え合ってください」	・ライフラインの例を提示して，説明をする。 ・0歳のときなど記憶のないときは，想像で充実感を表す。 ・教示内容は，生徒の実態に応じて話す。 ・話せる範囲でよいこと，話を聞くときは，ひやかしたり笑ったりしないよう指示を徹底させる。
まとめ	○振り返りシートを配り，今日の感想を記入し発表する。 ○生徒の発言をまとめて話をする。 「皆さんのライフラインは，発病，入院というところで，いちばん落ち込んでいて，自分が病気で入院したことがいままででいちばんショックだったということでした。しかし，そのような『辛い経験も乗り越えてきているんだな』という感想がたくさんありました。『友だちも同じような経験をしていたことに気づいて，辛いのは自分だけじゃなかった。落ち込んでても仕方ない』という感想，『入院して最悪と思っていたけど，楽しいこともあるんだな』という意見もありました。皆さんは，発病，入院という辛い経験を乗り越えてきて，病気になってからも楽しい経験をしているのです。これからの生活を豊かにするために，この経験を生かしてほしいと思います」	・話は一人3分以内とする。

| 指導案② | 3時間目 | 3次 |

自分を支えてくれているもの

●**教師の思いと授業のねらい，そのねらいを設定した理由**

　自分を支えてくれているものを思い浮かべ，自分を勇気づけるメッセージを与えることで，病気の自分や弱さを伴う自分自身を受容し肯定できるようにします。そのことを通して，今後の生活への意欲づけを図ることをねらいとしました。

　一生病気とともに生きていかなければならない生徒たちが，前向きに生活していこうとする意欲を高めるには，病気の自分や弱さを伴う自分自身を深く受容し肯定していることが前提となります。そして，深い自己受容や自己肯定が可能になるには，自分のことをたえず見守り，すべてを認めて許してくれるような存在が必要です。そこで，このエクササイズを諸富先生と考案して実施しました。

●**資料（教具・教材を含む）**
- 生徒用ワークシート1枚，振り返りシート1枚……194ページ

●**授業の工夫**
- 落ち着いた雰囲気をつくるために，音楽を流したりゆるやかな口調で話したりする。
- 自分を見守っていてくれるものをイメージさせる場面では，生徒がワークシートに記入しやすいよう，教示の内容を具体的（髪の毛の色，肌の色など）に与える工夫をした。

●**授業の評価の観点**
- 自分自身を肯定し，前向きに生活していこうとする気持ちをもつことができたか，ワークシートや振り返りシートの記入から評価する。

●**授業の様子や生徒たちの声**

　静かな雰囲気のなか，全員が真剣に取り組み，「見守ってくれているものなんてわからないよ。絵なんて描けないよ」と言っていた生徒も，言葉よりも絵で思い浮かんだものをワークシートに記入していました。思い浮かべたものは，天使，枕，母親，神，とバラエティに富んでいました。そして，「自分だけじゃなくてどこかで自分を支えてくれているものがいてくれて，なんかがんばれそうな気がした」「病気になる前の積極的な自分を取り戻さなくちゃって思った」という感想を振り返りシートに記入していました。

●**参考文献**
- 諸富祥彦『学校現場で使えるカウンセリング・テクニック（上）』誠心書房
- 藤見幸雄『痛みと身体の心理学』新潮社

大きな視点から自分を見つめ病気と向き合う

	教師の活動・指示（○）と生徒の様子（☆）	留意点
導入	○本時のねらいを簡単に説明する。「いままでの人生を振り返ったときに，自分をどこかで見守っていてくれたものを思い浮かべ，その人やものの立場から，いまの，またはこれからの自分にメッセージを与えてもらう活動を行います。深呼吸して気持ちをリラックスさせましょう」 ☆2～3回深呼吸する。 ○教師自身が自分を見守ってくれているものについて話をして，ワークシートを配布する。	・静かで落ち着いた雰囲気を作るように心がける。 ・人ではなく自然やものを例にあげる。
展開	○教示①を伝える。☆目を閉じて教示を聞く。 　教示①「いままで生きてきたなかで，自分のことをたえず見守っていてくれたものがどこかにあるはずです。それを思い浮かべてみてください。例えば，お星様かもしれません。山（海，青空，宇宙…）かもしれません。どんなものでもかまいませんから，自分をずっと見守ってきてくれたものを思い浮かべてください。（間）もし，それが顔をもっているとしたらどんな顔をしているでしょう。その顔をよく特徴が現れるように絵で書いてください。下手でもかまいません。絵がむずかしければ言葉でもいいから詳しく書いてください」 ☆ワークシート１に絵や文章を書き込む。 ○教示②を伝える。教示②「次に，いま書いたイラストに名前をつけてください。そして，あなたがその人になってみてください。その（天使を思い浮かべた人は天使になってみましょう）立場から，いまの自分を見てください。どんなメッセージを自分に投げかけたくなりますか？その言葉を書いてみてください」 ☆ワークシート２に記入する。 ○教示③を伝える。教示③「そのメッセージを受け取ってどんな気持ちになりましたか？　また，そのメッセージをこれからの自分の生活の中でどのように生かしていきますか」 ☆ワークシート３に記入する。 ○「２人１組になって①②③について互いに話をしてください。私は，大きな海を思い浮かべました。それは，優しい天使の顔をしていて，『大丈夫，自分の思ったように進みなさい』って言ってくれて，とも気持ちが楽になりました。こんな感じです。このとき注意することは，相手の発言を笑ったり，ひやかしたりしないこと。互いに優しい気持ちで聞いてあげてください。時間は１人３分以内です」 ☆話をして感じたことを２～３人発表する。	・顔をイメージさせる場面では，優しい顔かな，髪の毛の色は，目の形は，鼻の形は，などと具体的に教示を与える。 ・話し方を教師がデモンストレーションしておくと，発表しやすくなる。 ・友達の発言に対しては笑ったり非難したりしないように徹底する。
まとめ	○振り返りシートを配布して，この活動を実施していま感じていることを記入させる。 ☆感想を発表する。 ○教師が生徒の発言を振り返り，感想を話す。「自分を見守ってくれたものの存在に気づくことで，だれかに支えられているような実感をもてたことと思います。弱いところがあっても，そんな自分とつきあいながら，前向きにがんばっていこうという気持ちになれたのではないでしょうか」	・２人１組での話し合いに抵抗のある生徒は，教師が生徒の了解のもとに読みあげ，全体でのシェアとする。

単元指導の実際

❶実践の記録と成果

　本単元は，病気である自分を受容し，自己肯定感を高め，前向きに生活していってほしいという願いを込めて実施したものです。その結果，生徒間にお互いを受容し尊重し合える人間関係を築き，自己肯定感を高め，病気をもつ自己の受容を促すことができたように思います。そして，病気とうまくつきあいながら，前向きに生活していこうという気持ちをもてたことが，以下の記述からうかがえます。

表1　エンカウンターを実施しての事後アンケート（抜粋）

1　一番楽しかった活動は何ですか。 　・「三種の神器を探せ」「春夏秋冬」友達と協力して探したり，絵を描くのがおもしろかった。 　・「高校生になった私からの手紙」友達から励ましのメッセージをもらってうれしかった。 2　自分について考えた活動は何ですか。 　・「私のライフライン」昔のことを振り返ることによって自分の性格やいままで気づかなかった自分の気持ちに気づくことができた。 　・「自分を支えてくれているもの」自分を心の底から理解してくれる人，慰めてくれる人を求めていることに気づいた。 3　今回，全活動を通しての感想や意見を自由に書いてください。 　・自分に自信がないことが一番辛いことで，そのことを素直に振り返りシートに書くことができた。 　・「三種の神器を探せ」のような楽しい活動をたくさんやりたい。 　・病気ということで落ち込んでいたのは自分だけじゃなくて，みんなも病気のこととかで辛いこともあったんだなと思った。

表2　「自分を支えてくれているもの」振り返りシート（抜粋）

1　あなたを見守っていてくれるものの顔を書いてみましょう。 　　　（言葉でもかまいませんができるだけ詳しく書いてください。） 　①仏のような顔（治りょう風そう） 　②全体の色は桃色で，髪はサラサラ，女神様のような人（枕・キラ） 　③メガネをかけていて思いやりがあって可愛い人（天使ちゃん） 2　自分に投げかけているメッセージを書いてください。 　①休んでいろ。私が病気を吹き飛ばす。だから病気に逆らうな。 　②なんでも言っていいんだよ。人の悪口でも，なんでも。泣いてもいいんだよ。いっぱい泣いてまた明日がんばろう。 　③一緒にがんばろう。どこにいても二人は一緒だよ。 3　そのメッセージを受け取ってどんな感じがしますか？ 　①わかりました。疲れた時は無理せず休みます。 　②自分の本当の気持ちをすべて言える。自分が気がすむまで泣ける。 　③天使ちゃんの言っているとおり。元気になる。 4　そのメッセージを今後どう生かしていきますか？ 　①自分でもっと生活管理を徹底する。 　②素直に自分を見つめて自分のことを好きになる。 　③受験勉強とかで辛くなったときに思い出して私の元気のもとにする。

初めてのエクササイズ「三種の神器」（人間関係の形成を目的としてグループで楽しく取り組めるエクササイズ）を実施するときは，「何をするの？」と生徒は半ば不思議な気持ちで取り組んでいました。静かな雰囲気の中で始まりましたが，地図を貼り合わせて宝物の隠し場所がわかると急いでその場に探しに行き，見つけて戻ってきたときには，鼻歌を歌っている生徒もいました。

　2次の（病気の状態の理解と生活管理に関するエクササイズ）「料理対決」では，和食，洋食，中華，イタリアンの各グループで工夫を凝らし，自分の病状を考え，見た目にもおいしい献立を作成し，その料理のよさを主張することができました。「どのグループも美味しそう」「みんな，きちんと栄養のバランスがとれていてすごーい」「アイスクリームって，カロリー高いんだな」など，友達に対しての意見や食事についての理解が増したという記述が多くみられました。

　3次のエクササイズ（病気の受容や意欲につながるエクササイズ）「私のライフライン」では，発病，初めての入院，再発での辛い時期をなんとか乗り越えてきていること，入院生活でも文化祭など楽しい経験もあったということを振り返りシートに記入していました。そして，「友達も同じような経験をしていて，辛いのは自分だけではなかったんだという気持ちをもてた」という感想も多く聞かれました。「自分を支えてくれているもの」では，悲しいときや落ち込んだときに自分を励ましてくれる存在に目を向け，そのものが自分に投げかけてくるメッセージを受け取ることで，自分自身を見つめることができました。そして，現在いちばん気になっていること（病状，受験，自分自身に関することなど）が明確になり，受け取ったメッセージを今後の生活に前向きに生かしていこうとする気持ちをもつことができたようです。例えば，表2の①の生徒にとっては，いちばん気になっていることは病状であり，今後，自己管理をしていこうという前向きな気持ちを表しています。表2の②の生徒は，病棟の枕が見守っていてくれるもので，病気の自分を肯定していこうという気持ちをもつことができました。そして，この生徒は，「私は，自分が嫌いで自信がなかった。それがいちばん自分にとって辛いことだとわかりました。そんな自分を少しは好きになれそうです。振り返りシートには自分の気持ちを素直に書くことができました」という気持ちを事後アンケートに書いていました。

❷課題

- エクササイズの説明は，デモンストレーションなどを行い具体的に示してあげると，以後の活動がスムーズに行えると思う。また，病状や転出入の関係で生徒数が少ない場合は，チームティーチングで取り組むと効果的である。

❸引用・参考文献

- 諸富祥彦『カウンセラーが語るこころの教育の進め方』教育開発研究所
- 國分康孝監『エンカウンターで学級が変わる　中学校編　パート1・2』図書文化

『自分を支えてくれているもの』ワークシート
名前 _____

1. あなたを見守ってくれているものが顔を持っているとしたらどんな顔でしょう。その顔を書いて、名前をつけてみましょう。上手下手は関係ありません。絵が難しければ言葉でもかまいません。

2. 見守ってくれているものは、自分にどんなメッセージを投げかけているでしょう。

3. そのメッセージを受け取ってどんな感じがしますか？

4. そのメッセージをどんなふうに自分の生活（人生）に生かしていきますか？

『自分を支えてくれているもの』振り返りシート
名前 _____

1. この活動は、自分にとってプラスになるものでしたか？

なる ― 少しなる ― あまりならない ― 全然ならない

2. この活動を通して感じたことや気づいたことを自由に書いてください。

私のライフライン・ワークシート
名前 _____

さあこれから1989年の世界に戻ります。あなたが生まれた時の記憶をたどっていってください。どんな出来事がありましたか？

出来事	0	1	2	3	4	5	6	7	8	9	10	11	12	13	14	15	16歳

私のライフライン・振り返りシート
名前 _____

1. 今日のエクササイズを実施して、自分のことをお友達に話すことができましたか？

できた ― 少しできた ― あまりできない ― 全然できなかった

2. お友達の子どものころの話を聞いて、お友達に対してなにか発見がありましたか？

あった ― 少しあった ― あまりなかった ― 全然なかった

3. ライフラインを作成しているときの、気持ちを書いてください。

4. できあがったライフラインを見て、自分の歴史をどう感じますか？

5. お友達の話を聞いてどういう感じがしましたか？

6. 今日のエクササイズを通して、感じたことを書いてください。

養護学校

知的に遅れのある生徒へのエンカウンター

養護学校2年生　朝の会・生活・総合　11時間

大野由紀子

諸富祥彦が語る
この実践　ここがポイント！

■あきらめない眼差し■

　大野先生は，養護学校の中学部に勤務されています。重い知的障害をもつ中学生は，小学生のころより，友人に対する関心が高まってきますが，いっぽうで人間関係を築くためのコミュニケーションが十分に行えないため，うまく関わりをもてず人間関係能力がなかなか育たないのが実状です。現実にはうまく人間関係を築いていけなくても，生徒たちは人間関係のなかで，もっと自分の思いを伝えたいという潜在的欲求をもっています。これまでその事実に目を向けサポートしてこなかった結果が，生徒に現れているのです。

　今回，大野先生は，こうした生徒に構成的グループエンカウンターの活用を試みています。その発想の背景には，教師たちが子どもたちの現状をあきらめすぎているのではないかという強い思いがありました。

■表現する選択肢を得た生徒たち■

　知的障害養護学校でエンカウンターを実践する場合，障害の程度に個人差があり，活動を絞り込んでいくことはたいへん困難です。そこで先生は視覚的にとらえることができる工夫を盛り込み，具体的思考の繰り返しによって気づきの段階まで引き上げるという方法をとりました。例えば友達のよいところを，さまざまなコメントカードのなかから選んで伝える。自分がもらったコメントカードをワークシートに貼り感想をシェアリングするといったものもあります。このようにていねいに繰り返しエクササイズを行うことによって，単語レベルでしか話せなかった生徒が，「自分はこれがしたい」と伝えるための言葉を発するようになった例が紹介されています。実に感動的な場面です。

　今回の実践は，軽〜中程度の知的障害の生徒なら表現の選択肢を設けることによって意志の伝達ができることを示した優れた研究です。大野先生は開拓者として位置づけられると思います。

単元全体の計画

2年生　朝の会　生活総合　11時間

友だちと仲よくなろう

大野由紀子
千葉県立君津養護学校

❶ 単元（ユニット）設定の理由

　私が担任したのは中学部2年生（当時）。中学部の生活にも慣れ，大人とのかかわりが中心だった小学部時代と違い，友だちへの興味関心が高まってきています。直接「友だちが欲しい」「○○さんと遊びたい」と訴えてくる生徒はもちろん，障害の重い生徒も好きな友だちがいることがわかりました。

　しかし実際に生徒同士で遊ぶ場面はあまり見られず，また養護学校の生徒は居住学区を離れて通学しているため，帰宅後友だちと遊ぶ機会も少ないのが現状です。そこで学校という友だちと接する貴重な場を使い，授業の中でも生徒の友だち関係を育てていくことができればと考え，試行錯誤が始まりました。

❷ 単元（ユニット）の目標

- 自分や友だちのことを知る。（名前・持ち物・好きな○○・やりたいことetc）
- 友だちとふれあう体験をし，その楽しさを味わう。

❸ こころを育てる仕掛け

　知的に遅れがある生徒の友だち関係が育ちにくい要因として，言葉でのやりとりが成立しにくい，行動のコントロールがむずかしいという障害そのものからくる要因とともに，充足感や自尊心が満たされにくいという二次的な要因があげられます。

　私はこの二次的な要因に焦点を当て，その解消のために自己肯定感の育成をねらった構成的グループエンカウンターが大きな役割を果たすのではないかと考えました。

❹ 指導上の工夫

　知的な遅れのある生徒に抽象的な思考を伴う深い気づきを求めるには限界があること，生徒の実態に大きな差があり活動内容を絞りにくいことなど，構成的グループエンカウンターを知的障害養護学校で実践する際にはいろいろと配慮が必要であることがわかりまし

た。そこで，次のような点に留意して活動を構成していくことにしました。
- 視覚的な資料を多くし，具体的な思考をもとにした気づきを繰り返すことでねらいに迫る。
- 個人の特性や集団の関係などを把握し，全員ができるエクササイズを構成する。
- シェアリングは柔軟に用いる。

❺ 単元（ユニット）の指導計画　全11時間

活動単位	活動で重視したこと	活動名	活動時間
学級全体	短時間でできる繰り返しの活動	あいこでポン　＊1	朝・帰りの会
学級全体	ふれあい体験や簡単な振り返りを重視した活動	ダンスほめほめ大会	生活単元学習（2時間）
Aグループ（知的な遅れが軽度）	伝え合い，振り返り，文字で表現する活動	すごろくゲーム　＊2	国語・数学（3時間）
Cグループ（知的な遅れが重度）	ソーシャルスキルや自己理解，他者理解を重視した活動	お店に行こう	総合的な学習の時間（6時間）

＊1　あいこでポン
　「あいこじゃんけん」（國分康孝監『エンカウンターで学校が変わるショートエクササイズ集』図書文化）と同じやり方。じゃんけんのルール理解がむずかしい生徒のために，色違いの3つの玉を，合図で一斉に袋から取り出すようにした。

＊2　すごろくゲーム
　すごろくで自分が止まったマスに書かれた質問（「好きな食べ物は何ですか？」「出身小学校はどこ？」など）を全員にし，他者は答えをカードに書いて発表する。それぞれが答えを書いたカードは1か所に集めておき，全員がゴールした後，1枚ずつだれが書いたものかをあてっこする。

指導案① 　生活単元学習

ダンスほめほめ大会

●教師の思いと授業のねらい，そのねらいを設定した理由
　生徒はみな，音楽で取り組んでいる「アフリカンダンス」が大好き。そこで生徒が踊っている様子をビデオに撮ってみんなで見合い，互いのよいところを伝え合うという活動を計画しました。ビデオは障害の重い生徒も大好きな教材です。ましてや自分が写っているとなれば興味をもって見るのではないかと考えました。

●資料（教具・教材を含む）
- アフリカンダンスのビデオ
- コメントカード，選択カード……199ページ
- 生徒の顔写真及び名前カード
- コメントカードを貼るワークシート……204ページ

●授業の工夫
- 発達段階に応じ，自分で簡単なコメントを書くグループ，「手の動きが上手」などの選択カードを選ぶグループ，踊っている友だちの写真や名前カードを選ぶグループに分けた。

●授業の評価の観点
- ビデオを見て，友だちのよい点をコメントや選択カードで伝えることができたか。（障害の重い生徒は踊っている友だちの写真や名前カードを選ぶことができたか）

●授業の様子や生徒たちの声
　中学部きっての名ダンサーAさんへは「うまい」という賛辞とともに「手の動きが上手」というカードが集中，Aさん自身も「手の動きが上手」のカードを選び，得意げでした。
　いっぽう，ビデオの中では寝ころんでばかりいてほとんど踊っていなかったBさん。ほかの生徒がどんな反応をするか不安でしたが，ひとりが「お昼寝が上手」と発言，これを大きく取り上げることで，みなもよいところを見るようになりました。Bさんと仲のよいCさんの「笑顔が素敵」というコメントが印象的でした（次ページ参照）。

	学習活動と生徒の様子	ポイントと留意点
導入	①アフリカンダンスのテープをかけ，その場で踊る。 ②本時のねらいを簡単に説明する。 　「昨日のアフリカンダンスのビデオを見て，自分や友だちのよいところを見つけてみましょう」	・リラックスする。 ・アフリカンダンスを思い出す。
展開	③よいところの伝え方について説明をする。 ・自分で簡単なコメントを書く場合（A） ・「足の動きが上手」「手の動きが上手」「笑顔が素敵」「可愛い（かっこいい）」の4つのカードから選ぶ場合（B） ・踊っている人の写真または名前カードを選ぶ場合（C） 　（A）コメントを記入するカード 　　　　　　　　　　　　（B）選んで渡すカード ④ひとりずつ踊っているビデオを見て，コメントを書いたり選んだりする。 ・書き終えたらひとりずつ発表し，相手にカードを渡す。 ⑤自分がもらったカードをワークシートに貼る。	・左記のうち，どの表現方法を選んでもよいこととする。 ・Cグループの生徒は個別にサポートしながら，踊っている人の写真や名前カードを選ぶようにする。 ・選んだり書いたりできない生徒がいる場合には特徴的な場面で静止する。
まとめ	⑥ワークシートを見せ合いながら本時の感想を発表する。	

指導案② 総合的な学習の時間

お店に行こう

● **教師の思いと授業のねらい，そのねらいを設定した理由**

「ダンスほめほめ大会」を学年全体で行った際，Cグループの生徒は，大勢の中では，好きなビデオもなかなか集中して見ることができないという大きな反省が残りました。

そこでCグループの生徒が集中して取り組み，しかも友だちについて意識できる題材はないかと考えて実践したのが（通常のエンカウンターとはかなり異なりますが）この「お店に行こう」です。わが子（当時保育園）が，まずは友だちの名前と顔，次に友だちの所有物（これは○○ちゃんの）を通して友だちのことについて理解していく様子にヒントを得ました。

● **資料（教具・教材を含む）**
- 生徒の顔写真，お店やお店に売っている商品の写真（許可が必要です）
- 買物一覧表（次ページ参照）
- 買物の様子を映したビデオ

● **授業の工夫**
- 生徒が大好きな活動「買物学習」を取り上げ，資料はすべて写真を使った。また，同じ活動を2週間の「総合的な学習の時間」の中で3回繰り返し，見通しをもちやすくした。

● **授業の評価の観点**
- 自分がいま何を買いたいのかをしっかり意識して選ぶことができたか。
- 買物のビデオを見て，自分や友だちが何を買ったのか振り返ることができたか。

● **授業の様子や子どもたちの声**

どの生徒もビデオに集中し，ふだんはほとんど言葉を話さない，またはエコラリア（反響言語，おうむ返し）の生徒がビデオに映った友だちの名前を言ったり，ビデオを早送りしようとした際，「だめ，押すな」という生きた言葉が聞かれたりと，言語表出の多さには私自身が驚いてしまいました。

ふだんほとんど話さず，自分の意思を通すこともないC君でしたが，飲食店で自分の注文とは違うものが運ばれてきても手をつけません。店員さんが間違いに気づいて取りかえたとたん，おもむろに包みを開けパクパク。自分が選んだものをしっかり意識していたことがわかりました。

知的に遅れのある生徒へのエンカウンター

	学習活動と生徒の様子	ポイントと留意点
買物事前	①本時のねらいを簡単に説明する。 「『自分が欲しい物と友だちにプレゼントする物』この2つを買いに○○へ行きましょう」 ②写真を使って自分の欲しい物，プレゼントしたい物，プレゼントする友だちを選び，メモに貼る。	・生徒が選んだ人や商品の名前を教師が言うようにする。
買物	③買物に行く。 　・自分の物，プレゼントする物 ④友だちにプレゼントを渡す。	・買物手順の理解ではなく，あらかじめ自分が選んだものを意識して買物をしているかにポイントを置く。
まとめ	⑤買物のビデオを見ながら買物表を作る。 　・Bさんの買物メモ 　・Dさんの買物一覧表 ⑥買物メモを見せ合い，サイン等で感想を発表する。 （事前からまとめまで3時間。お店を変え，この活動を3回繰り返し行った）	・ビデオを見ながら，だれが何を買っているか言語や指さし等で確認する。 ・Bさんは自分のことについての買物メモを作成する。 ・C～Eさんは友だちの買ったものも含めた一覧表を作成する。

単元指導の実際

❶ 実践の記録と成果

・Aグループの活動から

　Aグループの生徒は，身の回りのもの（着ている洋服の色や好きな食べ物など）はもちろん，「活動が楽しかったか」「いまの気持ちはどうか」「友だちの発表を聞いてどう思ったか」など自分の気持ちについても言葉や文字で表現することができ，さらに，生徒同士でゲームの役割を決めるような自発的なかかわりもみられました。

・学級全体での活動から

　「あいこでポン」のような簡単な活動は，発達段階にとらわれず全員で楽しむことができました。また，毎日繰り返すことで，見通しをもって行え，ルール自体は理解できない生徒も，友だちが喜ぶのにつられて笑ったり，握手を求められて手を差し出したりするかかわりがみられました。

・Cグループの活動から

　何よりも驚いたのは，実践を繰り返すなかでこのグループの生徒全員が，友だちやお店の名前など，たくさんの言葉を話し始めたことです。中でも喃語〜数個の単語レベルのBさんが写真を見ながら「ケーキ食べたい」とはっきり言ったときには，近くにいた教師と抱き合って喜んでしまいました。

・生徒や学年の先生方の声から

　この実践にあたり，事前・事後に生徒には「だれと仲良しですか？」学年の教師には「クラスの中でだれとだれがやりとりが見られますか？」というアンケートを取りました。生徒も学年の教師も事前に比べ，事後は仲のよい友だちの名前が倍以上に増え，同じクラスの担任からは「クラス内のかかわりが以前とはまったく変わり，広がってきた」という感想も聞かれました。また，ふだん集団への参加がむずかしく，限られた教師とのかかわりがほとんどだったDさんが，教師にしていた質問を友だちにもするようになるなど，ふだんの生活の中でもかかわりの広がりも見られました。

【知的な遅れのある生徒へのエンカウンター実践ポイント】

①言葉によらない自己理解，他者理解，自己表現，ふれあい体験が重要です。一見一人でいるのが好きに見える生徒も，みな自分の気持ちを表現し，わかってもらえる機会を待っています。

②知的な遅れが軽度，中度の生徒は，視覚的な手がかりや選択肢を用いれば，通常学級で行われているエクササイズがかなり応用できます。実践した上で実態に即したものに改善していくプロセスが大切です。

③展開内容を変化させるより，同じ活動を繰り返し行うほうが効果的です。

④知的な遅れが重度の生徒へは，ダンス，カラオケ，誕生会など，ふだん生徒が楽しんで行っている活動の中に，自己理解や他者理解などのねらいを組み込んだ学習活動が効果的です。学校生活の中にはエンカウンターの題材になるものがたくさんあると思います。

⑤生徒の小さな成功も大きく取り上げ，クラスみんなで共有することが大切です。

⑥チームティーチングで行う場合，エンカウンターについての教師間の共通理解は欠かせません。

❷ 課題

今回の実践では，私の予想以上に生徒がよい反応をしたにもかかわらず，教師や保護者と大いに喜び合っただけで，クラス内の生徒との共有までにはいたらなかったこと（実践ポイント⑤）が大きな反省点です。個々の生徒のよい反応を，とくに日常会話が十分通じる生徒にも伝えていたら，一緒に喜んでくれ，彼らの他者理解にもつながったと思っています。

❸ 引用・参考文献

- 國分康孝監『エンカウンターで学級が変わる　小学校編　パート１』図書文化
- 國分康孝監『エンカウンターで学級が変わる　ショートエクササイズ集　パート１』図書文化

ダンス　ほめほめ大会

なまえ _____

ぼくの・わたしのよかったところ

- てのうごき — 手のうごきがじょうず!!
- てのうごき — 手をうごいたらじょうず
- てのうごき
- えがお — うでをうごかしているところがじょうず♪
- 手のうごきがじょうず

さまざまな領域での実践

メンタルトレーニングで部活が変わる

[中学校全学年] [部活] [3時間]

加藤史子

諸富祥彦が語る
この実践　ここがポイント！

■日本におけるメンタルトレーニング■

　最近になって，わが国でもスポーツにおけるメンタルトレーニングの重要性が指摘されるようになりました。しかし，欧米のスポーツ界と比べれば，日本はまだまだ遅れていると言わざるを得ません。

　プロスポーツの世界でさえそうした状況ですから，学校における部活動となると，さらに遅れています。

　本来，部活動は生徒自身の意志で主体的に行われるべきものですが，気がつくと強制的な活動になっていて，本音のところではいやいややっているというケースも多々見られます。

　こうした状況を変えるひとつの方法が，目標の明確化と目標達成に必要なメンタルトレーニングです。

■目標志向的な生き方の学習■

　そこで加藤先生は，この実践で，部の勝利という目標と心の教育の実現をめざしました。自分の目標を明確にしつつ，なりたい自分の姿を具体的にイメージすることで，生徒たちの成長は格段に早くなります。しかも部活動においては成果が見えやすいこともプラスに作用します。また，2つの実践のよいところは，単なる精神論ではなく心理学に基づいた具体的手法を使っている点です。

　「自分がどう生きたいのか」を明確にしていくのが実存的な生き方です。しかし，人生全般という長いスパンではなかなかとらえにくいものです。そこで，部活動という限定的かつ具体的な場面でなりたい自分のイメージを思い描くことが，将来，生徒が自分のキャリアを構築していく際の基礎力になると思われます。

| 単元全体の計画 | 全学年 | 部活 | 3時間 |

強い心を育てる メンタルトレーニング

加藤史子
千葉県中学生野球連盟特別講師

❶ 単元（ユニット）設定の理由

　部活動は生徒たちが自ら選んで行う活動ですが，きつい練習や毎日の繰り返しから，いつの間にか，やらされている活動でできればやりたくないものへとすりかわってしまうことが少なくありません。しかしながら部活動は，やりようによっては，積極的な教育の場として大きな可能性をもっています。部活動を通して，「なりたい自分」を見つけ，その目標に近づくために自分はどう取り組んでいくのかということに気づき，取り組む姿勢を身につけることは，何に対しても応用できることです。教科の枠がないからこそ自由な取組みの可能性があるのではないか，このような考えを積極的なアプローチとして取り組みたいという思いから，メンタルトレーニングを活用しました。

❷ 単元（ユニット）の目標
- 自分の目標に気がつく。
- 目標に向かって近づく行動力を身につける。

❸ こころを育てる仕掛け
- 指示などの外からの働きかけではなく，自分の欲求を満たしたいという内側からの動機づけを行う。
- なりたい自分の姿をイメージすることで，目標に近づきたい気持ちを引き出す。
- なりたい自分になれるという自己効力感を高める。
- 自ら取り組んで結果を手にすることで，自信につなげる。

❹ 指導上の工夫
- 目標は指導者が与えるのではなく，自分で見つけられるように工夫した。
- 目標に近づくことをあきらめてしまわないように，自分の可能性を信じられるようモデリング学習を取り入れた。

❺ 単元（ユニット）の指導計画　全3時間

1次	自分の目標を見つけよう！	目標をもつこととたないことの違いを知る。	1時間（部活動）
		「手を振る」「歩く」行動が意志によるものとそうでないもので違うことを体験する。	
		質問に答え，自分の目標を見つける。	
		①今の自分はどんな自分（技術，体力，精神面） ②自分のよいところは（技術，体力，精神面） ③自分の改善したいところは ④なんでもかなうとしたらどんな選手になりたい ⑤本当に欲しいものは	
2次	自分の目標に向かって動き出そう！	目標を行動につなげるウェビング 夢実現プロジェクト	1時間（部活動）
3次	自分の目標に向かって動き出そう！	緊張を和らげるプラスの言葉	1時間（部活動）

現　状

指導者
- ★どうやって心の部分を指導したらいいのかわからない（ノウハウがない）
- ★心は大切と思いながら，後回しでいいと思っている（強くなってから）

生徒
- ★「精神的に強くなりたい」「頑張りたい」と思っても，どうやって強くなれるのかわからない

↓ そこで

メンタルトレーニングでこころも成長するよう導く

- ○自主性を引き出す
- ○課題意識を持つ
- ○意味を考えて行動する
- ○チーム全体の効力感の向上
- ○目標を見通して今何をすべきか考える
- ○プラス思考を身につける

↓

部活動の枠を超えて，生き方についての考え方まで成長させる

| 指導案① | 1時間目 | 2次 |

夢実現プロジェクト

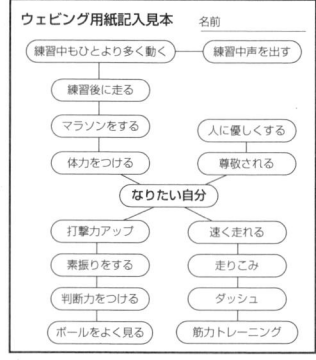

●教師の思いと授業のねらい，そのねらいを設定した理由
　目標をもってもなかなか行動に結びつかないことが少なくないので，目標に向かって具体的に何ができるのか迷う生徒が少なくありません。そこで，生徒たちが自分で考えて行動に移すことができるように援助したいと考えました。

●資料（教具・教材を含む）
- 生徒用ワークシート（ウェビング用紙）
- 生徒用ワークシート（プロジェクト企画書・プロジェクトスケジュール）……214ページ

●授業の工夫
　前回の時間で心の重要性を認識し，自分の得たいものがわかったところで，具体的にどのように行動すればいいのかを自分の中から見つけられるように導く。

●授業の評価の観点
　自分で立てた行動計画は，実行できそうかどうか。

●授業の様子や生徒たちの声
　ウェビングでは，自分の中からどんどんやったほうがよいと思っていることが湧いてくるようで，20分間紙いっぱいに浮かんできたことをどんどん書いていました。
　プロジェクトは最初は計画を立てるのがむずかしいようでしたが，それをすることが自分にどのように意味をもつのかを確認できていました。練習の意味を自分たちで考えるいい機会になったようです。

●参考文献
- 上杉賢士『エピソードで語る　総合的な学習を楽しむコツ』明治図書

	学習活動と生徒の様子	ポイントと留意点
導入	①本時のねらいを簡単に説明する。 「前回自分の目標をそれぞれ見つけましたので，今回は自分の目標をどのようにてにしていくのかを，具体的にしていきたいと思います」	
展開	②ウェビング ・「なりたい自分」を真ん中に置き，前回の5つの質問から導き出した本当に手に入れたい自分になるためにできることを，思いつくままどんどん用紙に記入していく。記入したことを丸で囲んで線でつなぎ，次に思いついたことを書いて，さらに線でつないでいく。 ・手が止まってしまったら，最初に戻って，なりたい自分になるためにできることを違う方面から書いていく。 ・時間まで十分に書いていき，終わったら自分で書いた内容を見直す。 ・その中で，いちばん力を入れたいものを選ぶ。 ③夢実現プロジェクト ・ウェビングで出てきたものを受けて，夢を実現するためのプロジェクトを，それぞれ立てていく。 ④プロジェクトスケジュール ・プロジェクトを実現するためのスケジュールを立てる。 （生徒は初めて自分のプロジェクトを立てるので，指導者は回りながらなかなか進まない生徒の援助を行う）	・ワークシートを配り，ウェビングのやり方を説明する。やり方を理解したところで，時間を15〜20分とって各自にやってもらう。 ・プロジェクト企画書を配り，記入の仕方を説明する。 ・スケジュール用紙を配り，各自が具体的行動計画を立てていく。 ・プロジェクトとスケジュール作成の時間は個別作業であるので，時間内に終わらない場合には，宿題にする。
まとめ	⑤まとめ ・自分の目標を達成するための方法は自分の中にすでにあるということを確認する。 ・強くなる選手は行動できる選手，強くなれない選手はやろうと思いながら行動しない選手で，やるかやらないかは自分次第であることを伝える。 ・成長曲線を使ったスランプの乗り越え方を考える。 ・手を組みかえる実験から，習慣を変えることは違和感を伴うものであること，それでもやり続けることで新しい習慣が身につくことを伝える。 ⑥本時の活動を振り返り，シートに記入する。	・本時の活動の意味をまとめ確認する。 ・スランプは誰にでもあるものなので，そのスランプでやめてしまうか，乗り越えるかは自分が決めることだということを確認する。

指導案② 1時間目 3次

緊張感を和らげる プラスの言葉

●教師の思いと授業のねらい，そのねらいを設定した理由

　「がんばりたい」と思っても，「そんなのは無理」とか，「できるわけない」という自分の中の声が邪魔をして，前に進めなかったり，ここぞというときに実力が出せない生徒は意外と多いのです。このような状況を打破し，自分の可能性をもっと信じられるような思考パターンを身につけてほしいと思い，このメンタルトレーニングを行いました。

●資料（教具・教材を含む）
- 生徒用ワークシート……211ページ
- 生徒用振り返りシート

●授業の工夫
- 自分の普段の思考パターンをモニタリングすることで，自分の思考の癖に気がつくことができるようにした。また，思考を変化させることで，自分にどのような影響が現れるかを体感できるようにした。
- 自分には思考をプラスに変化させる力があることを伝えるために，自分たちで変化させることを促した。

●授業の評価の観点
- プラスの言葉を自分も使っていきたいと思ったかどうか。

●授業の様子や生徒たちの声

　「前は，試合で緊張して実力が出せなかったのが，心の中の声をマイナスからプラスに変化させるだけで，緊張していても緊張が和らいで，力まずに実力を発揮できるようになった」という生徒が多くみられました。

　試合だけでなく日常のあらゆる場面で緊張しなくなり，自分の意見を人前で発言できるようになったり，テストでも力が出せるようになった生徒が多くなりました。

　プラスの言葉にすることが指針となり，判断力が向上したという生徒がいました。また，マイナス思考が邪魔しなくなったので，集中できるようになった生徒が多くなりました。

　「いままではとっさに悪いことをしてしまっていたが，同じような場面で『してはいけない』という声が聞こえてくるようになりました」という生徒がいました。

メンタルトレーニングで部活が変わる

	学習活動と生徒の様子	ポイントと留意点
導入	①本時のねらいを説明する。 「試合でも緊張せずに実力を発揮できるように，心の部分から学んでみたいと思います」	・緊張せず，自分の実力を出したいという気持ちに焦点を合わせる。
展開	②今までの試合を振り返って，どんなときに緊張するのかを各自紙に書き出してみる。 ③書き出したものを発表してもらい，それを受けて心の声がマイナスのときに緊張することを伝える。 　　状況　⇒　心の声　⇒　緊張 ④同じ状況で，それらのマイナスの声をどのようにプラスに変化させられるかをみんなで考えてみる。 　　マイナスの言葉　⇒　プラスの言葉 ⑤気功法を使って，マイナスの言葉を言ったとき，自分の身体がどのような状態に変化するかを体験する。 ・2人組になり，まず1人が腕に力を入れてもう1人はそれを押して力を確かめる。 ・次に今度は力を入れるのではなく指の先から光線が出ていることをイメージし，もう1人はその腕を押して力を確かめる（力を入れるよりも光線をイメージしたほうがパワーが出る）。 ・2つの力の違いを確認したら，今度は光線をイメージしながらマイナスの言葉をいって力の具合を確かめる（力は弱まっている）。 ・今度は同じようにプラスの言葉で確かめる（力は戻っている）。 ⑥同じように，プラスの言葉を言ったとき，マイナスの言葉を言ったときに比べて，どのように身体が変化するかをみんなで確認する。	・具体例を示して，どのように振り返るかを示す。 ・何人かに書き出したものを発表してもらい，黒板に板書して確認しながら，共通認識を深める。 ・板書したものを使って，1つずつみんなで考えてみる。 ［名前／緊張しているときの心の声／落ち着くための心の声］ ・頭で理解したことを身体を使って確かめてみる。 ・2人組になって実験する。 ・実験でそれぞれがその違いを感じられたかを聞いてみる。うまくできなかったペアには指導者がもう一度一緒に体験してフォローを行う。
まとめ	⑦まとめ ・心の状態は，心の声がマイナスかプラスで大きく変化し，身体の状態にも大きく影響すること。 ・マイナスの言葉をプラスに変化させると緊張も解け，強い心で試合にのぞめること。 ・マイナスの言葉をプラスに変化させる力が，自分たちにはあるということ。 ⑧本時の活動を振り返る（振り返りシートを記入する）。	・本時の活動を振り返りながら要点をまとめていく。

単元指導の実際

❶ 実践の記録と成果

　このプログラムは，部活動の時間を利用して公立中学校3校の野球部員全員と，総合的な学習の時間を利用して，野球部以外のいろいろな運動部員約60名に実践しました。

　受講後の変化をアンケートで調査し，アンケートを元に1人ずつ面接により変化の状態についてヒアリングを行いました。調査の項目は，①やる気について，②セルフイメージについて，③心の強さについて，④見通しについて，⑤その他の変化についてです。それぞれ変化の様子を調査しました。

やる気の変化

　9割以上の生徒から，やる気が向上したという返答がありました。「目標をもってやる気が出た」「練習がしたくなった」「練習が楽しくなった」「練習に集中できるようになった」「声が出るようになった」などです。

　理由としては，自分の目標ができて自分から練習に取り組むようになったというものや，緊張しないで実力が出せるようになって，自分はできるという効力感も向上してやる気につながったというものが多くあげられていました。

セルフイメージの変化

　セルフイメージ（自己像）の変化は，8割以上の生徒にポジティブな変化が現れました。

　おもな内容は，「自信がついた」というものが多く，ほかにも，「前はビクビクしていた」「前は緊張して実力が発揮できなかった」「ミスを恐れて試合に出たくなかった」という状態から，メンタルトレーニングによって自己像がプラスに変化していったことが確認できました。

心の強さの変化

　心の強さの変化については，9割以上の生徒が向上したと返答しています。

　おもな内容としては，「緊張しなくなった」「プラスに考えられるようになった」「失敗しても切り替えられるようになった」「叱られたときや失敗したときなど，辛くても乗り越えられるようになった」「精神的に強くなった」といったようなことがあげられていました。

見通しの変化

見通しの変化については，ポジティブな変化が9割以上の生徒に現れました。

寄せられた返答のなかでも多かったものは，「試合に出たいと思うようになった」「試合が楽しみになった」「試合で勝って，よい結果が残せると思うようになった」「試合で活躍できそう」「がんばりたくなった」「ずっとこの種目を続けたいと思うようになった」「夢が実現できるという，将来への期待が増した」「目標がレベルアップした」などといったことでした。

その他の変化

その他の変化についても，8割以上がポジティブな変化をあげています。

おもな内容は，「勉強の取り組み姿勢がよくなった」「授業で発言できるようになった」「学校が楽しくなった」「落ち着いて生活できるようになった」「判断力がついて，悪いことをしなくなった」「だるさや疲れがなくなった」などです。

公立高校の野球部員でも同様の変化が現れていました。

❷ 課題

生徒によってさまざまな変化をもたらすメンタルトレーニングですが，効果を持続させるためには，自分たちがどのように変化したのかという自覚を促すフィードバックが重要な鍵となります。

とくに指導者の言葉がけや態度が今までと同じだと，メンタルトレーニングの効果は半減してしまいます。指導者も一緒に変化していく必要があるのです。生徒がせっかく心の声をプラスに変化させているのに，指導者がマイナスの言葉がけをしてしまうと，またマイナスに引き戻されてしまいます。

生徒たちは，自分の目標に向かって取り組んでいるときに指示命令を与えられすぎると自発性がなえてしまいます。その意味で，指導者の指導力の向上も同時に必要となってきます。

プロジェクトスケジュール

名前 _____

プロジェクトの目標：

スケジュール：

月	目標	トレーニングメニュー	自己評価

※スケジュールは目標に合わせて自己評価し、軌道修正しながら進めよう！

プロジェクト企画書

名前 _____

1. プロジェクト名を決める

2. プロジェクトの成功イメージを具体的に書いてみよう

3. プロジェクトの成功のためにやらなければいけないことを5つ以上挙げよう
   ① ( )
   ② ( )
   ③ ( )
   ④ ( )
   ⑤ ( )
   ⑥ ( )
   ⑦ ( )

   項目が挙がったら優先順位を決めて ( ) に数字で記入しよう

4. 成功するとどんないいことがある？

5. このプロジェクトを成功させると自分や自分のチームにとってどのように役立つか

6. このプロジェクトを成功させると、自分のチームや自分にとってどのように役立つか

7. 自分で決めた内容でプロジェクトスケジュール表を作成してみる

さまざまな領域での実践

「こころの表現」を支援する
スクールカウンセラーの新実践

| 中学校全学年 | 相談室 | 適時 |

大竹直子

諸富祥彦が語る
この実践　ここがポイント！

■ユニークな発想による全校生徒支援■

　大竹先生は，ふつうではなかなか思いつかない非常にユニークな発想で，スクールカウンセラーならではの独自の実践を展開しています。通常スクールカウンセラーは，生徒が個々に抱える心の問題を個別的に支援することが中心となりますが，全校生徒を対象とし，カウンセリングルームに来ない子どもたちの心も育てられる実践を行っている方は本当に珍しいと思います。

　今回の実践，大竹先生は，匿名の投稿詩をはじめとするいくつかの方法を用いて，思春期の混乱しがちな心を自己表現してもらうことで，心の安定をはかりました。

■生徒の心が連鎖していく活動■

　思春期の混乱しゆれる心を整理し育てていくためには，あたかもジグソーパズルのピースをひとつずつ組み上げていくような作業が必要です。この作業をサポートしていく手段が全校での投稿詩活動なのです。

　生徒から投稿された詩はプリントの形で配布されます。生徒たちはそれを読んで感じたことをまた詩の形で表現します。学校のなかのだれとはわからないだれかが，詩に書き表した自分の気持ちをわかってくれるという，フィードバックの連鎖が非常に効果的に生まれます。

　いまの子どもたちは狭い人間関係のなかで自分の気持ちを表現できずに苦しんでいます。しかし，この匿名の投稿詩という場があるからこそ，自分の気持ちを安心して素直に表現でき，さらにフィードバックもあります。これが孤独感を抱きやすい生徒たちの心を支えるのです。

　詩に限らず，大竹先生が実践されたようなさまざまな自己表現の方法によって，混とんとした生徒の心に「形」が与えられ，心が安定し，豊かに育っていくのです。

単元全体の計画

全学年 | 相談室

自己表現をしよう
―投稿詩による「みんなの声」活動―

大竹直子
跡見学園女子大学短期大学部カウンセラー

❶ 自己表現活動への思い

　スクールカウンセラーである私は，友だちの目を気にしすぎて，友人関係や学校生活に疲れてしまった生徒たちの声をこれまでたくさん聴いてきました。その中で，思春期という自分を確立する大切な時期だからこそ，友だちの目ばかりを気にせずに，安心して自分を表現したり，自分を実感できる機会が必要であると感じていました。

　カウンセリングルームの中で，イキイキと自己表現する生徒たち，安心して自分の気持ちを語る生徒たちの姿を見て，カウンセリングルームに来る生徒たちだけでなく，もっと多くの生徒たちが自己表現できる場を必要としているのではないか，そんな場をつくりたい，そう強く願うようになりました。

❷ 自己表現活動のいろいろ

活動名	対象 集団	対象 個別	内容
コラージュ ※1	○	○	A4やB4サイズの画用紙，はさみ，のり，雑誌などを準備。好きな写真や絵を切り取り，自由に画用紙に並べ，貼る。作成後，作品にタイトルをつける。
投稿詩による「みんなの声」	○		生徒がペンネームで創作詩やイラストを投稿。便りに設けたコーナーにコメントを加えたうえ，掲載し，全員に配布。（218ページ）
自分版・人生ゲーム	○	○	市販の人生ゲームの形式で，自分の人生（過去・現在・未来）を書きゲームを作成。（222ページ）
自分への手紙	○	○	「あのときの自分」や「今の自分」などテーマを設定したうえで，自分への手紙を書く。
アクティヴ・リスニング		○	30分〜1時間，声のもれない安心できる場所で，生徒の気持ちを聴く。指導的にならず，生徒が感情を語り，また自己決定できるように耳を傾ける。

「こころの表現」を支援するスクールカウンセラーの新実践

活動名	対象 集団	対象 個別	内容
こころの整理（クリアリング・ア・スペース）※2	○	○	「気になっていること」を1つずつ風呂敷に包んで自分の回りに置いていくようなイメージで紙に書く。中央に自分と書き，気になっていることを置く位置や大きさが気持ちにぴったりくるように書いていく。
こころの天気	○	○	「こころのお天気は今，どんな感じかな？」と問いかけ，自分の気持ちにぴったりなこころの天気をクレヨンなどで描く。絵ではなく言葉による表現でも可。
色と形で表そう	○	○	自分の気持ちをクレヨンなどを用いて色と形で表す。
ねんど投げ		○	ストレス発散を目的に，壁に向かってねんどを投げる。
新聞紙・雑誌破り	○	○	ストレス発散を目的に，新聞や雑誌を破る。
スキスキ・ランド	○	○	自分の好きなものを書いていく。（223ページ）
安心ワールド	○	○	自分が安心できる場所を書く。
「もう1人の自分」へのメッセージ	○	○	がんばっている自分，言いたいことが言えない自分など「もう1人の自分」へメッセージをおくる。

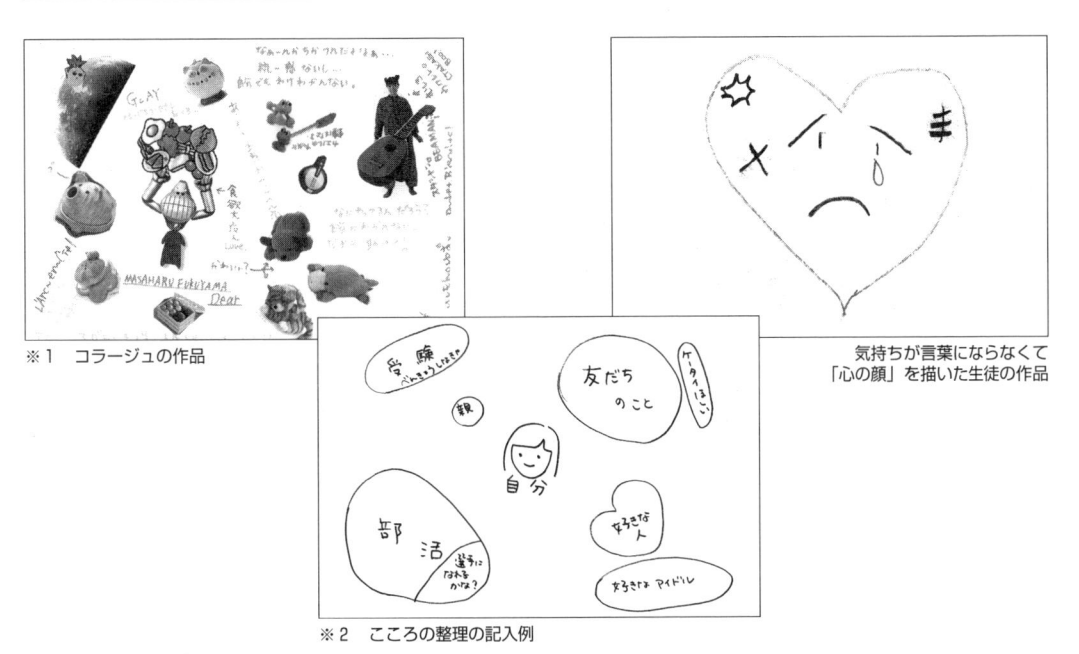

※1　コラージュの作品

気持ちが言葉にならなくて「心の顔」を描いた生徒の作品

※2　こころの整理の記入例

❸ 引用・参考文献

- 諸富祥彦編集代表，水野治久・大竹直子編集『シリーズ・学校で使えるカウンセリング 1　教師が使えるカウンセリング』ぎょうせい
- 諸富祥彦『学校現場で使えるカウンセリング・テクニック（上）』誠信書房

指導案① 　全校

投稿詩による
「みんなの声」

●この活動を設定した理由・教師の思い

　カウンセリングルームの「らくがき帳」に生徒たちが自由にメッセージを書いたり，読んだりしている様子から，生徒たちは，①ほかの生徒の気持ちや考えに関心があること，②名前を記入せずに自分の気持ちを書くことが安心感につながり，日常では表現できない自分の気持ちを表現しやすくなること，がわかりました。このチャンスを全校生徒に与えたいという思いから，月に１度全校生徒に配布するカウンセリングルーム便りの裏面に，生徒たちが自由に参加できる「みんなの声」コーナーを設けようと思いました。

●活動内容

- 生徒は，ペンネームで，詩やイラスト，ほかの生徒に向けたメッセージや質問などを紙に書き，カウンセリングルーム前に設置してあるポストに投函する。
- それぞれの投稿に，「勉強より友だちとの時間を大切にしたいんだね。叱られたときの悲しい気持ちが伝わってきました」などの短いコメントをつけ，便りの裏面に印刷し，全員に配布する。

●投稿詩活動の流れ

☆準備するもの…投函用のポスト（鍵つきが望ましい），投稿用紙

	活動内容	注意すること
準備	○ポストと投稿用紙の設置 ○生徒たちへの呼びかけ 　校内放送などで呼びかけるほか，ポスターを掲示する。 例）　　　「♪みんなの声♪」募集！ 　　～○○便りに新しくコーナーを作ります～ 　詩，イラスト，ひとりごと，みんなへのメッセージ，質問などなんでも結構です。ポストへの投函か，直接手渡してください。 　　ルール１：ペンネームで投稿しよう。 　　ルール２：人の悪口や誰かが傷つくことはさけよう。 　　　ふるってご参加くださいね！ 　　　　お待ちしています！	○人目のつかない場所に設置することが望ましい。 ○ポスターには，ルールを書く。 ○ポストへの投函に限らず，手渡しでも受け付けることを書く（直接手渡しをすることで，教師に相談をもちかけるきっかけをつくる生徒もいるため）。
作成	○生徒の投稿１つずつに，一言メッセージを加える。 ○生徒たちから寄せられた投稿詩などを，こちらが加えたメッセージと共に，パソコン（ワープロ）などで１枚の紙にまとめる。 ○印刷	○一言メッセージは，生徒の声に対して，指導的・否定的にならないように，感じたことを書く。 ○生徒の筆蹟から，投函した生徒が特定されないように活字に直す。
配布	○全員に配布	

●活動の様子・生徒たちの声

　生徒たちの投稿の中でもっとも多いのが創作詩です。日常であったことを書く生徒。想像の世界を書く生徒。独り言や他者へのメッセージを詩に表現する生徒。詩の形態はさまざまで，ときには，言葉と絵が混ざった形で書いてくる生徒がいたり，文章にはならない気持ちを漢字を並べることで表現する生徒もいます。

　ある生徒は，友だちからからかわれて傷ついた生徒の書いた投稿詩を読んで「私は，よく友だちをからかう。こっちは遊びのつもりでも，傷つくことがあるなんて知らなかった」と気づきました。クラスで孤立しているある生徒は「休み時間は詩を書いているから寂しくない。クラスのみんなが私の詩を読んでいた。すごくうれしかった」「詩を書いている自分が好き」と笑顔を見せました。また，いつも明るくリーダー的な存在である生徒は「嫌われるのが怖い」と書いた詩を友だちに内緒で投稿してきました。また，ある場面緘

黙の生徒は「ダジャレ」を書き，毎月投稿するようになりました。ある不登校の生徒は，母親を通して詩やイラストを投稿し，紙面上でほかの生徒にメッセージを送るようになりました。

このように，「みんなの声」は，さまざまな生徒の声が届けられる場となり，やがて，紙面上における「生徒たちの交流の場」へと発展していきました。

● 「ただ読むだけ」から「私も詩を書こう！」へ

生徒の心の声は，生徒たちの心に届きます。ほかの生徒の書いた詩を読むことで，それまでは詩を書いたことがない生徒が「私も自分の気持ちを言葉にしてみよう」と思い，詩を書き，投稿することがあります。そして，「自分の気持ちを他の人に伝えることができた」「うれしい」と語る生徒も多くいます。

「カメレオン」
玉響な草蜉蝣

カメレオン
僕の心はカメレオン
周りにあわせて色を変える
だれかが悪口言ってたら
自分もいっしょに言っている
みんなが誰かをいじめていたら
自分もいっしょにいじめてる
こんな自分がほんとはきらい
「やめなよ」とか
「いやだ」とか
一人だけちがうことが言えない
僕の心はカメレオン
でも，明日から僕は，変わりたい
心のカメレオンをにがして
ほんとの自分をつかまえる

無口だけど
木無季龍龍

部活で，あんまりしゃべらないけど
本当は言いたいこと
たくさんあるんだ。
っていうか，しゃべりたいんだ。
なのに，同学年とは
あまり仲が良い人はいないし。
いつも，同じこと思ってるし。
それに，無口だからって
とっつきにくい人だとは
思わないでほしんだ。
本当は，たくさん話したいのに
話す人がいない。
ただ，それだけなんだよ。

「バカ」になろう
イルカのエコー

バカになろう
勉強なんて面倒くさいだけだから
バカになろう
いろいろあれこれ考えるのはやめて
何も考えずにいよう
この青空のように頭をからっぽにして
ぽっかりと浮かぶ雲みたいに
君のことだけを考えていたいのさ

●詩のテーマの連鎖

「生きるって何だろう？」「友だちってなぁに？」「信じるってなぁに？」。このようなテーマの詩が寄せられた後，同じテーマの詩がいくつも寄せられました。詩の中で問われた疑問を，読み手の生徒が自分自身への疑問としてとらえ，自分の思いを書いて投稿する…そんな連鎖が数か月に及ぶこともありました。

```
生きるって，なんだろう
生きるってえ，な～に
生きてる気がしないんだよ
だれかおしえて
生き方おしえて
```

```
生きるって，なぁに？
楽しいこと？　苦しいこと？
つらいこと？　悲しいこと？
幸せなこと？　孤独なこと？
その全部，
生きるっていうこと？
それはみんなも同じなの？
友だちいっぱいの，あのコも
ひとりぼっちの私も
```

```
今日も学校
昨日も学校
たぶん来週の
たんじょうびも学校
なんか毎日，毎日
おなじことのくりかえしで
生きている気がしないんだよ！
```

●生徒同士の交流

詩を読んだ生徒から「ペンネーム○○さん，私と同じことで悩んでいるみたい。これを渡してください」と手紙を預かることがあります（相手がだれかわからないまま，文通が続くこともあります）。また，紙面において，読み手の生徒に悩みを打ち明ける生徒，それに応える生徒。そのような生徒同士の交流が，いくつも起こりました。

「けむし」から子どもたちへの相談
　こんにちは。私もは自分のことが嫌いで，周りの目ばっかり気にしています。今，疲れちゃって学校へ行くのが楽しくありません。どうやって頑張ればいいですか。　けむしより

「星火」から「けむし」へのメッセージ
　けむしさんは，学校に来るのがいやなんだよね。わかるよ。その気持ち。つらいこと，傷つくこともあるよね。でも，だから社会に出たときには，傷つくこと，つらいことが少なくて楽しいことが2倍，3倍になっているかもしれないよ。だからって無理して学校にくる必要もないと思う。どこでもいいから自分のペースを作って慣れたら，学校においでよ。きっと友達も待ってくれてるし，学校もけむしさんを見捨てたりしない。だって，けむしさんは世界でたった一人のけむしさんなんだもん。かけがえのない人だからね。それだけは，ちゃんとおぼえておいて。私は，学校が苦手だけど友達といっしょにいると落ちつく。けむしさんのまわりにもきっとそんな友達がいるはず。
　でもね，最後に決めるのはけむしさん自身だよ。みんな，がんばって！　星火より

「アップル・ルル」から「けむし」へのメッセージ
　私は，けむしさんのような人がいるんだなと思ったら，なんだか元気になったよ。私だけじゃないんだなって。私だけがダメな人間に見えてた。でもけむしさんのように感じている人もいるんだな，と思ったら，救われた。一緒にかんばろう。　アップル・ルルより

「けむし」から「星火」「アップル・ルル」へのメッセージ
　ありがとう。うれしかったです。なんだか気持ちがラクになって，学校に行くのも，いやな気分じゃなくなりました。同じ制服きているこの学校の中に，私をわかってくれる人がいる。まだ友だちじゃないだけ。希望がわいてきました。学年が変わったら，生まれ変わった気持ちでがんばりたいと思います。皆さんも，がんばってください。　けむしより

指導案② 相談室や学級

その他の自己表現活動

自分版・人生ゲーム

●この活動を設定した理由・教師の思い

　使用済のカレンダーを相談室に置いていたところ,「ゲームを作ろう！」と生徒たちが始めたのが, この活動のきっかけです。ゲーム作りは生徒にとって「遊び」だからこそ, 自分を振り返ったり, 将来を想像するのが気楽なようです。楽しく, 安心して, 自分を客観的にとらえることができ, 自分らしさを実感できる活動であると感じています。

●活動の流れ

　市販の人生ゲームのような形式で, 自分の人生を記したゲームを作成する。

　準備するもの…紙（カレンダーの裏面または模造紙）, マジック・クレヨンなど

	活動内容	注意すること
導入	○生徒たちへの呼びかけ 　「自分の人生ゲームを作ってみよう」 　「友だちの作っているゲームをみて, 悪口を言ったりしないこと」 　「内容・ゲームのルール・登場人物など, 好きなように, 自由に書いてみよう」	○市販のゲームと同じでなくても, 自由に好きなように作成していいことを伝える。 ○安全な場をつくるために「友だちのゲームをみて, からかったり, 文句をつけたりしないこと」を伝える。
展開	○生徒たち一人ずつが, 自分のゲームを作成	○生徒が作成している間は, 生徒が思いめぐらせたり自分の世界に浸れるように, 声をかけないようにする。 ○字の間違いなどは指摘しない。
まとめ	○「もう1度, 自分の作った"自分版・人生ゲーム"を見てみよう」と呼びかけ, 感想をシェアリングする（感想文を書く） ○生徒が望み, 時間があれば, 実際にゲームをしてみる	ゲームの内容（自分の人生）を友だちに説明するのではなく, 作った感想を話す（書く）。 ○生徒が望んだ場合のみ。望んだ生徒のゲームで実施。

●活動の様子・生徒たちの声

生徒たちは，人生ゲームには「よい出来事」も「そうでないこと」も必要という思いから，その両方を書いていきます。自分に対して否定的な生徒も，楽しかったことに意識を向けるようです。生徒たちは，将来のなりたい自分に向けて「するべきこと」「起こるであろう出来事」を想像しながら書いていきます。将来のためにいま必要なことに気づく生徒もいます。

別室登校の生徒たちが，Aくんの作った人生ゲームで遊び始めました。「中学1年：いじめにあい不登校になる…3回休み」というコマに当たったとき，ゲームに勝とうとしている生徒が「やったー！」と叫びました。Aくんはうれしそうに笑い，後から「不登校」という出来事が，人生にとってはコマの1つでしかないと感じたことを話してくれました。

スキスキ・ランド （ワークシート224ページ）

●この活動を設定した理由・教師の思い

「好きなもの・好きなこと」を尋ねられると生徒たちは楽しそうに話し始めます。好きなもの・好きなことは，エネルギーを与えてくれるものだからなのでしょう。そのため，自分が好きなものを自覚する機会は必要であると感じています。

●活動の流れ

	活動内容	注意すること
導入	「スキスキ・ランド」ワークシートを配布して，シートの導入文を読む。 教室に貼り出す場合は，その旨伝える。	無理強いはしない。
展開	「スキスキ・ランド」ワークシートに自分の「好きなもの・好きなこと」を書き込ませる。	生徒一人一人が，自分の作業を安心してできるように，ゆっくり時間をとりながら，見守る。
まとめ	シートに感想を記入。 （必要に応じて）シェアリング。	「友だちの書いたものをからかったり，悪口は言わないこと」を伝える。

●活動の様子・生徒たちの声

クラスがえ直後に教室で実施し，全員のシートを掲示したところ，自分と共通点のある友だちに声をかけるなど，生徒たちの友だちづくりの様子が活発になった，という報告がありました。自分からは声をかけられない，友だちづくりが苦手な内向的な生徒たちも，シートを通して自分をアピールできたことで，スムーズに友人関係を築けたようです。

○ スキスキ・ランド ○

あなたの好きなものはなんですか？ それぞれのトラックには、1つずつテーマが書いてあります。それについて、あなたが1番好きなものを乗せていってください。それぞれには「これが1番好き！」という理由があるかもしれませんね。「私はどうしてこれが1番好きなのかな〜？」そんなことを考えながら書いてみるのもよいですね。

例：

季節　本　におい

食べ物　テレビ番組　教科

動物　遊び　場所

花　色　時間

感じたこと・考えたこと

さまざまな領域での実践

全校で取り組む「学級目標」を中心に据えた人間関係づくり

中学校全学年 / 教科・道徳・特活・学級経営 / 通年

山田俊宏

諸富祥彦が語る この実践 ここがポイント！

■総合的な心の教育のモデル例■

　学校教育において心を育てるときには，学校のあらゆる時間や場面を使って，総合的かつ具体的に取り組まなければなりません。

　この実践は，授業と道徳，特別活動，学級経営の四つの視点を持った非常に優れたモデルです。

　そのなかで注目すべき点は，学級目標をとても大切にしている点です。中学校では小学校ほど学級目標を重視しなくなる傾向がありますが，この学校の各クラスでは学級目標を正面からとらえ，一年間でどのような学級につくり上げていくのかを入念に考えさせる取り組みをしています。

　学級づくりの目標やプランニングを一学期間かけて検討し，一人一人が役割を担っていく全員参加型のスタイルです。

　またこの学校では，全学級で帰りの短学活前の15分を，人間関係づくり・学級づくりのための時間（南中タイム）として設定しています。こうした短い時間設定が，全校で人間関係づくりを無理なく継続していくこつです。

■教師間のチームワーク■

　学級単独の取り組みではなく，学校全体としての取り組みであることのメリットはとても大きいものです。全教員が同じ具体的な活動に取り組むことによって，以前は荒れたところのあった学校が，現在のような非常にあたたかい雰囲気の学校に変わっていったのです。

　また，教師同士で検討を重ねたり勉強を深めたりすることで，チームワークが格段によくなります。それによって学校風土そのものが変わるなど，影響はさまざまなところで現れてくるのです。

> 単元全体の計画

全学年 ／ 教科 道徳 特活 学級経営 ／ 通年

思いやりの心をもち豊かに生きる生徒の育成

山田俊宏
碧南市立南中学校

❶ 活動設定の理由と目標

　本校では数年前，非行やいじめが頻発し，不登校も増えていました。地域や職員に生徒の実態調査を行ったところ，本校の生徒は「素直で明るい」「行事に進んで参加できる」いっぽうで，「人とのかかわりが未熟」「思いやりの心や自ら考え行動する力が育っていない」ことがわかりました。そこで，「思いやりの心をもち，豊かに生きる生徒の育成」を目標として設定し，学校教育のさまざまな場面で互いに認め，助け合う活動を取り入れ，思いやりの心や信頼感を育成し，自ら考え，正しく判断し，行動できる能力や資質を身につけさせようと考えました。

❷ こころを育てる仕掛け

　実践にあたって，次の仮説を立てました。
○互いに認め合い，助け合う活動を，各教科，各領域で展開すれば，思いやりの心に支えられた望ましい人間関係が育成されるであろう。
○人・自然・社会と積極的にかかわれば，自分を見つめ，より豊かな生き方を創造していくだろう。

　また私たちは，学校生活の基盤は学級経営にあると考えました。そのうえに「心を耕す道徳」「お互いに高め合う学習活動」「仲間と創る特別活動」という3本の柱を築いて，他者への感謝や奉仕の気持ちをもち，他者を認め，受け入れる「思いやりの心」，互いに認め合い，よりよい人間関係を構築する「仲間

構想図

づくり」，人任せではなく，生徒一人一人が自ら考え，主体的に行動する「自己の確立」の実現を図りたいと考えました。

❸ 実践の手だて

めざす生徒像を達成するために，『授業研究部会』『道徳研究部会』『特活研究部会』『学級経営研究部会』の4部会を設定し，それぞれ次のような手だてを講じました。

【授業研究部会】

（1）他とかかわる活動を単元の中に意図的に設定する

　単元の中で意図的に他とかかわるにはグループ学習が有効と考えました。さらに，ねらいごとに4つに分けることで，授業目的に応じた活動ができると考えました。

> 〈発表の場〉　　　わかりやすく伝えたり，相手の意向を理解したりする
> 〈意見交換の場〉相手に質問したり，意見を述べたりして，自分の考えを練り上げる
> 〈教え合いの場〉相手にわかりやすく，自分の考えや方法を教え合う
> 〈まとめの場〉　グループ内で話し合い，考えや方法を1つにまとめる

（2）他とのかかわりを深める工夫をする

　①グループづくりを工夫したり，話合いのきまりをまとめたパネル「高め合う仲間として」を掲示するなど，話合いの環境づくりに留意しました。

　②教材・教具や学習形態を工夫し，他とかかわる活動を助け，充実させました。

（3）自己を見つめさせる学習場面を工夫する

　①外部講師や友だちの話など他から学ぶ場面を設定しました。

　②友だちの意見が入った学習カード等を活用，よさを認め合う場面を設定しました。

　③単元終了後に振り返り作文を書かせ，自己の学びを振り返る場面を設定しました。

【道徳研究部会】

（1）「思いやり実践単元」を設定する

　内面に根ざした道徳性を確かな道徳的生活実践に結びつけることをねらい，道徳の時間・学級活動・南中タイムなどを意図的に関連づけ，構成した単元を設定しました。

（2）「思いやり」の心を耕すための道徳の時間での手だて

　①生徒に気づかせたい価値に合わせた自作資料を活用しました。

　②主人公の心情により迫るためにゲストスピーカーを招きました。

　③今までの行動を反省し，これからの自分を考える，「振り返りタイム」を設定しました。

（3）学級通信や黒板メッセージなど「支える活動」で生徒を側面から支援する

【特活研究部会】

（1）友情を高めるための行事を工夫する
　①生徒会のスローガン「きらめく友情　輝け南中」を受け，友情をテーマに学校行事を行いました。
　②学年役員会や実行委員会の企画で，魅力ある学年行事を行いました。
（2）自己の確立につながる生徒の活動を工夫する
　①生徒のアイデアによる委員会活動を充実させました。
　②親や地域の人とふれ合う中で，自分自身をより深く見つめさせました。
（3）話合い活動を重視した学級活動を活性化する
　①学級目標の実現に向けた学級活動を構想し，常に学級目標を意識させました。
　②エンカウンターを行い，学級の人間関係づくりを支えていくようにしました。

【学級経営部会】

（1）人間関係を築き上げる南中タイムを設定する
　　帰りの会の前に，15分間の南中タイムを日課の中に設定し，学級づくりや人間関係づくりのための時間としてさまざまな活動を行いました（次表参照）。
（2）帰属感や存在感を大切にした環境を工夫する
　　あたたかみの感じられる環境が生徒の心を育て，学級の活性化につながると考え，学級目標を掲示したり，自己の成長がわかるような継続的な掲示を工夫しました。

南中タイムのさまざまな活動例

	友だちと学び合う南中タイム	友だちを理解し合う南中タイム	学級の絆を深める南中タイム
内容	わからないところの教え合いや，グループでの話合い活動	友だちのことを見つめる活動を通して，友だちのよさに気づく活動	学級での話合い活動や，学級の輪を生徒自ら創り上げる活動
事例	・保育園実習で行う遊びの話合い ・わからないことを教え合おう ・体育大会の応援や合唱コンクールの練習	・あなたのいいとこ発見 ・仲間は一人より二人，二人よりたくさん ・友だちへのありがとう ・ズバリあてちゃおう	・学級レクリエーション ・ミニ学級会「修学旅行を振り返ろう」 ・みどりの学校のクラスタイムを成功させよう

単元指導の実際

❶ 授業研究部会

(1) 他とかかわる活動を単元の中に意図的に設定する

> 2年美術　単元「友達・仲間をテーマにした想像画」の実践

　かかわりの大切さに気づかせるため「友達・仲間」がテーマの想像画に取り組ませました。かかわりを生かして制作させるために，中間発表で〈発表の場〉を，下書き完成時と制作途中で配色が決まらない作品を取り上げ，配色を考える〈意見交換の場〉を設定しました。

　A子は，「友達に励まされて，悩みを解決できたときのうれしさ」をテーマに下書きを考えました。その後，グループでテーマに沿った配色を考え，色を塗り，A子にアドバイスしました。A子は，友達のアドバイスを真剣に聞いていました。

> 　私のために真剣に考えてくれてうれしかった。配色が決まらず作業が止まっていたので本当にうれしい1時間でした。次の配色が楽しみなので早くやりたいです。（A子の授業日記）

(2) 他とのかかわりを深める工夫をする

> 3年技術・家庭科　単元「自分の家を設計しよう」の実践

　将来の家を構想し，平面図の下書きが完成したら住みよくなるよう友達と点検活動をさせました。対話が増えるようにペアで行わせました。点検の相手についてアンケートをとり，学習効果があがるよう改善点が違う生徒同士で組ませたため，相手のアドバイスで自分の問題点に気づき，また相手の見落としを教えることができました。

(3) 自己を見つめる学習場面を工夫する

> 2年社会　単元「めざせ！日本地理博士」の実践

　各地域の地理的な事象（気候・文化・名所旧跡・名産・方言など）をグループで調べ，地域の特色を入れたすごろくゲームを製作しました。ゲームで地域の学習を行った後は，老人保健施設で学習の成果をみてもらう機会を設けました。単元の終末では自分の成長を見つめ，他とのかかわりから学んだことをまとめた振り返り作文を書かせました。

> 　調べたことをどうしたら伝えられるか，どんな問題を出すかなど，真剣に相談した。自分の仕事が終わっても手伝ってくれたB君，何回も書き直してくれたCさん。素晴らしい面をたくさん見た。他のグループでもいろいろな人が活躍したことを聞いて，このすごろくゲー

> ムでクラスの輪が広がったようでうれしかった。
> 　苦労して作ったすごろくを老人保健施設へ持って行った。おじいちゃんやおばあちゃんが喜んでくれてうれしかった。帰りには疲れていたけどとても充実感があった。社会科のことだけじゃなくて友達やお年寄りからいろいろなことを学んだ気がする。あのときのおじいちゃんの笑顔を忘れないだろう。
> 　　　　　　　　　　　　　　　　　　　　　　　　　　　　　（X夫の振り返り作文より）

❷ 道徳研究部会

2年　思いやり実践単元

　本来，道徳と特別活動のねらいは，社会の中での人間のあるべき姿勢や人間としての生き方について自覚を深めるという点で共通部分が多くあります。道徳でも，奉仕活動でも，思いやりの心は高められます。道徳と特別活動で別々に思いやりの心を育てるよりも，それらを有機的に結びつけて構想したほうがより有効であると考えました。

①思いやりの心を芽生えさせるために

　クラスで思いやりをテーマにした奉仕活動を計画しました。生徒の活動を教師が設定するのではなく，自分たちで探るために話合いをしたところ，地元の公園の清掃活動と幼稚園の訪問活動をすることになりました。この活動を通じてD子は次のように書きました。

> 　公園清掃は，最初はやる気がしなかったけれど，いざやってみると，みんなのおかげで地域がきれいになっていくんだなと，すごくうれしくなってきました。
> 　幼稚園訪問へ行く前は，うまくできるのか心配でした。どんな準備をしたらいいかなどいろいろと話し合いの時間ももちました。いざ行ってみて，話しかけると一生懸命に話してくれたり，いろいろなことを教えてくれたりして，本当に楽しかったです。これを生かして他の活動もやってみたいと思いました。
> 　　　　　　　　　　　　　　　　　　　　　　　　　　　　　　　　　（D子の日記）

②心からの思いやりに気づかせるために

　この活動を通して，生徒は自分たちの活動に満足感を味わうことができました。しかし，多くの生徒は思いやりとは相手が喜ぶことをすればよいとしか考えておらず，相手のことを真剣に考えた心のこもった思いやりには気づいていませんでした。そこで，思いやりを主題とした自作資料「思いやりって何？」をもとに道徳の授業を行い，本当の思いやりとは何かに気づかせたいと考えました。

> 自作資料『思いやりって何？』（概要）
> 　この資料は，クラスの活動として一人暮らしの老人を訪問するという話である。初めは訪問してほしいと言っていた老人なのだが，一人暮らしがわかると無用心でいけないと訪問を断られてしまった主人公博美。このままやめるべきか，続けるべきか，博美の葛藤を中心にクラス全体で思いやりとは何かを考える。

当時の思いを語る資料の主人公
博美さん（ゲストスピーカー）

D子は授業後の振り返りカードで次のように書きました。

> 訪問活動など自分がいいことをしている気になっていました。ただ相手に優しくしたりするのは，本当の思いやりではないと思いました。本当の思いやりは，やってあげるのではなく，やらせてもらうという気持ちで行動することだと思います。ワンランク上の奉仕活動とは，どんな人にも思いやりの気持ちをもち，その人のことを真剣に考え行動することだと思いました。

「やってあげるのではなく，やらせてもらう」という言葉から，D子が，奉仕活動を形だけに終わらせるのではなく，自分がそれで成長したいという気持ちがうかがえました。
③相手の気持ちを考えた行動をするために

この授業の後，D子は老人保健施設を訪問し，茶会を行いました。お茶を出すときに両手を合わせて感謝していたおじいちゃん，涙を流しながら握手をした手を離さなかったおばあちゃんの姿を通して，お年寄りのことを真剣に考え，行動していました。

「思いやり実践単元」に取り組ませることで，生徒は内面に深く根ざした道徳性を身につけ，心を込めて活動できるようになりました。

> お年寄りの一人が，「どうしてもまんじゅうがもう1つほしい」と言っている場面がありました。私はすごく困ってしまいましたが，これからのことを考えて，「ごめんなさい，1人1個なんですよ」と言うことができました。ワンランク上の活動とは，相手の立場にたって相手に一番ためになる行動をすることだとつくづく思いました。
> 　　　　　　　　　　　　　　　　　　　　　　（訪問した後のD子の日記）

❸ 特活研究部会

（1）友情を高めるための行事を工夫する

全校行事　ロングディスタンスウォーク（30km歩行）

互いに認め合い，助け合う活動としてさまざまな行事を工夫しました。生徒は，行事を通して他とかかわり合う中から感動を味わい，友情や相手を思いやる心を深めていきました。下記は，本校独自の行事，ロングディスタンスウォーク実行委員長の感想です。

> 疲れたときこそみんなで笑いました。笑うと自然に元気がでました。たくさん話し，たくさん笑いました。一人ではできないけれど，友達とならできる友達の存在の大きさを感じました。さらに，横断歩道や交差点で，ＰＴＡの方々が「がんばってね」と声をかけてくださったのがとても励みになりました。

（2）自己の確立につながる生徒活動を工夫する

全校行事　全校意見交流会

　生徒が自ら考え，主体的に行動していくためには，日々の学校生活での活動にも目を向けることが必要だと考え，委員会活動を活性化したり，より楽しい学校生活を送るために，友達の大切さについて考える活動を様々な場面で取り入れました。また，地域の人とふれ合う行事を通して，地域の特色を生かした開かれた学校づくりをめざし，社会の一員としての自覚をもたせたいと考えました。

　次の資料は，「全校意見交流会」での意見です。

> 　テーマ「友達の大切さ」
> 　私は今回の全校意見交流会を通して，友達に対して思いやりの心を自分があまりもっていないことに気づきました。本当は友達に直してほしいところがあったんだけど，それを言わなかったり，無理に友達に合わせているところがありました。それで友達が離れていったら，それは「友達」じゃないと思います。本音でつき合っていける相手こそ本当の友達なのではないでしょうか。

（3）話し合い活動を重視した学級活動を活性化する

1年学級活動　「輝く1年6組をめざして！～学級目標を考えよう～」の実践

　学級目標はクラスの顔です。一年間クラスをどうするか，どんなクラスをめざすか，思いが込められた目標でなくてはなりません。学級目標をつくる過程を大切にし，話合いを多く設定することで，めざす生徒像に迫れると考え，とくに次の点を大切にしました。
- 自己の確立のために，自分の考えをもち，自分の意見をしっかり主張する。
- 思いやる心を育てるため，自分と違う考えを知り，相手の考えを認めながら話し合う。
- 仲間づくりのために，真剣な話合いの中でクラスに対する仲間意識を高める。

　1学期間を学級目標づくりに費やすことで，クラス全員が学級目標に対して強い思い入れをもつことができました。

　また班ごとに話し合い，学級目標にふさわしいパネルづくりを行いました。話合いで練り上げられてきた自分たちのパネルに，生徒は愛着をもっています。各班のデザインを紹介する場面では一人一役（進行係・説明係・記録係など）を与え，自分たちの思いを十分伝えられるよう発表の方法を工夫させました。またワークシートを活用することで，ほかのデザインのよいところを見つけ，認め合いながら，自分の意見を主張できるようにしました。

❹ 学級経営研究部会

（1）人間関係を築き上げる南中タイムを設定する

全学年　「あなたのいいとこ発見」

　より多くの友達を見つめるために，朝の短学活で，手紙を贈る相手を決め，その日一日

全校で取り組む「学級目標」を中心に据えた人間関係づくり

> Eさんへ：
> いつも明るく元気でおもしろいEちゃんは，頼りになるし，とってもやさしい人です。吹奏楽のときもきちんとやっていて，とってもいい音がでているなあと思います。これからもそんなEちゃんでいてください。
> 　　　　　　　　　　　　　　　　　Y子より

その人のよいところを見つけさせます。仲のよい子だけでなく，同じクラスを創り上げていく仲間として，多くの友達を理解できるようにしました。

（2）帰属感や存在感を大切にした環境を工夫する

教室環境の整備・工夫

クラス目標である学級パネルや生徒の活動記録，各自を大切にした掲示物を工夫し，居心地がよく，自分が認められていると感じられる環境づくりを心がけました。

> 私はパネルが完成したとき，満足感と同時に学級目標を考えたときのことを思い出しました。真剣に考えるみんなの姿や積極的に意見を出し合う様子を見て，たくさんの人がクラスをよくしていきたいという思いでいるんだなあと，感じました。学級目標は，一人一人が協力し努力するからこそ達成できる目標だから，クラスが一つになって乗り越えていくことが大切だと思います。

一人一人を大切にした担任からのメッセージ

次のメッセージは，学級開きで，担任が生徒に贈ったものです。クラス全員の名前が織り込まれています。

> みんなとの出会いは正に天の<u>めぐみ</u>（めぐみ）。一度クラスの<u>みな</u>（美奈）を見回す<u>が，ずっと</u>（和人）仲間の38人。まっ<u>たく魅</u>（拓海）力いっぱいの人の集まりだ。よい知恵（知恵）みんなで出し合って，<u>歩み</u>（あゆみ）続けていけば，どんな困難も，みんなは，<u>ヒーロー，乗り</u>（広徳）きって，益々団結していける。みんなで進んでいこう，<u>一路ウ</u>（弘一朗）イニングラン。神さ<u>ま，サー広</u>（理弘）い心と優しい心をください。「人の傷つくことは<u>ゆうま</u>（祐馬）い」「人を傷つけることはする<u>まい</u>（舞）」……（以下省略）

❺ 不登校への取組み

本校は，平成10年度に不登校の生徒が30名程いました。そこで，不登校担当教諭，養護教諭，心の教室相談員，スクールカウンセラーを中心に，学校体制で対策に取り組み始めました。その結果，平成14年11月現在，年間30日以上の欠席者は3名になりました。

（1）不登校の生徒をなくすために
①全校での取り組み

- 生徒相談，保護者との連絡，職員の情報交換を密にし，早期発見と，対応に努める。
- 生徒が登校したくなるように，楽しく，一人一人が存在感をもてる学級づくりに努める。
- 生徒会活動や学級活動を通して，活気ある学級・学校づくりを推進する。

②相談室での取り組み
- 教室に入れない生徒が登校できるように相談室を設置する。
- 不登校対策教諭，心の相談員，学級担任が生徒の指導にあたり，生徒との好ましい人間関係づくりを進める。
- 相談室担当スタッフは相談室に常勤し，「わがまま」や「甘え」も受け入れることで，生徒が安心して生活できる環境をつくる。
- 連絡を密にすることで保護者の精神的負担を減らし，ともに生徒の心を育てていく。
- 学校生活の中で，時間を守る，服装などの基本的生活習慣を身につけさせる。
- みどりの学校（林間学校），修学旅行，体育大会，文化祭などの学校行事に参加させることで，登校している生徒とできるだけ同じ生活をさせる。

(2) 不登校のFさんへの対応

「ニュースポーツによる対人関係づくり」の実践

　Fさんは1年生5月の中間テスト前日を最後に引きこもり状態に入りました。週1回の家庭訪問を行った結果，2学期に入ってからは玄関で話ができるようになりました。地区の民生委員や主任児童相談員に協力を依頼して両親に働きかけ，3月初旬には，一度も会えなかった母親と話し合うことができました。また，本人を含めた話合いのなかで「夜に学校に行って，自分の机の整頓をしてこよう」と呼びかけたところ，夕方6時に登校することができました。その後は，6時から7時30分までの間，夜間登校を継続しました。

　3年生への進級時，少しずつ人とかかわらせたいと考え，ディスクゴルフ教室への参加を勧めました。当初は不安そうでしたが，市民と一緒に練習するうちにディスクゴルフ（フリスビーを使ったゴルフ）に夢中になり，市内の大会で優勝するまでになりました。ディスクゴルフからニュースポーツ全般に興味をもったFさんは，さらに他の種目の練習にも積極的に取り組み，ゲートボールの県大会でも優勝しました。この大会後，何をしても自信をもてなかったFさんが，自信をもって活動するようになりました。

　2学期以後は昼間に相談室登校できるようになり，欠席もほとんどなくなりました。

❻ 実践の成果

○お互いに認め合い，助け合う活動をさまざまな場面に取り入れたことで，思いやりの心をもった望ましい人間関係を築くことができるようになりました。
○人や社会と豊かにかかわる体験的活動をさまざまな場面に取り入れたことで，他と積極的にかかわり合えるようになり，自ら考え，行動する中で，豊かな心が培われました。

おわりに

　教師バッシング，学校バッシングの矢面に，学校や教師が立たされています。しかし，私が千葉大学の教育学部で出会ってきた方々の中には，頭が下がるほどすばらしい実力や志をもった先生方がたくさんおられました。

　千葉大学には，全国でも一番多いのではないかと思うほど，たくさんの先生方が長期研修として派遣されています。1年間で1つの単元を作るその実践研究は，短期間で手っ取り早く仕上げたほかの実践報告とは違って，「これでもか」といえるくらいにみがき上げられたものです。

千葉大学での最後の授業の日に

　その多くは，これから他の先生方によって，創意工夫を加えたり追試を試みたりしていただければ，さまざまな方向に広がっていく可能性がある，基本的なモデルとなりうる実践です。その成果が地域の一部に紹介されるにとどまり，全国に発信されていないことは，日本の学校教育にとって非常にもったいないことだと，ずっと思っていました。今回私が明治大学に移るにあたって，一つの区切りとして，11年間に渡り千葉大学で出会った先生方の実践の中から，「これはベストだ」と思える実践を集め，編ませていただいたのがこの本です。

　読者の先生方には，これを一つのモデルにして，自分なりの工夫を加え，ご自分なりの実践をつくっていっていただきたいと思います。ここに載っている実践はどれも，そのたたき台になるのにふさわしい，価値のある実践です。また，「こんな面白い実践ができましたよ」というものがありましたら，どうぞ私の研究室（明治大学文学部　〒101-8301 東京都千代田区神田駿ヶ台1-1 14号館B611）まで郵送していただきたいと思います。

　本書の発刊によって，モデルとなるすばらしい実践研究が全国に紹介され，日本の学校教育のこころを育てる実践全体が，徐々に徐々にレベルアップしていくことをこころから願っています。

　千葉大学での11年間で，出会った先生方へ感謝の気持ちを込めて。

諸富祥彦

執筆者一覧　（50音順，2004年5月現在）

相原　　正	川越市立霞ヶ関東中学校教諭	
青木　　一	千葉市立小中台中学校教諭	
明石　要一	千葉大学教授	
明里　康弘	千葉市立花見川第二中学校教諭	
浅井　　好	千葉大学教育学部附属中学校文部科学教官	
天笠　　茂	千葉大学教授	
池永　美子	富山市立呉羽中学校教諭	
今井　英弥	船橋市立旭中学校教諭	
岩田　克則	富山市立山室中学校教諭	
植草　伸之	千葉市立葛城中学校教諭	
大竹　直子	跡見学園女子大学短期大学部カウンセラー	
大野由紀子	千葉県立君津養護学校	
岡田幸太郎	銚子市立第七中学校教諭	
小川　幸男	大田区立安方中学校教諭	
笠井　善亮	流山市立東深井中学校教諭	
加藤　史子	千葉県中学生野球連盟特別講師，メンタルトレーナー	
鴨下　　隆	我孫子市立布佐中学校教諭	
齊藤　　優	千葉市立千城台西中学校教諭	
佐々木祐子	千葉県立千葉聾学校教諭	
塩田　真吾	千葉大学大学院教育学研究科学生	
高橋百合子	千葉県多古町立多古中学校教諭	
中村　正志	千葉県蓮沼村立蓮沼中学校教諭	
廣部　昌弘	木更津市立木更津第一中学校教頭	
諸富　祥彦	明治大学助教授	
山田　俊宏	碧南市立南中学校教諭	

編集者紹介

諸富 祥彦
(もろとみ　よしひこ)

明治大学文学部助教授。1963年福岡県生まれ。筑波大学，同大学院博士課程修了。千葉大学教育学部助教授（11年）を経て現職。教育学博士。中央教育審議会専門委員。「現場教師の作戦参謀」として，抽象的ではない実際に役立つアドバイスを先生方に与えている。ちばエンカウンターを学ぶ会顧問，教師を支える会代表。著書『自分を好きになる子を育てる先生』（図書文化），『学校現場で使えるカウンセリングテクニック 上下』（誠信書房），『子どもより親が怖い』（青春出版），『生きがい発見の心理学』（新潮社）など。著作・研修の案内はホームページ（http://morotomi-y.hp.infoseek.co.jp/），講演依頼はメール（zombieee11@ybb.ne.jp）かFAX（03-3296-2631）にて。

中学校 こころを育てる授業 ベスト22

2004年6月25日　初版第1刷発行［検印省略］
2014年10月1日　初版第6刷発行

編　集　諸富祥彦 ©
発行人　福富　泉
発行所　株式会社 図書文化社
　　　　〒112-0012　東京都文京区大塚3-2-1
　　　　Tel.03-3943-2511　Fax.03-3943-2519
　　　　http://www.toshobunka.co.jp/
　　　　振替　00160-7-67697

イラスト　鈴木真司
装　幀　田口茂文
ＤＴＰ　有限会社 美創社
印刷製本　株式会社 厚徳社

JCOPY ＜（社）出版者著作権管理機構 委託出版物＞
本書の無断複写は著作権法上での例外を除き禁じられています。複写される場合は，そのつど事前に，（社）出版者著作権管理機構（電話 03-3513-6969, FAX 03-3513-6979, e-mail: info@jcopy.or.jp）の許諾を得てください。
乱丁・落丁本の場合はお取り替えいたします
定価はカバーに表示してあります
ISBN 978-4-8100-4434-8　C3337

学校現場のための「子どもが変わる生徒指導」。
心に響き，子どもが自ら問題を乗り越えるために―

監修 國分康孝・國分久子

A5判／約208頁　本体各1,900円＋税
全11巻セット価格20,900円＋税

3つの特色
「見てすぐできる実践多数」
「必要なところだけ読める」
「ピンチをチャンスに変える」

育てるカウンセリングによる 教室課題対応全書 全11巻

①**サインを発している学級**　編集　品田笑子・田島聡・齊藤優
　サインをどう読み取り、どう対応するか、早期発見と早期対応。

②**学級クライシス**　編集　河村茂雄・大友秀人・藤村一夫
　学級クライシスは通常とは違う対応を要する。再建のための原理と進め方。

③**非行・反社会的な問題行動**　編集　藤川章・押切久遠・鹿嶋真弓
　学校や教師に対する反抗、校則指導、性非行等、苦慮する問題への対応。

④**非社会的な問題行動**　編集　諸富祥彦・中村道子・山崎久美子
　拒食、自殺企図、引きこもり等、自分の価値を確信できない子への対応。

⑤**いじめ**　編集　米田薫・岸田幸弘・八巻寛治
　いじめを断固阻止し、ピンチをチャンスに変えるための手順・考え方・対策。

⑥**不登校**　編集　片野智治・明里康弘・植草伸之
　「無理をせずに休ませた方がいい」のか、新しい不登校対応。

⑦**教室で気になる子**　編集　吉田隆江・森田勇・吉澤克彦
　無気力な子、反抗的な子等、気になる子の早期発見と対応の具体策。

⑧**学習に苦戦する子**　編集　石隈利紀・朝日朋子・曽山和彦
　勉強に苦戦している子は多い。苦戦要因に働きかけ、援助を進めていく方策。

⑨**教室で行う特別支援教育**　編集　月森久江・朝日滋也・岸田優代
　LDやADHD、高機能自閉症などの軽度発達障害の子にどう対応するか。

⑩**保護者との対応**　編集　岡田弘・加勇田修士・佐藤節子
　協力の求め方,苦情への対応等、保護者との教育的な関係づくりの秘訣。

⑪**困難を乗り越える学校**　編集　佐藤勝男・水上和夫・石黒康夫
　チーム支援が求められる現在、教師集団が困難を乗り越えていく方法。

図書文化

※定価には別途消費税がかかります

新しいこころの教育の実践のために

「こころの教育」実践シリーズ

クラスでできる非行予防エクササイズ
國分康孝監修　押切久遠著　Ａ５判　定価2,000円＋税
更生保護に携わる保護観察官による，子どもたちに「後悔しない人生」を歩ませるための指南書。

ＶＬＦによる思いやり育成プログラム
渡辺弥生編著　Ａ５判　定価：2,400円＋税
思いやりと社会性発達の理論に基づき，絵本やロールプレイを用いて進める体験的な授業の提案。

新しい生徒指導の進め方

「なおす」生徒指導「育てる」生徒指導　カウンセリングによる生徒指導の再生
國分康孝・國分久子監修　飯野哲朗著　Ｂ６判　定価：1,700円＋税
対決をためらわず，集団の教育力を生かすことを通して，社会で共に生きるためのルールを身につけ，自分の生き方をたくましく創造できる個を育てる。

石隈・田村式援助シートによる チーム援助入門　学校心理学・実践編
石隈利紀・田村節子著　Ｂ５判　定価：2,500円＋税
ＳＯＳを発する子への対応から特別支援教育まで使える「援助チームシート」「援助資源チェックシート」。記入用ＣＤ－ＲＯＭ付き

育てるカウンセリング実践シリーズ

学級崩壊予防・回復マニュアル
河村茂雄著　Ｂ５判　定価：2,300円＋税
学級のタイプと荒れの段階の応じて，①診断，②回復プログラム，③実行のシナリオを紹介

グループ体験による タイプ別！ 学級育成プログラム　小学校編 中学校編
河村茂雄編著　Ｂ５判　定価：各2,300円＋税
ソーシャルスキルとエンカウンターを統合して，ふれあいとルールのある学級づくりを行う。

エンカウンターでイキイキわくわく保健学習　小学校
國分康孝・國分久子監修　酒井緑著　Ｂ５判　定価：2,300円＋税
３～６年生の保健学習24時間の計画と18時間の実践。各時間の指導案，ワークシート類。

サイコエジュケーション関連

ソーシャルスキル教育で子どもが変わる　小学校編
國分康孝監修　Ｂ５判　定価：2,700円＋税
学校教育で身につけたい12のソーシャルスキルと，体験的で楽しい授業の指導案。

実践サイコエジュケーション　心を育てる進路学習の実際
國分康孝監修　Ｂ５判　定価：2,500円＋税
武南高等学校の実践を中心にした，ＬＨＲで行うワークシートによる心を育てる進路学習。

図書文化

※本体には別途消費税がかかります

構成的グループエンカウンターの本

必読の基本図書

構成的グループエンカウンター事典
國分康孝・國分久子総編集　A5判　本体：6,000円＋税

教師のためのエンカウンター入門
片野智治著　A5判　本体：1,000円＋税

自分と向き合う！究極のエンカウンター
國分康孝・國分久子編著　B6判　本体：1,800円＋税

エンカウンターとは何か　教師が学校で生かすために
國分康孝ほか共著　B6判　本体：1,600円＋税

エンカウンター スキルアップ　ホンネで語る「リーダーブック」
國分康孝ほか編　B6判　本体：1,800円＋税

目的に応じたエンカウンターの活用

エンカウンターで保護者会が変わる　小学校編・中学校編
國分康孝・國分久子監修　B5判　本体：各2,200円＋税

エンカウンターで不登校対応が変わる
國分康孝・國分久子監修　B5判　本体：2,400円＋税

エンカウンターで学級づくりスタートダッシュ　小学校編・中学校編
諸富祥彦ほか編著　B5判　本体：各2,300円＋税

エンカウンター　こんなときこうする！　小学校編・中学校編
諸富祥彦ほか編著　B5判　本体：各2,000円＋税　ヒントいっぱいの実践記録集

どんな学級にも使えるエンカウンター20選・中学校
國分康孝・國分久子監修　明里康弘著　B5判　本体：2,000円＋税

どの先生もうまくいくエンカウンター20のコツ
國分康孝・國分久子監修　明里康弘著　A5判　本体：1,600円＋税

10分でできる　なかよしスキルタイム35
國分康孝・國分久子監修　水上和夫著　B5判　本体：2,200円＋税

多彩なエクササイズ集

エンカウンターで学級が変わる　小学校編　中学校編　Part1～3
國分康孝監修　全3冊　B5判　本体：各2,500円＋税　Part1のみ本体：各2,233円＋税

エンカウンターで学級が変わる　高等学校編
國分康孝監修　B5判　本体：2,800円＋税

エンカウンターで学級が変わる　ショートエクササイズ集　Part1～2
國分康孝監修　B5判　本体：①2,500円＋税　②2,300円＋税

図書文化

※本体には別途消費税がかかります